网上销售农产品

严行方 ◎ 著

厦门大学出版社 国家一级出版社
XIAMEN UNIVERSITY PRESS 全国百佳图书出版单位

网上销售农产品

21世纪,要么电子商务,要么无商可务。

——比尔·盖茨

代 序
卖出去才是硬道理

我国是农业大国,"三农"问题一直是我国经济的核心问题,而"三农"问题的重中之重就是农产品销售难的问题。可以说,在电子商务兴起之前,谁都没办法找到一种完美地解决这一问题的方案。虽然并非说现在就有办法解决这个问题了,但自从出现电子商务之后,网上销售农产品这一方式给我们带来了一线曙光。

几千年来,农产品生产始终受土壤、气候、水利等自然因素的制约,农产品销售则更因局限于一时一地,导致农产品价格有很大的起伏。现在好了,通过利用通信技术,发展农产品网络营销和电子商务的方式,就能在很大程度上扭转这种不利局面;同时,还能引导种养殖业结构的转变、促进传统农业向现代农业转变,为提高并稳定农民收入、实现农村经济增长和可持续发展创造条件。不但如此,电子商务的应用还会因为在全国乃至全球范围内解决了信息公开、对称、沟通的瓶颈,使得消费者能够轻而易举地品尝到来自全国乃至全球的美味佳肴,提高了全人类的生活质量。

从某种意义上说,千百年来的农产品销售难问题,在当今电子商务时代已经到了该终结的时候了。只要你肯从头学起,网上销售农产品便是一件很容易的事。更进一步来说,这还是一条理想的创业之路。要知道,在你背后是大有作为的广阔天地。因为农产品具有地域性,又是一种易耗品,人人都需要,每天离不开。这就注定从事这一行不愁没饭吃,关键是要将它卖出去、卖出好价钱来。

可以说,这一行做好了,比做什么都好。想想看吧,坐在家里或者在田间地头就能面向全球做生意;不必占用多少资金(千儿八百就行),几乎没有租金费用(简直可以忽略不计);又不会造成商品积压(有时候连样品都不要);上班时间又很随意(你自己说了算);顾客来源又广(面向全球);薄利多销(有时候甚至还能厚利多销),最终聚沙成塔。

本书的内容共分为五课:

第一课"什么是网上销售农产品",主要是做一些普及知识的工作,向还不太了解网络以及如何从事网上销售的农民朋友介绍一些基本常识。鉴于目前我国农村已经实现村村通宽带,互联网也已相对普及,所以这里对如何使用电脑、如何连接网络、如何搜索和鉴别信息真伪等就略去不谈了,以便把更多的篇幅放在介绍读者所关心的其他内容上。

第二课"为什么要在网上销售农产品",主要是介绍通过互联网销售农产品的种种好处,以及它可以在哪些方面弥补传统营销、店铺营销的缺点和不足。

第三课"怎样在网上销售农产品",主要是介绍一些具体方法。为了避免"从种棉花到拆破布"式的罗里罗嗦,这里特别侧重于用实际案例来加以叙述,所以会像听故事一样有趣。

第四课"网上销售农产品的成功案例",主要是从网上销售农产品的先进经验中提炼出一批具有典型意义的成功做法供大家参考。这些经验看得懂、记得牢、用得上,很有启发和参考价值。

第五课"网上销售农产品的注意事项",主要介绍从事网上销售农产品时要注意的问题。一方面,并不是所有农产品都适合网上销售;另一方面,这其中还是有许多策略和技巧是需要学习的。

最后一部分是"附录",精心挑选了若干则农民最关心的相关文件,分别从农产品质量安全、加强生鲜农产品流通体系建设、深化流通体制改革、降低流通费用等方面为读者提供前瞻性参考。

季行方
2014 年 1 月

目 录

第一课　什么是网上销售农产品 ………………………… 1
　　通过互联网把农产品供方及价格的信息瞬间传遍世界各地,消除信息的不对称,不但会开辟农产品销售的一条新渠道,而且有望彻底终结农产品销售难的辛酸局面。
1. 农产品及其价格特点 ……………………………………… 1
2. 网上销售农产品的概念 …………………………………… 5
3. 网销农产品基于电子商务 ………………………………… 10
4. 传统商业已越来越难 ……………………………………… 13
5. 原有销售方式亟待升级 …………………………………… 19
6. 网销农产品已蔚然成风 …………………………………… 23
7. 一场永不落幕的农博会 …………………………………… 27
8. 变买方市场为卖方市场 …………………………………… 32
9. 信息就意味着产品和机会 ………………………………… 37
10. 网销农产品潮流势不可挡 ………………………………… 39

第二课　为什么要网上销售农产品 ……………………… 43
　　上网销售农产品不是因为听了谁的蛊惑,更没必要赶时髦,而是形势使然,对你销售农产品可能会有巨大帮助,甚至力挽狂澜,有时还会因此而改变人的命运。
11. 从根本上解决信息不对称问题 …………………………… 43
12. 一呼百应,能救急 ………………………………………… 47

13. 最容易搭准市场脉搏 ⋯⋯⋯⋯⋯⋯⋯⋯⋯⋯⋯⋯⋯ 51
14. 响应市场呼唤 ⋯⋯⋯⋯⋯⋯⋯⋯⋯⋯⋯⋯⋯⋯⋯⋯ 55
15. 顺之者昌,逆之者亡 ⋯⋯⋯⋯⋯⋯⋯⋯⋯⋯⋯⋯⋯⋯ 59
16. 销售难倒逼着上网 ⋯⋯⋯⋯⋯⋯⋯⋯⋯⋯⋯⋯⋯⋯ 63
17. 便于进入高端市场 ⋯⋯⋯⋯⋯⋯⋯⋯⋯⋯⋯⋯⋯⋯ 67
18. 上网才能把生意做大 ⋯⋯⋯⋯⋯⋯⋯⋯⋯⋯⋯⋯⋯ 69
19. 这是真正的全球贸易 ⋯⋯⋯⋯⋯⋯⋯⋯⋯⋯⋯⋯⋯ 74
20. 很适合成为创业突破口 ⋯⋯⋯⋯⋯⋯⋯⋯⋯⋯⋯⋯ 77
21. 促进经济结构和社会转型 ⋯⋯⋯⋯⋯⋯⋯⋯⋯⋯⋯ 82

第三课　怎样在网上销售农产品　　　　　　　88

网上销售农产品可谓是几家欢乐几家愁,这其中是有道道的。在适当的时机,选择当地的特色农产品,走高档路线,注重产品包装,抱团经营,方能事半功倍。

22. 哪些人适合网上开店 ⋯⋯⋯⋯⋯⋯⋯⋯⋯⋯⋯⋯⋯ 88
23. 网上开店怎么开 ⋯⋯⋯⋯⋯⋯⋯⋯⋯⋯⋯⋯⋯⋯⋯ 92
24. 网上开店卖什么 ⋯⋯⋯⋯⋯⋯⋯⋯⋯⋯⋯⋯⋯⋯⋯ 96
25. 生鲜农产品利润最高 ⋯⋯⋯⋯⋯⋯⋯⋯⋯⋯⋯⋯⋯ 100
26. 网上开店怎么进货 ⋯⋯⋯⋯⋯⋯⋯⋯⋯⋯⋯⋯⋯⋯ 102
27. 有特色才会有前途 ⋯⋯⋯⋯⋯⋯⋯⋯⋯⋯⋯⋯⋯⋯ 107
28. 市场摸底很重要 ⋯⋯⋯⋯⋯⋯⋯⋯⋯⋯⋯⋯⋯⋯⋯ 112
29. 冷链是最大的竞争力 ⋯⋯⋯⋯⋯⋯⋯⋯⋯⋯⋯⋯⋯ 114
30. 众人拾柴火焰高 ⋯⋯⋯⋯⋯⋯⋯⋯⋯⋯⋯⋯⋯⋯⋯ 118
31. 个人购物网是块好阵地 ⋯⋯⋯⋯⋯⋯⋯⋯⋯⋯⋯⋯ 122
32. 力戒死网一张 ⋯⋯⋯⋯⋯⋯⋯⋯⋯⋯⋯⋯⋯⋯⋯⋯ 124
33. 打破物流瓶颈的有益尝试 ⋯⋯⋯⋯⋯⋯⋯⋯⋯⋯⋯ 128
34. 农产品期货交易 ⋯⋯⋯⋯⋯⋯⋯⋯⋯⋯⋯⋯⋯⋯⋯ 130
35. 微博营销要找准诉求点 ⋯⋯⋯⋯⋯⋯⋯⋯⋯⋯⋯⋯ 132

第四课　网上销售农产品的成功案例　　　　135

乍一看"农二代"怎么也无法在"富二代"、"官二代"面前理直气壮;殊不知,网上销售农产品的成功案例往往就出现在年轻人的机灵和老年人的经验的嫁接处。
36. "农二代"更能抢占先机 ………………………………… 135
37. 全线铺开,上下互动 …………………………………… 138
38. 网销让他踏上致富路 …………………………………… 143
39. 向品牌要超额利润 ……………………………………… 146
40. 夹缝里趟出新路来 ……………………………………… 150
41. 邮政渠道助你一路畅通 ………………………………… 153
42. 网上卖菠菜价格涨10倍 ………………………………… 156
43. 鸡呀鸭呀飞到哪里去 …………………………………… 158
44. 养鸡场养出"战斗鸡" …………………………………… 163
45. 网上卖猪勾起儿时回忆 ………………………………… 167
46. 白领变身梅林核桃王 …………………………………… 170

第五课 网上销售农产品的注意事项 ……………………… 174

  网上销售农产品同样是有风险的,除了可能被骗被盗和退货坏账外,还包括无人浏览、不死不活。总的原则是要在商言商,以经济效益为目标,学会及时锁定获利。

47. 把追求效益放在首位 …………………………………… 174
48. 学会及时锁定成交 ……………………………………… 180
49. 重拳出击才有冲击力 …………………………………… 183
50. 全面开花相得益彰 ……………………………………… 188
51. 注重本地化经营 ………………………………………… 192
52. 着力树立自己的品牌 …………………………………… 196
53. 生鲜农产品要解决两大问题 …………………………… 200
54. 并非所有农产品都适合上网 …………………………… 204
55. 政府推动要实打实 ……………………………………… 207
56. 网上开店同样有风险 …………………………………… 214

附录:

中华人民共和国农产品质量安全法 ………………………… 219
全国统一无公害农产品标志征订说明及使用规定 ………… 228

国务院办公厅关于加强鲜活农产品流通体系建设的意见 ⋯ 235
国务院关于深化流通体制改革加快流通产业发展的意见 ⋯ 239
国务院办公厅关于印发降低流通费用提高流通效率
　综合工作方案的通知⋯⋯⋯⋯⋯⋯⋯⋯⋯⋯⋯⋯⋯⋯ 247

第一课
什么是网上销售农产品

通过互联网把农产品供方及价格的信息瞬间传遍世界各地,消除信息的不对称,不但会开辟农产品销售的一条新渠道,而且有望彻底终结农产品销售难的辛酸局面。

1. 农产品及其价格特点

本书讲述的是网上销售农产品,因为其销售的是农产品而不是工业品、工艺品,所以,本书开头我们还是先来看看什么是农产品,以及农产品价格都有哪些特点。农产品及其价格与工业品有很大的不同,如果不了解这一点,就无法更好地理解并从事农产品网上销售。

什么是农产品

所谓农产品,是指来源于农业的初级产品,具体是指从农业活动中获得的食物、动物、微生物及其产品。我国规定的农业初级产品包括种植业、畜牧业、渔业产品大类,但不包括加工过的上述产品。

具体有：

①烟叶。

②毛茶。

③食用菌。

④瓜果蔬菜，不包括以此为原料的蜜饯。

⑤花卉、苗木。

⑥药材，不包括中药材及其加工品。

⑦粮油作物，如稻谷（含粳谷、籼谷、元谷）、小麦、大豆、杂粮（含玉米、绿豆、赤豆、蚕豆、豌豆、荞麦、大麦、元麦、燕麦、高粱、小米、米仁）、鲜山芋、山芋干、花生果、花生仁、芝麻、菜籽、棉籽、葵花籽、蓖麻籽、棕榈籽等。

⑧牲畜、禽、兽、昆虫、爬虫、两栖动物类，以及牛皮、猪皮、羊皮等动物的生皮；未经加工整理过的牲畜、禽、兽的毛和羽毛；活禽、活畜、活虫、两栖动物，如生猪、菜牛、菜羊、牛蛙等；光禽和鲜蛋；动物自身或附属产生的产品，如蚕茧、燕窝、鹿茸、牛黄、蜂乳、麝香、蛇毒、鲜奶等；其他陆生动物。

⑨水产品，包括淡水产品、海水产品、滩涂养殖产品，及其捕获或收获它们后连续进行的简单冷冻、腌制和自然干制品。

⑩林业产品，包括原木、原竹、生漆、天然树脂等。

⑪其他植物，如棉花、生麻、宁麻、柳条、席草、蔺草等。

⑫上述所有农产品的种子、种苗、树苗、竹秧、种畜、种禽、种蛋、水产品的苗或种（秧）、食用菌的菌种、花籽等。[1]

农产品的价格特点

所谓农产品价格，是指农产品与货币交换的比率。通俗地说，就是这种农产品或这些农产品可以卖多少钱。

农产品价格具有以下特点：

---

① 严行方：《看懂财经新闻》，厦门：厦门大学出版社，P210—211，2013。

波动性

农产品价格具有波动性,但总的趋势是震荡上行。

从近 30 年来的情况看,我国的农产品价格已经经过好几次幅度较大的波动,最近的一次是 2007 年以来农产品生产价格(不是消费价格)出现的一轮新的上涨行情。

总体上看,我国农产品价格是不断走高,呈曲线增长态势的。

周期性

农产品价格波动具有周期性,波动幅度缺乏规律。

从我国近 30 年来的情况看,1978 至 1986 年间为第一个波动周期,1987 至 1992 年间为第二个周期,1993 至 2000 年间为第三个周期,2000 至 2002 年间为第四个周期,2003 至 2006 年间为第五个周期,2007 年以来进入第六个周期。

从发展趋势看,每个农产品价格波动周期的平均波动时间为 5.8 年,有逐渐缩短趋势;波动价格震荡幅度较大,周期振幅最大为 171.15%、最小为 8.1%,平均为 62.3%。[①]

悬殊性

同样的农产品,由于其产地、品种、规格、口感、营养物质的不同,价格差距非常大。尤其是有机食品,由于越来越受市场欢迎,它的盈利空间也要比普通食品高得多。据美国的研究报告显示,有机农业成本要比常规农业低 40%,而有机农产品价格却要比常规农产品高出 25% 至 50%。

特别是在我国加入世界贸易组织后,农产品生产在生态环境、种植方式、内在质量控制方面的制约越来越大,农产品价格的差距也更大,相差几倍、十几倍乃至几十倍都是不乏其例的。

剪刀差

所谓剪刀差,全称是工农业产品交换价格剪刀差,是指工农业产品交换时工业品的价格高于价值、农产品的价格低于价值所出

---

① 郭晓慧、葛党桥:《我国农产品价格周期特征研究》,载《浙江金融》,2009 年第 9 期。

现的差额。用图形来表示时,这一差额呈剪刀张开状,所以称为"剪刀"差。

价格剪刀差的实质,是工农业产品在实行不等价交换。究其原因在于以下两点:从国内因素看,我国的农产品价格尤其是粮食价格没有彻底放开,不能反映真实的市场需求;从国际因素看,发达国家利用其垄断地位大幅度提高工业品价格、压低别国农业初级产品价格,使我国的农产品价格要上也上不去。正因如此,我国才要对主要粮食作物实行收购保护价,在最低限度上维护农民的种粮积极性。

保护价

所谓保护价,也叫最低限价、最低收购价。它是国家粮食政策的核心,属于国家指导价格,所以也叫国家粮食收购保护价。

在西方发达国家,政府通常会给农业生产尤其是粮食生产发放相应的财政补贴。在我国,这种补贴仅限于种粮大户,范围目前主要是国家订购和专项储备的农产品,如粮食、棉花、油料等少数几类,起到一种"托底"作用。从全国范围来看,2009年以来我国的三种主要粮食(水稻、玉米、小麦)的平均收益都在逐年下降,如果农民在家种粮一年还不如外出打工一个月的收入高,谁还会有种粮积极性呢?[①]

我国的粮食收购保护价政策从新中国成立开始就有了,当时主要是针对边远山区和牧区收购的农副土特产品实行最低保护价。1957年明确规定,对边远地区、山区、老革命根据地、少数民族地区、穷困地区的粮食收购实行最低保护价。1958年又规定,对出口的农副土特产品实行最低保护价。后来,随着市场交易比重的不断上升,大部分农产品的价格都放开了,但仍有少数重要农产品如国家订购任务以外的粮食、猪、蛋、菜等的收购价格过低,所以依然实行最低保护价。

---

① 齐海山、宋振远等:《粮食省产粮越多经济越落后:种粮一年不如打工一月》,载《经济参考报》,2013年10月30日。

国家出台粮食收购保护价的本意，是为了在某些农产品价格出现暴跌时依然能够补偿农民的农业生产成本，并且使得他们有适当的收益；同时，也能保持工农业产品交换有一个合适的价格剪刀差。

2. 网上销售农产品的概念

在了解了农产品的基本概念及其价格特征后我们容易发现，所谓网上销售农产品，就是通过互联网和通信信息技术来达成农产品信息、产品、服务传送和交易支付的过程。简单地说，就是通过电脑网络把农产品卖出去。

由于互联网是一个公共信息平台，所以它能突破时间和地域空间的限制。同时，网上销售农产品的形式也是多种多样的，既可以是网站、网页，也可以是博客、微博、微信、手机上网。所以，本书以下所指的网上销售农产品也都包括上述渠道。

网上销售和网络营销的区别

网上销售和网络营销的概念是有些许差别的。

网上销售侧重于通过互联网达成交易，重点放在销售上，追求的是"实打实"的效果。因为对于企业来说，销售是硬道理。

而网络营销的侧重点则在宣传企业和产品的形象、发布信息、提高品牌价值和顾客忠诚度、改善客户服务等方面。

网上销售是网络营销的目的之一，当然也可以不是网络营销的目的。即使网络营销的目的中包含网上销售，也并非就得是主要目的。

事实上，无论是国外还是国内，许多农产品企业的网站并不具备网上销售农产品的条件。也就是说，他们想在网上实现农产品销售是做不到的，他们的主要目的也不在于此，而在于宣传企业及其产品，增加线下销售机会以及改善企业形象等。

不用说，本书既然名为《网上销售农产品》，那么重点就必定要放在介绍如何在网上销售农产品方面，而不是仅仅停留在如何宣传企业及其产品、改善形象上。

而且，具体到农民个人来说，他们往往既没有能力、也没有必要非得通过甚至是自己创建网站来销售农产品；相反，农民除了可以利用现成的各种农产品交易网站降低进入门槛和成本外，还完全可以利用一切其他容易上手的方式如上面所说的博客、微博、微信、手机等途径，来达到农产品网上销售的目的。

就好比1839年电报刚刚问世时，人们就开始对如何运用电报从事商务活动进行可行性讨论一样，随着社会的发展，今后还会不断有新的电子商务形式出现，这种与时俱进是一点也不奇怪的。

鉴于本书所述的内容，这里先把最常见的三种网络销售业态即网上销售、博客营销、手机营销做一概括介绍。

网上销售

这里的网上销售，当然是指网上销售农产品。从概念上看，它是指通过网络搜索引擎，找到与农产品销售有关的网站和商铺，并与之取得联系，或者在这上面直接摆摊设点，面向全球消费者销售农产品的过程。

网上销售农产品有两种比较成功的模式：一是B2B电子集市，二是在线拍卖。

B2B电子集市就好像我们平时在农村看到的传统集市一样，有很多商家和消费者约好在这里进行交易。

不用说，由于是电子集市，所以它具有两大特点：一是看不见、摸不着，但却是实实在在存在的；二是由于它是电子虚拟市场，没有国界，所以在这上面的商家和消费者更多，不只是成千上万，而是经常会有几亿人聚集在这里！并且，在这上面交易的农产品来自五湖四海，应有尽有。这样庞大的市场是任何人都无法视而不见的。

在线拍卖也好像我们平时在现实中看到的拍卖活动一样,当然,它也是一种虚拟电子市场。

既然是拍卖,就得具有某种规则。为了提高拍卖效果,商家通常会选择知名度较高的网站来进行;而竞买者则会时刻关注拍卖进程,在不同的时间段进行竞价。

与现实中的拍卖过程一样,农产品在线拍卖的最大优势是可以跳过一切中间环节,在全球范围内直接以买家愿意接受的价格成交,使买卖双方都能从中得益。

博客营销

所谓博客营销,是指通过博客网站或博客论坛,利用博客作者个人的知识、兴趣和生活体验等来传播农产品信息的活动。

这里之所以称博客营销而不是博客销售,原因正如上面所说的那样,其目的和作用主要在于扩大影响,而未必一定能达到直接促进销售的目的,虽然这是博客营销者的原动力。

不过这也不能一概而论。但有一点很明确,那就是真正能够达成交易的博客营销,必定会有它的独到之处。

泛泛而谈比较空洞,这里举个实例来加以说明。

某农业企业的主要产品是进口大葱,这一企业就是有意绕过网站而选择博客营销的。那么,他们是怎么做的呢?

也许在许多读者眼里,大葱就是"大葱",即使是进口的大葱,无非也就是质量更好一些,而绝不会变成大蒜的。

针对这一点,这一企业在确定以博客为网络营销方式后,策划公司给他们策划了一系列动人心弦的精彩内容。从大葱的吃法到营养,再到人们都知道的"吃葱可以让男人更强壮"说法等等,进行了一篇篇博文的撰写和发布;不仅如此,还在博客中加了一系列农民种植大葱过程中所发生的趣闻、趣事等。发布这些内容的目的只有一个,那就是吸引更多的读者关注这个话题、浏览博文,从而将这些关注转化为购买力。

博客有一个重要特征,那就是它是有圈子的,而博客的圈子堪称为博客的灵魂。所以,要想发挥好博客营销的作用,就一定要选好并加入合适的圈子,因人而异地与各种不同博友进行交流互动,进一步增加人气,让你的农产品深入人心。

为此,该策划公司就为该企业加入了很多有关的博客圈,如农产品圈子、饮食圈子、男性圈子等等。①

博客和网站一样,一定要有文章被收录和转载才会扩大影响,否则如果只是局限于自身,就好像光有吆喝没有人围观一样,始终局限于自己的"一亩三分地",这样就很难取得营销效果了。只有经常有收录和转载,才会起到"一传十、十传百"的作用。

需要提请注意的是,包括博客营销在内的农产品网上销售都可能是慢热型的,也就是可能会一直不温不火。

鉴于此,对于农民个人来说,如果自身经济实力不强,从博客营销、微博营销、微信营销开始入手是一条可取之路。毕竟这种方式的投入较少或根本不需要投入,因此会更容易被你接受。再怎么的,也会比一上来就成千上万地投入,到最后一点声响也听不到要好得多。

手机营销

所谓手机营销,是指以手机为视听终端、上网平台媒介,来传播农产品信息的活动。

许多农民会说:"我既不会上网,家里也没有电脑,怎么办?"其实,并非所有的农产品网上销售都要通过电脑上网来解决,用手机上网也能曲径通幽,部分起到这样的作用。而且手机的普及率比电脑要高得多,使用起来也更方便。

顺便一提的是,与上面所说的博客营销一样,这里之所以称

---

① 锐洋:《农产品推广如何脱离网站进行博客营销》,锐洋网,2011 年 1 月 8 日。

手机营销而不是手机销售，同样是由于它的目的和作用主要在于沟通信息、扩大影响，如果能达成直接销售则是一种意外收获。

下面来看一个成功范例。

四川省成都市 2009 年 10 月推出的农产品交易平台"汇农通"，就是率先从手机营销开始的。农民在需要发布农产品网上销售信息的时候，只要拥有一部手机，就可以进行农产品信息的发布、阅读和查询。实际操作也十分简单，只要按两三个手机按键，就能在田间地头与分布在全国的消费者进行对接、谈生意了。当然，在此之前首先要在手机上下载并安装一个软件。

汇农通平台以 3G 移动互联网为基础，任何一款手机，只要安装了这个软件后，按一下按键就能拍照，再按一下按键就能把信息发送到该网站上，并且，你发送的文字、图片、视频等，会立刻在该网站上显示出来。与此同时，软件瞬间就会按照行业和分类把该信息转发到几十万个采购商手里，这与在电脑上使用的效果是一样的。

例如，你在田里收获庄稼或者饲养牲畜的时候，就可以拿着手机对着该农产品或畜牧产品拍照，然后像编写短信息一样输入一段文字介绍，然后再点一下上传按钮，这时候平台就会自动地把你所发的图片和信息显示在该网站上，十分方便和快捷。

会用微信的人知道，这实际上就是现在的微信功能，与发微信是一样的。

当然，不仅仅是发送信息，与此同时，通过这款软件，你也同样可以方便地阅读你所关注的供求信息、价格行情、务工信息等，并且可以通过专家问答系统向专家请教，解决实际困难。

地处农村的人都有这样的感觉，农民致富最需要的是信息。特别是有些地方"天高皇帝远"，外界信息完全与之隔绝，导致一问三不知。而通过网上销售农产品，建立与外界的沟通渠道，恰好能解决这个问题。这不但能帮助农民个人找到产品销路，还能为打响地方品牌、形成地方农副产品生产特色打下良好基础。

仍然以成都为例,该市 2008 年在该平台上的交易额高达 8.6 亿元,经济效益也得到了显著增长。

一则经典案例是:2009 年 6 月,该平台与成都市山泉果业合作社尝试着合作推广水蜜桃销售,在该网站上推出了分网站"桃子网"。结果仅仅开通一个月,就有 20 多家水果店加盟,并且合作社区与大型超市、大型餐饮连锁集团、中高档酒店等达成了采购合作协议。

分析表明,在通过网站订购水蜜桃的客户中,来自成都的只有 40%,而来自北京、上海甚至马来西亚和新加坡等地的采购商要占到 60%;并且,通过网络销售出去的水蜜桃价格平均为每斤 18 元,可是传统渠道的销售价格还不到 13 元,即使扣除配送费用后,也能至少为当地农民增加每斤 2 至 3 元的收入,这可是不小的数字啊,相当于盈利率增加了 15%。[①]

看看,即使是手机营销,由于与网络对接,同样能取得网上销售农产品的不凡效果,这一方式也特别适合于上网不方便的农村地区。

3. 网销农产品基于电子商务

从网上销售农产品的概念和三大常见类型看,它的根基就在于电子商务。离开了电子商务,它可以说什么都不是;而背靠着电子商务,它就如虎添翼,简直无所不能。

这里,让我们来看看网上销售农产品的概念。

所谓网上销售农产品,简单地说就是通过电脑网络系统和通信信息技术来实现农产品的销售。具体地是指,全面利用电子商务系统和信息技术,以网络为媒介,依托农产品生产基地和物流配

---

① 尹婷婷:《手机当"网商",农产品销售很时尚很便捷》,载《成都日报》,2009 年 9 月 2 日。

送系统,在网上发布与搜集农产品需求和价格信息,最终达到扩大农产品销售的目的。

正如安徽蔬菜种植户李友良所说,如果按照传统的销售方式,农民的蔬菜大多走不出本地市场,可是如果能通过网络平台,使蔬菜销售的信息可以让全国有意向的批发商都能看得到,这在无形之中就会成倍地扩大市场。[①]

在这里,容易看出这样几层含义:

以网络为媒介

顾名思义,网上销售农产品当然是要以网络为媒介的。只不过由于互联网本身浩瀚无边,所以,农产品销售网络的建立,并非一定要你自己亲自去动手,恰恰相反,利用各种现成的网络渠道发布产品价格和供求信息,更符合"多快好省"的原则。

目前在我国,各级地方政府包括规模稍大的农业企业,都有自己的农业和农产品信息网和网上展厅,它们通过各种图片和文字,来展示本地、本企业的名优特新农产品。

鉴于此,对于农民个人来说,如果能利用这些现成的网络渠道来发布信息,就能起到事半功倍的效果。

销售的是农产品

网上销售农产品,主体当然就是农产品了。

在过去,农产品销售主要靠肩挑手提,或沿街叫卖,或进入超市,很少有在网上销售的,因为过去根本就没有互联网。自从互联网出现后,网上销售农产品就逐渐有了燎原之势。

不用说,网上销售农产品必然会有它的独到之处,这主要表现在以下几方面:

[①] 《中国惠农网助推农业信息化》,中国新闻网,2013年9月11日。

一是打破时空界限。

网上销售农产品与传统销售渠道相比最大的优势是,它没有时空界限:时间可以不分白天黑夜,全天候;地域不分南半球北半球,处处可达。

简单地说,凡是有网络的地方,无论天涯海角购买者都能看到你发布的信息,然后通过发达的物流系统,买到你的农产品。这样,也就大大拓展了农产品流通的半径。理论上说,网上销售农产品可以抵达全球每一个角落。

2012年冬天,河北任县菜农刘占峰在网上发布了一条信息,就为原本滞销的33万斤白菜找到了买家。

他高兴地说,网上卖菜不仅省去了找市场、找客户的时间和费用,还会因为缩短流通时间、确保农产品质量而提高了经济效益。只要你打开电脑,点点鼠标,一笔订单就完成了,这种"人坐家里头、货从网上走"的感觉真是爽。

据统计,在2012年商务部组织的夏季农产品网上购销对接会上,该县就取得了销售额5 909万元的好成绩。[①]

二是使得农产品信息更加透明化。

在过去,农产品生产因为具有鲜明的地域特点,所以导致农产品销售信息也缺乏透明度,甚至同一种农产品在相邻乡村的销售信息也完全不通。农产品销售信息的不透明、买卖双方信息的不对称,是农产品销售难的根本原因。

而现在好了,网上销售农产品把这些信息全都搬到网上,只要你能上网,就能一览无余,并且还可以与其他人进行即时互动,这样也就彻底打通了信息梗阻。

只要你愿意,无论是商品色泽、规格、数量、价格、交货期、运输方式等,都可以一目了然。如果你觉得有必要,还可以进行互动了解该农产品从播种到收获的几乎所有信息,这样也就彻底消除了

---

① 王英献、闫丽静:《邢台市:信息化频敲农家门,农产品网上销售好》,长城网,2013年4月18日。

由于销售信息、渠道不畅造成的被动,有助于达成交易。

依托农产品生产基地和物流配送系统

网上销售农产品,必然会由于网络的连通和撮合作用,通过农产品销售把农产品生产基地和物流配送系统紧密结合起来。

也就是说,网上销售农产品必然会延伸到农产品的生产、加工、包装、运输等过程,从而组成一个完整的产业链。

不用说,这对实现整个农产品产供销一体化是大有帮助的,而且对整个农产品行业都会起到有力的推动作用。

4. 传统商业已越来越难

网上销售农产品浪潮的兴起,与传统商业越来越难做密切相关。这些年来,传统商业的处境越来越难,几乎看到人人都在叹苦经说"生意难做",而这就把传统商业慢慢地挤上了网络。

关于这一点,可以从各地购物中心空置率的高低上得到一定的预警。按理说,购物中心开在老百姓家门口对商家和消费者都是有利的,可是由于同质化严重,现在都面临经营困境。

传统商业难在何处

这里的传统商业是指门店销售商业。

那么,我国的传统商业究竟出了什么问题呢?这方面可谓是当局者迷、旁观者清。所以我们还是来看看国外客商的反映。

国外同行来我国参观后,总会对中国式卖场的陈列表示严重不解。许多零售店非常拥挤、门面破旧不堪、品类之间的关联度也不强,更谈不上有什么陈列主题。但这样的店生意反而好,令他们大呼看不懂。

究其原因主要在于,中国的消费者过于关注价格,所以并不是很在乎购物体验及其他方面。

相反,如果你把门面弄得很漂亮,消费者反而会觉得你的商品价格一定很贵,吓得不敢进来了。并且,如果卖场过于规则、整齐,还会让人觉得没有多大的挑选余地。他们更喜欢东找找、西找找的那种"寻宝"快感。

例如,我国大多数卖场都会出售散装食品。在国外零售业看来,这种方式既不便于管理,又影响食品安全,所以是不可取的。可是在中国,当一些零售商将散装食品改为打包销售后,销量却反而下降了,这是为什么呢?原因就在于中国的消费者喜欢在购物时挑挑拣拣,必须亲自挑选商品才会感到放心,而你现在把它们打成了包,不便于他挑拣了,生意自然就做少了。

另外就是,中国的消费者在购买肉食品时,总要亲眼看到现场分割,才觉得这样的肉是新鲜的。所以,你在几乎所有超市购买猪肉时都能看到,一边是消费者指挥着员工如何如何分割,一边是员工按照消费者的要求分割出不同部位后再称重、出售。

可是全世界的研究都表明,现场分割的肉和事先分割好的肉在品质上并没有什么差别;相反,现场分割如果环境达不到温度和卫生要求,肉品质量反而会降低。①

诸如上述种种不良习惯,使得我国的购物中心生意确实并不好做。尤其是购物中心在吸引供应商时,很少是基于长期战略合作关系的,更多的是简单的生产和销售关系,是一锤子买卖。

所以你能看到,购物中心会不断更换小供应商,以便能够通过不断地收取"进场费"来弥补销售之不力。与此同时,小供应商们当然也深深知道这一点,所以急功近利,哪里还顾得上卖场空间狭小、商品陈列凌乱等问题?有一点蝇头小利他们就卖。

一个浅显的道理是,供应商和销售商本来都是坐在同一条船

---

① 王玉雄:《零售业观察:供应链弊端造就"中国式卖场陈列"》,载《国际商报》,2012年12月17日。

上的,应该同心同德,现在却各有各的想法,甚至各地还闹出不少这方面的"武打片"来,就更暴露出这种靠收取"进场费"维持生计的局面再也无法继续下去了。

正是在这样的宏观背景下,网上销售风起云涌。除了平时的"撒手锏"——价格战之外,各购物网站更会利用一切可乘之机和热点将传统商业逼上绝路,大有"置之死地而后快"之势。

举例来说,2013年"双十一"(11月11日)那天,淘宝天猫的销售额就高达350.19亿元人民币,比上年同日增长83.2%,将一大批大型实体零售商远远甩在身后![1]

虽然目前我们还没有看到电子商务的网络营销导致了国内哪家大型零售商破产,不过其冲击力早已不言而喻。网上销售具备的优势有很多,如低廉的价格、便捷的送货上门服务、值得信赖的支付系统、退货迅速等。[2]

可以说,要不是许多大型实体零售商拥有房地产开发产业,暂时还可以应付一下困难的话,原本会有更多的传统商业挺不过网上销售冲击的。现实生活中,我们看到倒闭更多的是一些中小商业,原因就在于它们不具备房地产业这根支柱的支撑。

购物中心空置率居高不下

传统商业之难,可以从购物中心的空置率居高不下这一现象中看出来。现在有一种奇怪的现象,那就是,一方面是购物中心生意越来越难做,另一方面却是购物中心像雨后春笋般地涌现出来,以至于其空置率越来越高。

国外一般认为,购物中心空置率的警戒线为6%。也就是说,

---

[1] 唐志顺:《350亿!"双11"消费沸腾》,载《人民日报》,2013年11月12日。

[2] 李佳佳:《应对农产品贸易逆差,投资海外农业将成转折点》,中国新闻网,2013年1月19日。

如果超过了这个比例,就表明该地区的购物中心出现了泡沫,租金压力上行,生意将会变得越来越难。

而据全球知名的仲量联行2013年年初发布的报告,单从购物中心的空置率看,我国主要城市中表现最好的是杭州,仅1%,其次是无锡1.5%,广州、南京、上海、武汉都在2%至5%之间,最差的沈阳空置率高达24.3%,郑州为20.7%,居中的有西安5.2%、青岛6.8%、重庆10.9%、成都12.6%和北京12.7%。[①]

从数据中容易看出,这些空置率居中的城市,实际上都已经达到或超过了警戒线,表明它们在某些方面已经出现问题,并且问题还不小。

据莱坊房地产经纪公司调查,2012年我国一线城市购物中心的平均空置率为8.4%,二线城市为10.5%。也就是说,从整体上看,我国的大型购物中心空置率太高了,许多大型购物中心的占地面积动不动就超过10万平方米![②]

以深圳为例,深圳的购物中心从2013年下半年起开始集中问世,华侨城欢乐海岸购物中心、沙井京基百纳广场、皇廷IAMALL等6座大型购物中心相继开业,新增购物中心项目面积67万平方米,其中70%以上都集中在宝安区和龙岗区。

这么多家购物中心集体亮相,使得招商难度大大提高,多家购物中心不得不延期开业,有的甚至一拖就是好几年。也因此连累到当年已经开业的购物中心的空置率被推升到8%,达到18个月以来的最高点。

一般来说,购物中心的开业与资金、工程进度等方面的因素有关,但最重要的还是招商结果。大型购物中心的招商如果达不到90%,是不会贸然整体开业的。

当然,上述情况并不只是发生在深圳,而是在全国都很普遍。

---

① 黄河方:《各地购物中心"空置率"排行榜出炉》,载《中国商报》,2013年1月14日。

② 《中国:太多的购物中心》,载英《金融时报》,2012年11月7日。

并且有许多地方的购物中心空置率不仅超过了6％的国际公认警戒线,甚至出现了门可罗雀的现象。

怎么会造成这种局面呢?原因主要有两条:

一是正如中国购物中心产业咨询中心所分析的那样,房地产住宅项目受到限制后,有大量的房地产资金开始涌入商业及综合体项目,使得目前我国的购物中心至少处于阶段性过剩状态。

资料表明,2012年年末我国约有3 100家购物中心开业!可是,原有的消费能力就这么多,要想增长过快并不现实。这样一来,就只能使得原本设想能辐射上百万人的大型购物中心,辐射商圈人口基数降到只有十几万甚至只有几万人,降格为"社区型"购物中心。[1]

二是购物中心空置率居高不下与电子商务异军突起正好形成鲜明的对照。也就是说,是网上销售的火暴在一定程度上挤走了店铺销售的市场份额,使得它们不得不"空"下来。

仔细观察我们会发现,在我国发展最快的零售店汉堡王、星巴克咖啡等餐饮连锁店,就都没有选择在购物中心开设分店。

汉堡王目前在我国拥有63家分店,并且计划在未来5至7年内要新开1 000家店面,它们就根本没有在各大购物中心找场地的打算,而是希望只要能开在商业街旁就好。[2]

还有就是利润率高达10倍、在我国售价超过美国的星巴克咖啡[3]都不愿意进购物中心,个中原因简单想想也能猜到几分。

据全球领先的管理咨询公司贝恩公司发布的《2013年中国电子商务市场研究》报告显示,我国消费者目前的网购支出已经达到1.3万亿元,2013年将超过美国,并且将继续保持32％的年增长

---

[1] 叶燕婷:《深圳购物中心泡沫隐现,空置率已超警戒线》,载《每日经济新闻》,2013年9月26日。

[2] 《中国:太多的购物中心》,载英国《金融时报》,2012年11月7日。

[3] 何天骄:《星巴克回应中国暴利难自圆:售价为物料成本10倍》,载《第一财经日报》,2013年10月14日。

速度,2015年将翻一番,达到3.3万亿元。①

这充分说明了两点:一是电子商务的兴起将继续挤压传统商业空间,二是电子商务包括网上销售农产品今后必将风起云涌,农民朋友们只要顺势而为就能抓住机遇。

当然,这是就我国整个宏观商业环境而言的,并非单指农产品销售。但显而易见的是,"大河有水小河满",网上销售农产品也是其中的一部分,是不可或缺的一部分。

以万达为例

为了更好地说明问题,下面我们以万达为例来对此加以说明。

在我国,万达是购物中心的典型代表。这里的购物中心的原本含义是,将一群大小商店集中在一起,独立经营,统一管理,分为开放式和封闭型两种。

在国外,这种购物中心主要由超市、百货、服务业三大行业组成,并且多分布在郊区。例如,美国有大大小小的购物中心4万多家,最大的购物中心为"美国购物中心(Mall of America)",其中就由8个百货公司和几千个中小型店铺所组成,每年接待顾客4 000万人。

购物中心的出现,当初主要是为了挑战百货业、发展旅游业,这也是全球各国都在大力支持购物中心发展的原因。因为与百货业需要付出实实在在的货物相比,旅游业是真正的无烟工业,"销售就是利润"。

在我国,近几年来涌现出来的购物中心中发展最快的是万达广场。截至2012年年末,全国已经开业的万达广场有66座,物业面积1 290万平方米,是全球排名第二的不动产企业。

而在万达广场的推进过程中,它并不与其他百货公司合作,而

---

① 徐雯:《贝恩公司:中国网购支出今年将超美国》,新浪财经,2013年8月28日。

是一开始就成立了自己的百货公司——万达百货(过去叫"万千百货")。在万达的集权体制下,万达百货的发展并不顺利。虽然开店数量多达 57 家、成为我国开店数量最多的百货公司,可是其单店效益并没有能同步提高,低于王府井等老牌企业。[①]

正是在这种情况下,万达开始进军电子商务进行网上揽客(O2O),以便增强自己的竞争优势。而不用说,这也是目前我国其他百货行业在购物中心、电子商务发展双重压力下不得不选择的突围途径。

而大家都这样做的结果,就必然会出现购物中心与传统百货业之间的正面冲突,再加上电子商务在其中的搅和,传统商业很快就陷入前狼后虎的窘况之中。

在这三者关系中,最年轻力壮、最有发展前途的当属电子商务,网上销售农产品就是它的一个分支。

需要指出的是,无论电子商务有多少优势,它都不可能完全取代传统商业。传统商业在旅游、娱乐、购物体验方面的优势,是电子商务无法替代的;更不用说,电子商务的主要撒手锏是价格,而传统商业的价格也是可以逐步与之靠拢并消弭这种优势差距的,只是现在还不可能走到这一步。

5. 原有销售方式亟待升级 ●●▶

网上销售农产品的紧迫性,与传统的农产品销售方式是分不开的。传统商业越来越难,势必要催生新的渠道革命。电子商务就是其必然产物。

首先,让我们来了解一下传统的农产品销售都有哪些渠道。

---

① 庄帅:《购物中心与电商的 O2O 之战》,载《IT 经理人世界》,2013 年 1 月 18 日。

传统的农产品销售渠道

传统的农产品销售渠道主要有以下几种：

一是专业市场销售。

这主要是通过我们通常所说的各种批发市场，货源来自全国各地，销售对象也不局限于本地区，而是辐射到整个省市乃至更大范围，所以在全国的影响较大。

二是销售公司销售。

销售公司先是从农民手中收购农产品，然后再对外销售，主营或兼营农产品销售。

三是合作组织销售。

这是指通过综合性或区域性的社区合作组织，主要采取委托销售的方式来销售农产品。合作组织则可以从中提取一定比率的佣金或手续费。

四是销售大户销售。

这种销售大户主要有两种：

一种是种植大户。因为是种植大户，总产量大，所以他们必然会从自己的实际出发，把更多精力放在农产品销售上。他们通常具备较强的销售能力，否则，如果完全没有落实好销售渠道，他们也是"不敢"成为种植大户的。

另一种是纯粹的销售大户，即我们通常所称的农民经纪人。他们本身不一定是种植大户，甚至根本就不种植农产品，而是专门组织农产品的贩运和销售，做"二道贩子"。由于他们的交际广、组织销售能力强，因而往往是农村中的能人和富人。

五是农户直接销售。

这也就是农户直接面向市场销售农产品。

这一渠道的优点是可以跳过一切中间环节，赚到的就是自己的，盈利较高；当然，也正因如此，农户可以降低产品价格、扩大销售。这种扩大销售对整个农产品市场来说影响并不大，可是对于一家一户来说却至关重要。尤其是当生产规模不大时,是一种务实之举。

缺点是个人的销售能力毕竟有限,信息不灵,销售量较小,受市场因素制约大,所以不太适合种植大户。

网上销售的突破之举

上面所说的几种传统的农产品销售方式,如果只是泛泛而谈,那些对农村情况不太了解的读者就可能不会留下什么印象,不一定能看出问题之所在。下面就举例来说明这个问题。

例如,农产品的品种多样,农民经纪人的素质良莠不齐,各种农产品专业市场税费管理政出多门、标准不一,有关农产品信息传递的途径相对滞后,对农产品市场的信息分析处理能力更是不敢恭维;再加上有不少经销商和农民经纪人为了减少中间环节、降低销售价格、增强市场竞争力,往往会在农产品还没有收获之前就直接奔到农民家里预约收购,然后通过简单的加工就直接批发出去。

因此,在农产品品种非常复杂、每种农产品数量不大、农民对今年的农产品价格还不十分了解(农产品还没上市,所谓价格都只是根据往年情况自行猜测)的背景下,农民往往在稀里糊涂中就将农产品卖了低价,蒙受了经济损失。

更不用说,农民会遇到一些违约者,原来说好来收购的,当初只是付了一点定金甚至连定金也没付,后来又突然说不要了,全部烂在地里,完全造成损失的也并不罕见。

这样,就涉及这些年新兴的另一种农产品销售方式——网上销售了。通过开设专门的网站,让生产者和消费者直接在网上建立联系,减少一切不必要的中间环节,就成为必然。

但现在的问题是,农村地处偏僻,农民朋友对信息技术掌握得普遍不够,即使是活跃在那些大型批发市场的农民经纪人,也常常会受到专业知识和信息匮乏的困扰。

最常见的是,他们对自己手里在卖的商品虽然有一定了解,可是却难以相对科学地表述这种产品的优势、营养价值等,这样就势必不利于最终销售。

另外就是,农产品经销商繁多,规模和实力十分悬殊,对网络和信息等知识的了解程度大不一样;再加上农产品交易的交割时间有许多限制,如网上订货与实际交货两者之间有差异、双方对标准的理解不同等等,也对网上销售农产品造成诸多不便。

正如河南农民经纪人陈利所说,他在郑州市航海路一个农产品市场门口开辟了一个1 000多平方米的场地,主要经营铁棍山药、土鸡、土鸡蛋等原始农产品,主要信息就是来自报纸和朋友的介绍,不但渠道有限,而且常常滞后。虽然他有时候也上网,但对网络实在陌生,远远没到得心应手的地步。[1]

但正所谓"前途是光明的,道路是曲折的",既然农产品网上销售是必然趋势,那就没有克服不了的困难。

2003年的时候,浙江宁波市场上的草莓不好销,镇海澥浦镇"农二代"朱凯,看到父母辛辛苦苦种植的草莓卖不出去,便想到平时上网逛论坛时经常有很多人发帖,心想,能不能在网上发帖叫卖呢?他抱着试试看的态度试了,没想到效果出奇的好。

于是,在他的带动下,村里的农民纷纷采用这种模式,卖草莓再也不去找商贩,而是直接放到网上去卖就行了。村里种植草莓的农户也从原来的3户很快发展到28户,种植地变成300多亩地,而这又反过来促进了客流量的增加。到2013年一季度时,他们的草莓基地已累计接待顾客10万人次![2]

---

[1] 訾利利:《河南邮政网上售卖农产品,网络销售成推广新趋势》,载《河南商报》,2012年12月25日。

[2] 俞益婷:《庄稼人"触网":农产品网售火暴卖光光》,凤凰网宁波频道,2013年9月9日。

弄好了做农民也很好

网上销售农产品渠道的开通,彻底改变了农民和农村形象,也让一部分原本外出打工的农民留在了家乡从事农业。在过去,农民难、农村苦就集中体现在农产品销售难上,这个瓶颈打破了,使农民觉得有时候做农民也挺好的,甚至比外出打工要强多了。

2013年9月的一天,朱凯坐在电脑前不停地敲击键盘,同时与几个网站的客户在洽谈业务。一位客户抱怨自己买到的月季小苗太小了,而马上又有一位客户打听还有没有月季中苗,同时另一位内蒙古的客人已下了订单。

朱凯麻利地来到他的后花园。一个临时大棚上挂着"高兴家的后花园"的横幅,算是他的工作室。他在这里取了两株月季苗,用保鲜膜裹住并固定好底下的泥土,然后用双面胶把月季和纸板牢牢粘住。在看了看没什么问题之后,就顺手把快递单子给贴上了。等傍晚快递公司的人过来接货后,不过几天客户就可以收到货了。

他说,长期以来他已经习惯了这样的生活,不是在网上就是面对着上网的手机,生怕漏掉任何一张单子。他平均每天会接到10至20张单子,越干越有劲。如果没有网络,他还真不知道该怎么办。他说:"宁波的市场实在太小了,得靠网络联络全国各地的人,才能卖得出去。"他就觉得,像他这样做农民挺好的。

值得一提的是,朱凯他们的草莓基地客流量增加后,旁边的各种娱乐设施、基础设施也开始逐步完善起来了。他们以后还准备在这里打造一整套旅游休闲基地,彻底改变过去的农村形象。

6. 网销农产品已蔚然成风

如果说朱凯在2003年开始在网上销售草莓还算比较早的话,

那么现在的农产品网上销售已经遍地开花、蔚然成风了。这里所指的网上销售农产品,包括一切通过互联网销售的渠道。这部分农民究竟有多少比例虽然目前没有确切数据,但估计已不少。

据阿里巴巴研究中心发布的《农产品电子商务白皮书(2012)》透露,2012年阿里巴巴平台共实现农产品交易额约200亿元,其中绝大部分交易是在淘宝网和天猫网上完成的。

研究表明,截至2012年年末,淘宝网(含天猫网)上正常经营的、注册地在农村(含县)的网店数量高达163.26万个。其中注册地在村镇的有59.57万个,经营农产品的网店数量高达26.06万个,它们涉及的农产品数量多达1 004.12万个。①

网上销售让他从"不务正业"变成"农村能人"

网上销售农产品蔚然成风,使得许多农民从别人眼里的"不务正业"变成了"农村能人"。

辽宁新民市兴隆店周家村的周洪梅就是其中的一位。他过去因为经常上网,所以被村里人说成是不务正业。可是当他通过网络为村里推销出去大量的农产品后,他在人们的心目中就成了能人。

2008年4月,他在自己的博客里发表了销售稻谷的信息,很快就有邻县的一位网友打电话来了解情况。或许是电话沟通后对方觉得信息可靠,便前来买稻谷了。这时候周洪梅马上联系村里的种粮大户,第二天一下子就被拉走1.5万公斤稻谷。从中尝到甜头的他,于是不断地为村里发布农产品销售信息,一年多里他至少卖出了几百吨。

周洪梅深有体会地说,网上销售农产品不仅涉及卖东西,更能使自己了解种养殖业知识,了解国家政策,可谓好处多多。

2009年春节之前,他们当地的稻谷价格最高也只有每斤0.93元。而当他看到国家发布的提高粮食收购最低保护价的信息后,

---

① 徐胥:《农产品电子商务好处多》,载《经济日报》,2013年1月22日。

马上就告诉几位种粮大户,叫他们少安毋躁。后来果然如此,春节以后稻谷的价格就每斤上调了0.3元,上涨了30%还不止。

后来当地竟形成了这样的习俗:村里人卖稻谷都要先问问周洪梅,让他上网先看看行情再作决定,把这位只有初中文化、平时也很少出村的朴实农民当成"智多星"来看待。

据了解,周洪梅最喜欢光顾的网站是"盛世金农",是这个网站最早的网友之一。后来,他也正是通过网络,结识了全国各地的200多位朋友,形成了一个不小的农产品买卖圈。

在辽宁,现在有越来越多的人像周洪梅一样,通过网络融入广阔市场。2009年时,全省600多万农户中有170多万会通过互联网查询农业生产技术和价格资料、发布农产品销售信息,并且5年里通过网上销售农产品的总金额超过50亿元。①

微博销售让他的年收入翻了好几倍

网上销售农产品既能打开市场,又能提高效益,让从事该项目的农民获益匪浅,年收入翻几倍的并不少见。

在天津汉沽区,越来越多的农民开始尝试着在网上销售蔬菜、水果,有的甚至已经销往国外。例如,当地茶淀镇农民、33岁的梁金峰通过微博发布消息寻找买家,几天内就卖出了几千斤葡萄,所以他根本就不用为葡萄的销路而发愁。

通过微博销售农产品,梁金峰的"卖菜工具"很简单,说穿了就是一台电脑、一根网线、一个宽带账号。只见他坐在电脑前动动鼠标,就能把自己种植的产品销到北京、上海、湖南等地,方便而快捷。他从2012年开始通过微博发布信息,每天只要一上网,就能联系到分布在全国各地的销售商。

尝到甜头的他开始大举进军网络市场,在网上实时发布农产

---

① 冯雷:《辽宁近三成农户用网络推销农产品》,新华网,2009年6月21日。

品长势等信息，并且随时更新图片。现在，他的客户遍布全国，收入也比过去增加了许多。

他高兴地说，过去卖葡萄要通过农贸市场或农民经纪人，时间耗费太长，信息沟通也不畅，是名副其实的"赶集叫卖"；现在利用网络联系客户，变成"网上摆摊"，这些缺点就没有了。

就拿他来说，自从他在网上卖菜后，轻轻松松地就与多家客户建立了稳定的合作关系，经常有贩运蔬菜的车辆前来上门收购蔬菜，他的年收入已经达到五六万元。[①]

记者在梁金峰摆摊的网络菜市场上看到，这里销售的农产品五花八门，共有水果、海珍品、无公害蔬菜等10多个大类。不但有产品介绍和说明，而且还把肥料配方、产品收获时的图片一并贴在网上，使得产品更具有说服力。

不用说，这种"更具有说服力"正是"农民找市场"向"市场找农民"转变的结果。这种转变由于真正实现了农产品购销信息对接服务，所以能有效地帮助农民销售农产品、提高销售收入。

网上销售连接着购销双方

在实体市场上，经常会出现购销双方脱节的现象。也就是说，想卖的人卖不出，不知道要买的人在哪里；想买的人买不到，不知道自己需要的东西哪里有卖的。而网上销售由于其透明度和集中性，就很容易把这两者有机结合起来。

例如在天津河西区梅江海逸长洲附近，当地农民种植了20多个温室的有机蔬菜，可是却销售不畅。每年除了礼品菜能够销售出去很小一部分外，其他的只能自降身价，混同于一般蔬菜在市场上贱卖。蓟县、宝坻、武清等地的一些养鸡专业户，同样为优质鸡蛋、肉鸡找不到买家和卖不上高价而苦恼。

---

① 黎昊祯：《农民网上摆摊发微博找买家，蔬菜销量翻几番》，载《滨海时报》，2013年9月11日。

这些有机蔬菜好在哪里呢？要知道，它们使用的可都是从内蒙古运来的羊粪肥料，也不打农药，并且具有国家有机产品认证。只是因为找不到地方出售，确切地说是直接进城卖不容易，要想进入菜市场或超市又会因为高额的市场租金而退缩，所以最终不得不就地设摊，直接在田头路边定期开设"绿色农夫市集"。由于是有机农产品，所以价格自然不菲，一块豆腐要卖 20 元，一只草鸡要卖 150 元，一只鸡蛋要卖 2.7 元，可是依然非常好销。

但显而易见，要想让城里人全都跑到乡下去买并不现实，所以对于农民来说，这个销量所占比重依然十分渺小。可是另一方面，却有更多的城里人在为买不到优质农产品而苦恼。

南开区的刘先生就抱怨说，他的孩子体质较弱，所以医生建议多给孩子吃一些有机蔬菜、杂粮等。他家附近的超市原来倒是有卖有机蔬菜和杂粮的，可不知道为什么，现在一下子全都消失了。后来他上网查了几家有机农产品专卖店，不但价格奇高，而且质量究竟如何自己心中没底，所以到底还是没敢买。[1]

读者在这里能看出问题来了吗？如果能在网上开一家有机农产品大卖场，就能拉拢买卖双方了，这就是网上销售农产品能够解决的问题。

这里的关键是：一要真实可靠，让消费者放心；二是物流运输跟得上，确保完好新鲜。这样，就必定会使双方得益。

7. 一场永不落幕的农博会

网上销售农产品能够彻底打破时间和空间的限制，成为一场永不落幕的农博会。

农博会大家并不陌生，它的全称是农业博览会或农业食品博

---

[1] 陈忠权：《优质农产品为何进城难》，载《天津日报》，2012 年 11 月 14 日。

览会,通常也叫农产品展会、农业展览会、农产品展销会、农产品交易会、农产品庙会、农产品集市、农产品贸易洽谈会、现代农业展会、农业博览展销会、农业食品博览会等。即使在国外,其名称也是五花八门,只不过他们喜欢更多地称之为"日"、"周"、"中心"、"市场"等,如澳大利亚的"全国农业日"。

全国性的也是全球规模最大、农业科技水平最高、参加人数最多的农博会是长春国际农业食品博览(交易)会,简称"长春农博会",从2000年开始每年举办一次,常年开放。全国各省市乃至县也都有自己的农博会,用以展示农业发展成果。截至2012年年末,长春农博会累计参会人数超过2 000万人,累计签约金额超过1 500亿元,现场交易额达30亿元。

从上容易看出,传统意义上的农博会,是指在特定时间、固定地点、最小空间内,为展示农业产品和技术、拓展渠道、促进销售、传播品牌而进行的一种宣传促销活动。在各种各样的农博会上,与农业、食品、土特产有关的商品应有尽有,为农民提供了一个很好的展示和交易场所。

可是这与网上销售农产品相比,就小巫见大巫了。网上销售农产品完全打通了前面所述的种种限制,直奔主题"销售和传播",因而效果更好,称它为"永不落幕的农博会"也不为过。

网上农博会够威够力

网上农博会由于没有时间和空间限制,所以辐射面和影响力极其广泛,有时可以大到令人咋舌的地步。

在2010年10月举行的西部农交会、中国西部国际农产品网上博览会上,农产品网上销售就成为一大亮点。

尤其是四川省农业厅、成都市人民政府主办的"成农网"更是令人关注。该平台是历时一年时间研究开发出来的,能够同时容纳上千万人并发访问、上百万人同时在线交易,所以能极大地满足市场需求。

消费者在该网上可以看到四川乃至全国的名优特新农产品信息,有品牌推荐、地方专区、特色农产品等栏目,共有10个大类、260多个小类,以及可以 B2B、B2C 双模式交易,能够很好地满足农业企业进行产品推广、销售、管理的无缝对接,帮助千家万户农民发家致富。

它们的目标是,实现农产品年销售收入60亿元的规模,直接带动四川860万农户、3 000多万农民年增加销售收入总额100亿元,培养3 000名农民工为农产品经纪人,吸纳5万名农民工为基地员工,解决15万农村劳动力的就业问题。

不用说,真正到了这一天,那就是任何传统农博会都不能望其项背的业绩。而仅仅是在这次网上农博会上,就有300多家省农业产业化经营重点龙头企业、农民专业合作社等参与,亲身体验该电子商务平台的创新应用。

为了能使之成为一种永久性农产品展销平台,它们还专门为"三品一标"(无公害农产品、绿色食品、有机食品、国家地理标志农产品)专门建立网上信息库,方便消费者在家选购。

不仅如此,为了能让消费者看到更加直观的农业生产过程,网上农博会还能充分利用网络条件,展示农产品从栽种(播种)到收获的全过程,让消费者更加放心和满意地选购产品,这也是传统农博会无法达到的效果。

例如,就在这次网上农博会上,位于四川崇州市的成都康田农业开发有限公司,就把它们的"生命动力农场"带到了现场。该公司认为,农产品离不开土壤,没有健康的土壤就不会有健康的农产品,所以它们一直在致力于土壤的开发和利用。

它们的"生命动力农场"通过把传统养殖的粪便等污染物进行主动循环,利用产业化流程,把畜禽污染、秸秆等废弃物通过微生物运动生产出有机生物肥料来,再把这种肥料直接作用于土壤,就能实现不用化肥、农药就能在没有污染的健康土壤上种植农产品。它们以这种微生物加工发酵床为纽带,大力发展大区域生物动力循环农业,极大地改善了养殖业增长模式,从而可以让消费者吃得更安全、用得更放心。①

看看，网上销售农产品不仅具有农博会的诸多功能，还具有传统农博会所不具备的有利条件。这里的关键是要有观众，即点击率，否则效果就极其有限。

独角戏也能唱农博会

网上农博会的规模可大可小。对于农民个人来说，只要你在网上销售农产品，呈现出来的实际上就是一个个迷你农博会。所以，网上销售农产品不必拘泥于字眼，更应注重实际效果。

2012年12月，务农已经20年的福建南安市农民陈璐，通过网络与河南商人成功签下了5万元的购销合同，从而使得当年他的农产品销售额比上年翻了一番，这就是实实在在的业绩。

陈璐是从2010年开始涉足农产品网上销售的。他采取的主要方式是通过QQ群发布出售农产品的信息，同时把鸡舍、周边环境、新鲜产品等图片，也一股脑儿上传到中国食品网、中国农产品网等来扩大影响，使之广为传播。

网上开业后的第三个月，一位来自福建的客户就向他购买了2 000只土鸡蛋，这可把他乐坏了。因为这是他第一次接到这么大的"大生意"，所以印象特别深刻。

他是当地最早一批在网上销售农产品的农民。过去他都是靠客户介绍客户，或者在报纸上做广告，但效果都不怎么样。自从他上网销售农产品后，每当发出信息，总会收到从四面八方飞来的订单。现在，他已经有了一个三个人的小型网络营销团队，年销售额有数十万元。②

---

① 姚西、邹峻松：《"2010网上农博会"明日与西部农交会同期开幕》，四川三农新闻网，2010年10月21日。

② 苏田田：《农产品触"网"，挑战传统"菜篮子"》，载《泉州商报》，2013年2月4日。

而广西柳江县三都镇里贡村农民经纪人韦树庭,开始上网销售农产品的时间更早。早在2005年初,他就涉网了并随后大获全胜。他记得当时是收购了一车蒜苗,通过网络把它卖到了湖南。

　　而像他这样的农民,当地有不少。2004年他们镇上通过网络卖出去的农产品有7 500多吨,主要是葱花、蒜苗、生姜等。

　　2004年夏天,柳江县共组织34条名特优农产品供求信息参加自治区名特优农产品网上展销洽谈会。通过网上见面,有12.22万吨农产品成功实现了交易,交易额达1.24亿元。

　　网上农博会大大提高了当地农产品的知名度,外地客商纷至沓来。仅仅2004年七八月份,就有120多名外地客商专门前来三都镇收购当地的子姜,不到一个月,该镇的5 300多吨子姜就被销售一空,价格比上年翻了一番多,从每斤1元升到了2.2元。[①]

网上销售势不可挡

　　如果说,网上销售农产品的网络农博会过去还只是星星之火的话,那么未来必将呈燎原之势,并且势不可挡。

　　要知道,仅仅是在10多年前,对于绝大多数中国人来说,网购还是个新生事物;而在商家眼里,那时候的网上交易更像海市蜃楼一般可望而不可即。可是仅仅10多年过去后,情况就发生了翻天覆地的变化,现在还有多少人完全离得了互联网呢?

　　以其中最典型的淘宝网为例。淘宝网在2004年还名不见经传,可是2008年的销售额就突破400亿元人民币,然后持续以超过100%的年增长率高速增长,是同期全国社会消费品零售总额增长幅度的10倍。而同期,全国大型连锁零售企业40%的年增长速度,与其相比只能算是个零头。

---

　　① 韦崇宣:《柳江农民网上销售农产品,农民经纪人频出手赚大钱》,载《南国今报》,2005年1月31日。

2005年,淘宝网的销售额超过了沃尔玛,2006年超过家乐福,2007年超过沃尔玛和家乐福两大巨头之和,2009年超过2 000亿元,[1]2010年为4 000亿元,2011年6 300亿元,2012年11月末就已经突破1万亿元。[2]

这样的发展速度和规模,不是奇迹也是神话了。那么它又凭什么做到这一点呢?为什么过去就没有呢?为什么传统商业就无法望其项背呢?道理很简单,只有一条,那就是互联网的普及、网民的成熟极大地拓展了电子商务的发展空间。

从网络在我国的发展历史上看,没有互联网当然也就谈不上电子商务;而自从我国1996年正式开通因特网那天起,电子商务就开始在我国萌芽、发展了。

上面举的淘宝网的例子从2004开始谈起,就是因为2000年至2003年间是我国电子商务发展的冰冻调整期,然后就进入2004年至2006年间的复苏回暖期,2007年开始进入高速发展期。即使2008年爆发了全球金融危机,也没阻挡得了它的巨大发展优势和市场潜力,反而成为其助推器。

相信,随着互联网的高速发展和普及,网上销售农产品必然在我国成为一种风气,在社会消费品零售总额中的比重也将越来越高。

8. 变买方市场为卖方市场 ●●▶

网上销售农产品的一大优势,就是变买方市场为卖方市场,从而不但能顺畅地打通销售渠道,还能极大地降低销售成本。

---

[1] 《农业电子商务充满商机,农产品网络营销待发展》,中国种植技术网,2010年12月30日。

[2] 吴培锋、张东红:《淘宝交易额九年破万亿元,增速下滑或不可避免》,载《投资者报》,2012年12月10日。

什么叫买方市场和卖方市场

所谓买方市场,通俗地说就是"买方说了算"的市场。

这时候由于买方在交易上处于有利地位,所需商品数量、价格、规格、标准等都由买方说了算,如果你不答应,他就不买。不用说,你要在这种情况下销售农产品就很难了。

为什么会这样呢?说到底主要有两个原因:一是因为市场供大于求,他不买你的可以买别人的,什么都不影响,所以趾高气扬;可是,如果你的农产品这个也不要,那个也不要,就必然要形成积压滞销或腐烂霉变,造成损失。二是因为信息不对称。你这里的农产品比别人物美价廉,可是要买的人却不知道,所以只好擦肩而过冷落你,对方感到遗憾,你也感到痛苦。

买方市场的市场特征主要有两条:一是销售困难,二是卖不出合理的价格来,经济效益不佳不说,甚至还要导致破产。

反过来,所谓卖方市场,通俗地说就是"卖方说了算"的市场。这时候由于产品供不应求(哪怕整个市场都供过于求,至少对于"我"来说还是供不应求),"皇帝的女儿不愁嫁",不但销售通畅,并且还可以奇货可居、抬高价格,获取丰厚的利润。

不用说,所有农民在农产品销售中都希望自己能居于卖方市场地位,这不但可以降低销售难度、抬高价格、减少奔波劳累,还能获得应有的尊重和体面。

对于农民来说,个人当然是无力平衡整个市场的供求关系的,但不过也不要泄气,至少你可以营造周围局部小环境的供不应求——也就是要通过上网发布农产品销售信息,扩大知名度,让更多的人成为你的买方。

这时候,你的供应量是相对的,可是由于需求面成百上千倍地扩大,就会形成供不应求的局面,至少对你来说是这样的。

一家有女百家求

俗话说:"一家有女百家求"。当买方市场变成卖方市场后,农产品销售难也就变成了"销售易",正如"皇帝的女儿不愁嫁"。

例如,在浙江宁波市镇海区湾塘村,草莓种植户们早就真切地感受到了这种网上销售的威力。

2004年时,有人在网上帮他们发了个"每人采摘费用30元,管吃,不能带走"的帖子,此后便游客盈门,一下子就让他们告别了"提篮小卖",到处奔波的苦日子。

现在,这些种植户们家家都有电脑,上网成了每天的必修课。正是看到农民对互联网的迫切需求,该市加快了农村信息化建设步伐,通过政府出一点、企业贴一点、农民掏一点的办法,在2009时就完成了市、县区、乡镇(街道)、村四级网络体系建设,联网村达1 680个。借助于这样的信息发布平台,他们的生意越做越大。

奉化市联胜村花农吕东明不仅有自己的网站,而且还把供货信息贴到国内上百个知名或专业网站上去,这些几乎不用支付任何费用。2008年他通过网络为自己和周边农户推销花木200多万元。

江北区果农陈海珍则是该区网上销售蜜梨的第一人,如今他的"洪塘蜜梨"名声在外,就连北京、上海的客户也纷纷赶来购买,一年能够净挣100多万元。他高兴地说:"过去是我们四处找市场,现在倒过来喽。"

数字表明,在宁波,至少有20多万农民在通过"农民信箱"信息平台完成一笔笔农产品交易。每天登录该平台,就能看到成百上千条供求信息,几年来网上销售的农产品超过10亿元。①

---

① 罗涟浩:《宁波农民每年依托网络销售农产品超10亿元》,载《宁波日报》,2009年5月28日。

还有山东菏泽市农民谢光华,他在 2011 年秋冬季节种植的 14 亩胡萝卜严重滞销,让他伤透了脑筋。后来网友帮他发布了一条微博,结果在短短 10 多天里这些胡萝卜就被销售一空。

在此之前,他根本还不知道在网上也能卖胡萝卜,所以他赶快在 2011 年 12 月在淘宝网上注册了一家网店,开始在网上销售农产品。2013 年他种了几亩地的芦笋,共收获 5 000 多斤,其中有一多半是通过这个网店销售出去的。"动动鼠标"、"打打电话"就让他赚了 1 万多元,客户来自天南海北,一点都不用担心销售问题。这让他尝足了甜头,从而对未来更加充满信心。

他是这样看的:在过去,蔬菜从田头到消费者餐桌要经历"农民—产地小菜贩—产地大菜贩—长途运输户—销地大菜贩—销地小菜贩—市民"等多个环节,这样的层层加价,必然会推高菜价。可是通过网上销售农产品,至少可以减少两三个中间环节,市民买菜也可以便宜 30% 以上。

在内蒙古呼和浩特市,农民胡尧杰介绍说,他们村里有很多放养的土鸡,专吃五谷杂粮,平均每户有二三十只。这些土鸡所生的蛋吃不完放在家里坏了很可惜,于是便想把它们变成钱。

后来,他抱着一种试试看的态度,在个人微博上发了一条信息,没想到很受欢迎,他一个月的卖蛋净收入就有 1 200 元。①

买方市场变成卖方市场后的喜悦,对农民来说是难以言表的,而这就都多亏了农产品网上销售的功劳。要不是网络把这些信息传遍四面八方,又有谁知道他们和它们呢!

极大地降低销售成本

网上销售农产品的另外一大功劳是能够极大地降低销售成本。这还不只是因为减少了中间销售环节的缘故,更因为这些农

---

① 潘林青、席敏等:《"农民网商"为破解农产品"卖难买贵"提供新渠道》,新华网,2012 年 11 月 18 日。

民不用四处兜售,从而大大降低了人工、产品积压和损耗。

例如,河南济源市是冬凌草原产地,是全国独一无二的。可是就是这么好的农产品,过去他们只拎着样品到全国各地药厂去跑业务,销售成本高不说,更无法打出品牌。

在该市农业农村信息化建设热潮中,他们率先建成了"中国冬凌草网",仅仅几个月过去后就实现网上销售收入500多万元。

王屋山冬凌草专业合作社理事长刘全刚在淘宝网上开设冬凌草网店后,通过在网上发布信息、下单交易,让更多的人通过网络了解了冬凌草。现在,小则10多斤、多则200多吨的生意都能在网上实现交易,通过支付宝就能进行结算,方便得很。2011年该合作社的网上交易额高达1 800多万元,并且还带动了大峪、轵城等地农民新辟药材种植面积2万多亩。

坡头镇绿野生态果品有限公司负责人苗文,对网上销售农产品的前景非常看好。他说,现在的农民不管是卖种猪、卖药材的还是像他一样卖核桃的,都可以在网上进行交易。淘宝网店"愚公人家"让济源土特产搭上网际快车走出了山沟沟,年销售额超过50万元。

济源瑞星牧业农产品销售员李燕,在全公司实现的900多万元网络交易额中一个人就占300多万元,她对这种销售方式信心十足。2011年12月29日她在接受记者采访时,还完成了一桩业务。当她接完来自中牟育肥基地的电话后,马上就上网查阅订单,同时准备300头仔猪。她高兴地说:"客商在网上看了产品和资料,然后在网上下单交易,这一车就能拉走13万元的仔猪。"

数据表明,在2011年该市推进农产品电子商务工程的半年多时间里,全市就有5家农产品电子商务示范户实现网上销售3 500多万元,在这个山区这是过去不敢想象的。①

从不敢想象到成为现实,凭什么?就凭电子商务。

---

① 赵美丽:《济源5家农产品电子商务示范户网上淘金3 500万》,载《济源日报》,2012年1月4日。

9. 信息就意味着产品和机会

网上销售农产品解决的最大问题,就是能很好地把信息和产品串联在一起,因而很实在、很受农民和消费者欢迎。也就是说,不但卖方高兴,买方同样也需要。

通则不痛,痛则不通

俗话说,"通则不痛,痛则不通。"具体到农产品销售来说,这同样是成立的。信息渠道、销售渠道畅通了,农产品销售就不成问题;相反,农产品销售难的情形,一定会出现在信息渠道和销售渠道不畅的时候。

有鉴于此,当网上销售农产品打破了信息渠道和销售渠道这两道瓶颈后,农产品销售难这个问题也就解决了一大半。

泛泛地说,电子商务主要涉及信息流、物流和资金流三要素;而对于农产品网上销售来说,还涉及另外两大要素,那就是产业和各种组织所扮演的角色。

但无论如何,信息流在其中起主导作用,因为电子商务首先要解决的就是信息和交流问题。如果你的农产品销售信息广为传播,但买方不来买,那就不是你能解决的了;相反,如果别人不知道你要销售农产品而错过了机会,那就是你的问题了。

就好比说,你骑电动车一路过来时掉了一串钥匙,于是沿着原路返回寻找,而这时候你后面已经有人正好捡到这串钥匙,正骑着电动车一路过来寻找失主。如果你能让别人知道你是在找钥匙,至少表面上别人能判断得出来,他才能和你打招呼,把钥匙交给你;否则,就只能擦肩而过了。问题不在对方,而在你。

从中容易看出,信息本身不仅包括产品的属性和描述,在互联网时代甚至可以说"信息就是产品,产品就是信息。"

具体到农产品上来说就是，网上发布的农产品销售信息不仅要包括品种、产地、规格、等级、品牌等内容，还有一项很重要的东西，那就是环境。这就是农产品信息所特有的内容了。

尤其是农产品生产，本身是一种生物过程，不同的农产品产自不同的农业生产环境之下，这导致其环境因素的重要性往往会超越工业产品。

就好比说，一家大企业在不同地区分厂生产的同规格的电视机，其产品性能可能会做到完全一致；可是一家农业企业在不同地区生产的同类农产品，却有可能会有天壤之别。同一地块上的有机蔬菜与非有机蔬菜、同一地区的普通蔬菜与高原菜，就不仅有品质差异，还有价格差异，有时甚至要相差好几倍，这就是一些土特产概念的由来。即使是实行了标准化生产模式的地块，这样的品质差异依然存在。

所以，当买方得知你的农产品的信息时，就已经包括对这些方面的认知，从而能作出自己的判断。

有鉴于此，网上销售农产品时，一定要把这些信息说清楚。尤其是目前我国有4万家农业类网站，但其中的农产品信息发布基本上处于无序状态，这也是这些网站以及网上销售农产品效果不佳的原因——无法显示出自己的每一种农产品与别人相比有什么区别，或者根本就区别不出来。

所以你能看到，做得比较好的农业类网站都是那些相对更细分的，如猪e网、苗木网、水产网等。它们的共同特点是，信息目标明确、针对性强，容易看出彼此之间的区别，又能形成规模。

信息传播渠道多种多样

虽然信息就意味着产品和机会，但显而易见的是，正如本书前面所说的，这种信息传播渠道是多种多样的。

具体地说就是，网上销售农产品并非都要去搞农业网站，尤其是对于农民个人来说，就更没有这种必要。相反，却能给我们这样一种启示:把相关信息发到这样的网络平台上去,由平台帮助你实现信息的准确归类和分流,会起到更好的效果。

特别是现在的手机都能上网,消费者通过手机终端就能接收到农产品网络渠道服务的各种信息,网上销售农产品已经普及到了一个新的高度,各种信息渠道都是各有千秋的。

道理很简单,农产品网上销售的落脚点就是为了促使买卖畅通,所以,农产品信息流通应当少搞一些虚的东西,直接理解为"网络铺货"或许更恰当。从这一点出发,你就知道该怎么做了。

比如说,如果你卖的是小青菜,首先会想到把它放在蔬菜店里,而不会与其他工业产品混在一起放在超市货架上,既然这样,在网上铺货时,也就要考虑到这一点。

当然,由于网络是虚拟的,我们不可能手拿一捧青菜直接放到货架上去,但你至少要能对你的这捆青菜好好地进行描述、展示,然后发布到应该发布的地方去,而不是随随便便地应付了事。

10. 网销农产品潮流势不可挡

网上销售农产品的潮流势不可挡,甚至令人咋舌。

从数字看,2010年3月22日淘宝网聚划算团购平台正式上线的那一天成交额还只是2 094元,可是短短9个月后达到了3 059万元,增加了1.46万倍!这是其他任何销售方式都无法比拟的。

网上营销正大踏步地走进农民生活

这种势不可挡主要体现在网络营销正在逐步走进农民生活上。无论买或卖,都越来越离不开这一张网。

在成都市,有一家公司名为南夏春生态农业有限公司,它不仅仅是一个信息平台,它的重点在于通过电子商务平台及实体来推广土鸡蛋。

该平台是这样建立的。2010年时,陈涛有一位朋友的妻子怀孕了,想吃土鸡蛋,可是在成都及周边地区都找不到理想货源。于是他萌发了自己做土鸡蛋生意的念头。

陈涛确定以成都往北300公里的大巴山边缘部分乡镇为根据地,到那里去收购土鸡蛋,然后运回成都销售。

小试牛刀后,他便在2011年与几个人一起打造了这个生态农业平台。很快地,它们的土鸡蛋就从网上销往全国20多个省市区、200多个县市区。在短短的两年间内,土鸡蛋签约农户达到100多家,平均每户每年增收5 000元以上。[1]

还有在2006年7月,陕西兴平市汤坊乡果菜脱水厂副厂长彭海云首次登上飞往马来西亚的航班。他在国外看到自己经手的辣椒在这里销售得非常红火,每斤居然能卖到4.5马币(约合人民币10元),情不自禁地感叹道:我的辣椒之所以能够卖到马来西亚,多亏了中国农业部的"一站通",是它搭建的网络让自己的产品飞到马来西亚,并且当年的成交额高达380万元人民币。

产品远销海外,国内厂商更是近水楼台先得月。

西安味巧食品有限公司采购经理在网上看到兴平盛产辣椒的信息后,马上就打电话到兴平农业信息中心去进行核实,希望能推荐厂家与自己合作。兴平农业信息中心第二天就与兴平市汤坊果菜脱水厂一起,把企业营业执照等相关手续和辣椒样品送到西安。经过双方面对面的洽谈,他们很快就达成了合作意向,供货额超过10万元。[2]

---

[1] 李华、邱瑞贤:《世纪之村试水农村电商农产品,月交易额约八千万》,载《广州日报》,2012年1月11日。

[2] 《兴平市2006年农产品网络营销促销典型案例》,陕西农业网,2007年5月27日。

尝到甜头的人都说好

网上销售农产品之所以会风起云涌并成为潮流,是有一股内在力量在推动的。那就是,已经尝到甜头的人都在说好。

江苏建湖县福泉有机稻米专业合作社理事长唐福泉,在2009年就开始在网上卖米了。那时候的销售还很不理想,第一年只卖出了几千斤大米;第二年的情况好一些,交易量在三四万斤;到了第三年即2011年,订单开始越来越多。

2012年2月29日他在接受记者采访时说,当天他就接到了几笔订单,其中一位上海的消费者一下子就订购了十几袋大米。不但如此,从秋收后到现在,几乎每天都有好几张来自网上的订单,他已经在网上售出有机大米15万斤,占合作社大米总销量的一半左右。

伴随着这一喜人形势,唐福泉随即在阿里巴巴网、中国大米网、熊猫伯伯网等网站上设立铺位,同时开设了自己的网站。

这样一方面有助于扩大辐射面,另一方面也会有更多的业务量。他们在网上接到订单后,就会打电话给当地的物流公司进行发送。这样,既能使消费者得到价格上的实惠,合作社也可以赚得更多。

举个例子来说,该合作社生产的有机大米,以前是以每斤9元的价格卖给经销商,经销商再以每斤12元的价格卖给消费者的。现在上网销售,合作社给最终消费者的价格是每斤10元,10斤起售。这样去掉平均每斤0.2元的物流成本后,每斤可以多赚0.8元,15万斤能够多赚12万元,这就不是个小数字了。

不但如此,开展网上销售有机大米后,过去是卖不掉,现在是不愁卖,种植面积年年扩大。3年前他们的有机水稻种植面积一共才100多亩,而现在种1 000多亩照样供不应求。[①]

[①] 夏丹、朱新法:《大米好销螃蟹难卖,农产品电子商务瓶颈亟待突破》,载《新华日报》,2012年3月12日。

在新疆果业集团,他们自从在 2010 年创建了第一家林果业电子商务平台后,在 2011 年 7 月又成立了新疆果业大唐丝路电子商务有限公司,按照"线上＋线下"的立体组合模式,搭建特色农产品销售平台,一共设立 18 家网上专卖店,面向全国一级城市可以实现干鲜果产品"次日送达"的物流配送目标。

所以,这一平台开通后立刻受到市场欢迎,在成立后不到四个月的时间里销售收入就突破 3 000 万元,日平均农产品销售额高达 20 万元,成为新疆特色农林产品电子商务销售冠军,同样也位居全国零售食品、特色电子商务销售额前三名。①

司马迁说:"天下熙熙,皆为利来;天下攘攘,皆为利往。"这虽然听上去有些凄凉,但却触到了事物的本质。

网上销售农产品只要能给各方带来实质性好处,就一定会受到欢迎,谁也阻挡不了。当然,这时候也没人愿意坏其好事,关键是要自己积极投入,并顺势而为。

既然网上销售农产品代表着未来农产品销售渠道的革命,又有谁肯袖手旁观呢?

---

① 杨杰:《"新疆大唐丝路"日均销售农产品 20 万元》,载《新疆日报》,2011 年 11 月 14 日。

第二课
为什么要网上销售农产品

上网销售农产品不是因为听了谁的蛊惑,更没必要赶时髦,而是形势使然,对你销售农产品可能会有巨大帮助,甚至力挽狂澜,有时还会因此而改变人的命运。

11. 从根本上解决信息不对称问题

为什么要网上销售农产品?理由千条万条,首先的一条是它能从根本上解决农产品买卖双方信息不对称的难题。这个难题解决了,也就牵住了牛鼻子,其他许多问题也可以迎刃而解了。

信息不对称,农民亏死了

长期以来,由于买卖双方信息不对称,农民吃尽了苦头。

2011年11月,河南菜农韩红刚眼看滞销的萝卜就要烂掉,于心不忍,不得不把将近50万斤萝卜免费送给消费者,被网友称为"萝卜哥"。而与此同时,黑龙江的五常大米最贵时卖到每斤199元,人称"天价大米",可是这却与当地稻农无关,因为这些稻农把米卖给当地企业的价格还不到 2 元。①

左看右看,无论农产品好销难销,农民总是横竖倒霉,关键在哪里呢?当然就是信息不畅、不对称了。

试想,如果是每家每户的常用食品,那每天都有大量的消费者需要购买。比如如果消费者知道韩红刚这里有大量的萝卜需要对外出售,并且质量、价格也合适,还用担心这些萝卜会卖不掉吗?

同样的道理,既然五常大米能卖出每斤 199 元的高价,就说明市场有这种需求。既然这样,这些消费者难道就不能直接从五常稻农手中直接购买吗?理论上说完全可行,而且有理。

因为当地稻农对外出售的大米的价格还不到每斤 2 元,即使加上物流费用也不会超过 3 元,这两者之间的差距不止是一点点,而是有几十倍!但现在,这些都与稻农无关。可是如果五常大米是通过网上销售的,就不可能产生这种畸形交易,稻农和消费者也会双得益!

当然,上面所举的只是一个极端例子,各地农民和政府从来就没有放弃过为消除这种信息不对称而作出努力。只是在网络应用的基础上,他们找到了一条正确而直达希望的成功之路。

2013 年 1 月,在为期一个月的全国冬季农产品网上购销对接会上,山西省共成交奶牛、玉米、葵花籽、蔬菜、水果等 11 个品种的农产品共计 6 390 万元,并且与省外商户达成意向销售额 1.16 亿元。

当时的背景是,山西农村的季节性农产品已大量上市,春节即将到来,为了避免因为农民缺乏市场信息而造成农产品滞销,国家商务部、山西省商务厅、市县商务局纷纷搜集信息,通过新农村商网进行供求信息配对,从中牵线搭桥。除了面向广大消费者之外,该次对接会还新增了超市采购专区,有 100 多家国内大中型超市参与其中,采购产品涉及 80 多个品种。②

---

① 李华、邱瑞贤:《世纪之村试水农村电商农产品,月交易额约八千万》,载《广州日报》,2012 年 1 月 11 日。

② 赵建军:《冬季农产品网上购销对接会山西成交 6 390.8 万》,载《山西日报》,2013 年 2 月 6 日。

这样的对接会就属于网上销售农产品的一部分，它在消除农产品销售信息不对称方面作出了重要努力，也收到了较好的效果，受到各方欢迎。

尤其是鲜活商品需要抢时间

农产品中有相当一部分是鲜活商品，而众所周知，鲜活商品要保鲜保活，就必须抢时间。夸张一点说，有时候甚至需要争分夺秒，绝不允许在路途中耽搁太长时间，否则就会价值尽失。

所以，鲜活商品的销售特别要求信息灵通。换句话说就是，充分的信息对称对生鲜农产品销售更为重要。而这就需要通过网上销售来掐准它们收获（捕捞）、包装、运输、到货的时间。

农民当然是知道这个道理的，可是在过去，在这方面上他们是心有余而力不足，因为所有流通渠道都不是你出售者个人所能控制的。

而现在有了网上销售，这个问题就好办了。网上销售农产品，能把生鲜农产品的在途时间压缩到最低，这无论对生产者还是消费者来说都是从中得益的事。

所以在2012年年末，商务部发布了《关于加快推进鲜活农产品流通创新的指导意见》（全文见本书附录），提出要经过3至5年的发展，努力使得生鲜农产品流通创新环境得到进一步完善，流通环节进一步减少、成本明显降低、效率明显提高，生鲜农产品流通的现代化水平明显提升。[1]

而不用说，要达到这一目标，唯一的办法就是改变现货农产品交易习惯，鼓励利用互联网、物联网等现代信息技术，发展线上线下相结合的生鲜农产品网上批发和零售。而在这其中，网络起到至关重要的连接作用。

---

[1] 商务部：《鼓励鲜活农产品网上零售》，新华社，2012年12月19日。

信息公开后一通百通

俗话说,"阳光是最好的消毒剂",这句话用在这里似乎也贴切。那就是说,农产品销售信息一旦完全公开,许多环节就会一通百通,甚至能完全解决销售难等问题。

前面已经提到,长期以来的农产品买难卖难问题,最主要的原因是在于供求信息不对称,其次才是物流。而网上销售农产品的一大优势,就是能疏通这种供需信息流,解决双方的困扰。

2008年,福建南安市康美镇兰田村党委书记潘春来,针对村民对村里财务不透明的抱怨,专门建立了"世纪之村"网站,把村里的每一笔收入与支出全都公开,同时,也少不了要发布一些相关的农村政务信息。因为村里经常有农产品剩余,所以他又在该网站上开辟了"农家店"板块,帮助村民推销农产品。

世纪之村一方面利用网络平台建立信息公开传递机制;另一方面在村里建立信息员制度,彻底解决了信息来源不畅的问题。

之所以这样说,是因为信息在网上一发布,大家就都能看得到。尤其是该网站覆盖全国2万多个行政村,这样的信息公开度委实不小。而至于后一个方面,它们的做法是,在农村、街道社区设立信息点,利用地缘优势发挥它们的信息中介作用。

设置这些信息点的标准是,要具备用于信息服务的固定场所和网络设备,要具备会操作的信息员、运营机制和服务制度。

不用说,在这其中的信息员既是信息发布者又是代购代销者,因此必须是当地居民,这样就大大提高了可信度。

为了能调动信息员的积极性,不至于使好制度流于形式,他们给每位信息员每月发放1 000多元补贴,所以大家干起来都有心、都上进,从而确保了这项制度能够得到顺利推进,为最终解决农民的农产品销售难问题助了一臂之力。

当地村民吴恢宏制作的麻油远近闻名,可是以前限于条件,只能出售给附近村民,或者到集市上去出售。自从建立了世纪之村后,信息员把他的供货信息发上了农家店,从此他就当起了"甩手掌柜"——每当从网上接到订单后,就把它交给物流公司对外发货,一切轻松得很。

据世纪之村副总经理陈建阳介绍,该网站是一个经营实体,盈余按生产者30%、经营者30%、消费者30%、世纪之村10%的比例分配,所以能够充分调动各方的积极性。该网站2011年每月成交额在2.1亿元左右,其中农产品月交易额在七八千万元,覆盖全国2.1万个行政村。①

看看,信息公开不仅可以为村委会所用,而且还可以被当作一项事业来做,利国利人,还能盈利。

12. 一呼百应,能救急

为什么要网上销售农产品?有时候就是因为看中了它的"救急"功能。

尤其是在目前,农产品网上销售还不普及,情急之下的"网上一呼"有时候还真的能解决大问题。

轰轰烈烈的"救瓜帖"

在我国,网上销售农产品的这种"救急"作用,最早大约是从2001年的"救瓜帖"中呈现出来的。

江西抚州市腾桥乡是著名的西瓜之乡,但在2001年夏天却遇到了西瓜销售难题。面对近12万亩瓜田里的20万吨西瓜无法上市,多半要不得不烂在地里,瓜农们辛辛苦苦一年劳作无法获得回报的命运,该镇党委书记情急之下在新华网上发了一封"救瓜帖",

---

① 李华、邱瑞贤:《世纪之村试水农村电商农产品,月交易额约八千万》,载《广州日报》,2012年1月11日。

结果引发了一场轰轰烈烈的"抢救腾桥西瓜"运动。

在 2001 年 6 月 29 日至 8 月 24 日近两个月的时间里,"腾桥西瓜"四个字在新华网上高频率出现,计有重要消息稿 14 篇,新华网首页刊登重要稿件 80 多篇次,并且还引发了一场从最初解决西瓜销售难到如何进行基层政府职能转变的大讨论。

其中,相关话题纷纷被人民网、央视国际、新浪网、搜狐网等 30 多家网站和全国近 40 家报刊转载,足见网络威力之大。

当然,这种威力不应仅仅体现在舆论上,对于农民来说,更希望看到的是实际销售效果。

果不其然,在帖文发出后的一个月内,当地政府就接到数以千计的来自全国各地的咨询电话和电子邮件,并且还引起中央相关部门和省内各级领导的高度重视。

针对即使外地客商下了订单,当地运输户也因担心机动车超载超限治理不敢上路、不愿意出车的问题,江西省交警总队特别发出通知,要求在治理违章超载中,不得查扣、劝返、卸货转运瓜果蔬菜等鲜活农副产品的运输车辆。

很快地,腾桥镇西瓜贩销大户手上就都拿到了省农民协会颁发的"绿色通道证",并且还调动起了周边县市的运输力量来支援西瓜外运。最终,不仅顺利解决了腾桥西瓜的销售难,使腾桥西瓜被抢购一空,使得这块快要被人遗忘的招牌一时间又热闹起来,扩大了知名度,而且连周边乡镇的西瓜也变得好卖起来。①

轰轰烈烈的"救瓜帖"作为新生事物在当时轰动一时,无论是对网上销售农产品还是帮助当地的西瓜销售都起到了切切实实的推动作用,但与此同时我们也不得不承认,在信息相对闭塞的农村,这样的网络传播事件可遇而不可求,具有绝对的偶发性。

请设想一下,如果这封求助帖不是因为一个镇政府利用国家级网络媒体向外界求助在过去还没有先例,因而具有新闻价值;或

---

① 文桦、刘仁圣:《媒介事件在农村——新华网腾桥西瓜网上求助案例分析》,载《新闻大学》2003 年第 1 期。

者求助帖没有引起新华网的应有重视,最终被视而不见;或者新华网只是例行公事式地把它当作一条简单的新闻消息发布了事,没有向纵深发展;或者新华网背后的新华社没有在读者心目中产生权威性的合理联想……那么,这种立竿见影的效应恐怕根本就无法充分发挥出来。

能够为此作佐证的是,在这次事件过后不久的2004年,腾桥西瓜就再次面临销售难问题。当地每斤0.25元收购的腾桥西瓜运到武汉后,出售价格最高也只能达到0.26元,扣除运输成本、市场管理费后,亏损是必然的。有位瓜农去上海卖瓜,第一次就亏了6 400元,吓得他再也不敢出去卖瓜了。① 可是这样也不行哪,无论卖与不卖,横竖都是亏钱,这农民的生产和生活还怎么继续下去!

所以说,单靠个别的网络事件来推销农产品,前途未卜。要想真正见到长效,网上销售农产品在这方面的优势就要好得多。

情急之下不妨登高一呼

正如前面所述,别说单凭个别网络事件来销售农产品了,即使网上销售农产品具有更多优势,也只能起"救急"作用。"狗咬人不是新闻,人咬狗才是新闻。"当网络事件乃至网上销售农产品的新闻效应不断递减时,这种促销作用也会相应减弱。

话虽这么说,但是当农产品销售遇到紧急情况时,不妨可以利用这种方式登高一呼试试看,说不定就能转危为安。

2006年6月,陕西兴平市正东村党支部书记武管社,通过该市农业信息中心把该村年产蘑菇1万吨的信息在农业部"一站通"网站上发布后,他的手机就被打爆了,来自咸阳新阳光蔬菜批发市场、西安人人乐超市、胡家庙蔬菜批发市场等的销售商电

---

① 王伟健、屠知力:《腾桥西瓜难卖,谁来号号脉》,载《人民日报·华东新闻》,2004年7月23日。

话络绎不绝。每天下午三点到五点,前来村里拉运蘑菇的汽车接二连三,仅仅是西安胡家庙蔬菜批发市场的订购量一天就达50吨。①

2011年夏天,海南的香蕉种植面积高达87万亩,产量约为190万吨,其中40多万吨在7月集中上市。这样大批量的集中上市可是愁坏了蕉农,要知道,如果不能及时运出(卖出)去,这些香蕉就会烂在地里一文不值。

就在这时候,淘宝网急蕉民所急,率先发起了"聚蕉行动",通过网上预售方式号召大家爱心团购,并且将活动的第一站设在杭州。7月8日,活动发起的当天,就有第一批团购的25吨香蕉从海南东方市发往杭州。

不用说,农产品滞销现象由来已久,并且还必将长期存在。在过去消息闭塞的背景下,农民对此简直是一筹莫展。而现在有了互联网,就有可能通过网上销售农产品的方式来很好地解决农产品滞销问题了。

例如,在重庆黔江区,当地政府就通过创建"武陵农社网"成功地将当地农产品融入全国大市场。

针对过去当地农业市场信息不畅、经常出现农产品因为供过于求而滞销的现象,当地专门创建了"特色农产品＋电子商务传媒＋经销商"的营销模式,建立了全区特色农产品数据库。

这一数据库对及时搜集、整理、发布农产品信息,在网上推荐特色农产品,帮助农民销售农产品起到了很大作用。

资料表明,自从2010年重庆市商业委员会开始重点打造新农村商网、重庆特产网、奇易网三大网络促销平台后,该市农产品的网上销售额在短短一年间就增加13亿元。据统计,共有1 500多家商户参加了网络平台对接会,促成12.4亿元农产品交易,各项指标综合排名位居全国第3位。

---

① 《兴平市2006年农产品网络营销促销典型案例》,陕西农业网,2007年5月27日。

例如,重庆特产网从2011年1月中旬正式上线后,在短短半年时间里就处理网络订单1 881笔,网上交易额409万元;奇易网组织300多户农民实现在线销售农产品500多万元,带动线下农产品促销更是达到2 000多万元,在一定程度上缓解了特定时间段的农产品滞销问题。①

初看起来,这样的业绩似乎算不上十分突出,但要知道,这还只是这些农产品交易平台刚刚创建初期的数据。随着网站知名度的提高、参与人数的增多、农产品品种的丰富,业绩将会越来越好。再怎么说,这对解决当地农产品销售难问题总是有帮助的。

13. 最容易搭准市场脉搏

为什么要网上销售农产品?因为在这里最容易搭准市场脉搏。

市场经济条件下,一切经营行为都必须要尊重和服从市场规律才可能取得成功。可是,市场总是千变万化的,所以,这时候能否搭准市场脉搏乃至未雨绸缪就显得非常重要,这也是做任何事情能否取得成功的重要因素。

农民致富最缺的是信息和技术

农民致富最缺的是信息和技术,而不是别的。不了解这一点,就无法真正找到致富之门。

1998年,浙江衢州市市委书记茅临生在农村调研时,一位农民就对他说:"我做梦都想富,就是不知道怎么富!"这大大出乎茅临生的意料。他原来以为农民最缺的是资金,即无法从银行贷到款,而实际上农民们提出的一个共同问题是,最缺少致富的信息和技术。

---

① 肖扬:《电子商务助力农产品营销》,载《金融时报》,2011年7月25日。

也就在同一年,上面来了一批农业专家,于是茅临生便把这些专家所住的招待所的电话全都公布给农民们,便于他们咨询。结果,打电话来咨询的人很多,专家们常常要忙到很晚。

见此情形,茅临生提议第二天下午专门组织一场现场答疑会。会上,农民们提出了许多问题,茅临生深受感触,于是提出要办一个"农技110",便于农民有不懂的问题随时可以电话咨询;后来,在他的提议下该市又创办了一份农技信息报《农家乐》。

有一次,《农家乐》上刊出一条"把佛手嫁接在橘树上"的消息,之后许多农民都赶紧把报纸剪下来向专家咨询具体做法。

但显而易见,从报纸上剪下来的豆腐块不容易保存,于是茅临生在接下来的两个月内陆续尝试了电视、电话、报纸等各种传播手段。然后很快地又利用刚刚兴起的互联网办起了"农技110"网站,千方百计为农民提供各种有用信息。

不但如此,身为市委书记的他,还亲自在网站上发帖,请教用什么方法才能帮助农民把农副产品卖出去,如何才能吸引更多的人到衢州来旅游,怎样才能吸引到更多的来料加工生意……

就这样,一步步走过来,茅临生拥有了非常丰富的互联网知识,所以他才会在担任浙江省主管农业的副省长后,大张旗鼓地搞"农民信箱"网站,为全省农民带来真正的实惠。①

为什么要网上销售农产品?至此答案不是很清楚了吗?因为它能帮助农民及时了解市场行情,解决实际困难。

学会发挥自身长处

在用互联网解决问题的同时,一定要结合自身实际发挥相应长处。每一个农民乃至农民企业都是不同的,没有现成的公式可套,即使对于同一条信息,不同的农民及农民企业对它的认知、判断及条件和机会的把握也可能截然不同。因此,只有发挥自身长

---

① 李洋:《一位省长的互联网实验》,载《互联网周刊》,2007年4月23日。

处才能为我所用。

2011年12月,重庆公路运输集团投资成立了香满园农产品电子交易平台,网上交易的农副产品涵盖水果、蔬菜、粮油、副食调味等八大类1 000多个品种。消费者坐在家里,在该公司网站下单,就能在一天之内收到送上家门的水果。

乍一看,好像公路运输集团投资农产品网上交易有点不伦不类,但其实想一想是蛮有道理的。

公路运输集团的长处是什么?当然是长途跋涉搞运输啦!而网上销售农产品的一大瓶颈就是物流,所以,由公路运输集团来搞网上销售,首先就满足了电子商务对物流运输环节的基本要求。更不用说,该公司长期以来就以批发水果为主要业务,在农副产品销售方面积累了不少经验和渠道。两者结合,可谓相得益彰。

事实证明,这样做的确能使它很好地发挥长处。据该公司经理刘元章介绍,2012年1月至4月,该平台就完成销售额208万元,其中多数订单在100元以上,此外还有不少企业是金额1万元以上的团购。但他认为,即使如此,他们的水果网上销售还只是刚刚起步,因为当时他们的消费主力还主要集中在重庆渝中和南岸地区,而随着今后形势的发展、送货范围的扩大,生意必将越来越好。

尤其是后来它们发现了一个秘诀,那就是广告宣传。在过去,水果批发零售业主要是靠质量和口感来在群众间口口相传,宣传效果十分有限;与此同时,水果批发零售业的利润率又低,决定了经营者没有实力去大额度投放广告。可是不用说,广告的作用还是非常大的。

他们就曾经做过这方面的尝试,摸到了一些规律。2012年3月它们在报纸上打了广告,结果当月的销售额就翻了一番;而4月份没有打广告,销售额就相对平淡了。今后如何在广告宣传方面提高产品知名度,他们觉得非常值得思考和尝试。①

---

① 李玉巧:《水果"网上卖"模式谋求新突破》,重庆渝中政府门户网,2012年5月7日。

赶紧搭上信息时代快车

既然农民致富最需要信息和技术,那么又如何做到这一点呢?在这里,赶紧搭上互联网这辆信息时代的快车是唯一选择。

千万不要说你地处农村、信息闭塞,根本不了解市场;或者相反,认为你自己就处在销售第一线,对市场行情和发展趋势清楚得很。前者是错误的,后者则是自信过度了。

要知道,网络面前人人平等,唯一的区别就是你上网还是不上网。上网了,无论你身处何地,已经不存在时间和空间地域限制;但一段时间不上网,你会觉得自己的信息闭塞了许多;如果是从来就没有上过网,那就更会有一种"与世隔绝"的感觉。

大诗人苏东坡在一千年前就写过"竹外桃花三两枝,春江水暖鸭先知",意思是说,竹林外面已经有两三枝桃花初放了,鸭子也已经开始在水中嬉戏,是它们最先察觉到了初春江水的回暖。

网上销售农产品就是这里的"桃花"和"鸭子",最先能察觉到未来农产品价格的发展趋势,从而反过来指导未来农产品种养殖业的结构调整,让农民灵敏地触摸到市场脉搏。

2008年,浙江宁波市北仑区的花农在网上发现他们的金叶女贞等当家品种不太好销了,相反,新优彩叶花木正在悄悄占领市场,尤其是上海世博会绿化工程对金叶红端木等品种的需求量越来越大。为此他们马上就引进了50多个新品进行培育推广。[①]而这一切,就是他们在上网时得到的信息。

每天一大早,浙江杭州市萧山区甘露村农产品经纪人叶文根所做的第一件事,就是打开电脑上网,这已经是他多年来养成的习惯了。正因如此,他的消息灵通,路子广,在当地小有名气。

他说,他每天的业余时间主要是用来上网,主要是看浙江农民

---

① 罗涟浩:《宁波农民每年依托网络销售农产品超10亿元》,载《宁波日报》,2009年5月28日。

信箱和萧山农业信息网,从上面寻找各种信息,然后与当天全国各地农副产品批发价格监测点的同类价格进行比较。

这样做的好处是,信息快、消息灵,所以他不但能把自己的农产品卖出去,并且还能卖出好价钱来。

他深有体会地说,农产品特别需要通过网络来进行销售。因为农产品受市场因素的影响大,价格每天都不一样,如果消息不灵、信息不通,这生意简直就没法做下去。

他不只是浏览上述这些网站,而且还会通过农民信箱和萧山农业信息网上的"农展会平台"发布自己的信息,推销家乡的土特产品。

而实际上,当地有许多像叶文根这样的人。2010年年初,当地利用网络从事农产品批发返销的农民就有10多个。他们每天都有几十吨梅干菜、萧山大种鸡、黄豆、萝卜干、小麦、蚕豆等农产品销往江苏、广东、北京、上海等地,网上生意越做越大。[①]

仔细想一想,假设他们离开了网络,这一切热闹场景还会依然存在吗?

14. 响应市场呼唤

为什么要网上销售农产品?因为这本身就是市场的召唤。

电子商务兴起带来的局面是,一方面,农产品迫切需要借助网络平台打开市场;另一方面,电子商务平台也迫切需要扩大农产品销售的比重。说到底,这都是迎合市场需要的缘故。

更不用说,农产品家家户户都需要,销售面广量大,而且网上销售无欠账,还能拉动许多相关行业一起发展,实在是有利无弊。

---

① 何浙锋:《农民信箱生意好帮手,上网做买卖生意通四海》,萧山农业信息网,2010年2月4日。

市场裹挟着电子商务迅猛发展

在过去，农产品尤其是生鲜农产品，一直是被认为最不适合网上销售的。虽然蔬果类农产品网上销售多年前就已经出现，但多是在有限的区域内默默发展，并没有能形成燎原之势。

可是2013年1月，优菜网创始人丁景涛因为农产品货源不稳定在微博上公开出售优菜网事件，以及阿里巴巴集团的涉农业务布局，把农产品网上销售一下子就推进了公众视线。

以阿里巴巴为例。继2012年淘宝网推出有机农业频道，打造生态农业服务链、天猫物流，部署农村网点、加大拓展三四线城市和农村市场后，阿里巴巴官方研究机构阿里研究院又在2013年1月发布的研究报告里明确透露了阿里集团的涉农业务布局。尤其是支付宝对网上销售农产品来说是一种很好的金融工具，更是对此起到了推波助澜的作用。

而从全国来看，与其他电子商务一样，网上销售农产品虽然从整体上看还只是刚刚起步，但崛起速度非常快。

关于这一点，从阿里巴巴网上的农产品交易额的迅猛增长速度中就能看出来：从2011年的113.66亿元增长到2012年的198.6亿元，年增长高达75%！而从横向看，198.6亿元还不到我国网络交易额2.24万亿元的1%，可见以后的发展空间还非常大。阿里巴巴集团研究中心的预测是，2013年阿里各平台的农产品销售额将达到500亿元，2014年有望达到1 000亿元。

面对这样的市场诱惑，还有谁能对网上销售农产品无动于衷？如果真是这样，那就无异于把市场白白拱手让给别人！

网上销售农产品潜力巨大

网上销售农产品的巨大潜力，还可以从横向比较中看到。

数据表明，全球另一个主要农业大国美国，2010年时有58%

的农民拥有个人电脑并掌握上网技术,从事农产品网上销售的农民比例高达16%,农产品网络交易量占全国电子商务交易总量的8%。①

美国2010年时的数据是8%,我国在3年后还不到1%,据此推算差不多相差10倍。换句话说就是,即使我国今后几年网上销售农产品的规模再扩大10倍,那也是不必感到惊讶的。

据新型农业研究专家辛巴(化名)介绍,在我国,不仅是淘宝系,他所了解到的从事农产品销售的电子商务企业应该在100家以上,其中98%以上都是B2C(即企业直接面向消费者个人销售)。从比重看,淘宝网上销售的农产品份额占整个农产品电子商务的70%左右。从发展势头看,2013年年初淘宝网(包括天猫)上经营农产品销售的网店数量为26万个,预计2013年年末会超过100万家,可见发展势头有多猛。

他分析说,从现状看,这里的B有两种,一种是平台运营商,主要是从其他行业转入农业的,看好的是农业的发展前景;另一种是自己拥有农场,虽然农场规模大小不一,从几十亩到几千亩不等,但他们需要通过网络来拓展市场,所以以自产自销为主。

网上销售农产品为什么会具有这么大的发展潜力呢?商务部特聘专家、北京工商大学教授洪涛认为,主要是由于现在已经没有了技术性障碍。其中,最突出的例子就是社区网上菜店的兴起,这在全国各地已经全面铺开并且开始盈利了。

换句话说就是说,是不是要选择在网上销售农产品,关键取决于每个人的认知,而不是其他。也就是说,如果你认识到有这种必要,就可以具体操作了,不存在其他障碍。

例如,开设在上海的甫田网,2012年的增长速度高达300%,每天的独立访客有1万人。更值得关注的是,这1万人中有80%是生活在上海的外国人和华裔,客源稳定、客单价高。

---

① 边胜男:《美国农产品物流的发展及对中国的启示》,载《世界农业》,2010年第12期。

通俗地说就是,这些访客都是有实际购买需求的,会达成实实在在的销售,而不是过来"打酱油"的。①

目前的问题主要在哪里

有人也许会说,网上销售农产品的发展潜力真的像你说的这么好吗?这是当然。但同时又应当指出,潜力不等于现实。

在互联网迅速发展的今天,农村电子商务的发展速度还相对滞后,这也是应当承认的。究其原因,大体有以下三点:

一是农业生产集约化程度低,农村电子商务的参与主体规模相对较小,所以经营成本过高,推广难度相对就大。

更何况,虽然我国农村的网络普及率已大大提高,但这方面的投入并不大,上网速度慢,更有绝大部分农民根本就不懂也不会这方面的技术。

二是部分农产品尤其是生鲜农产品的运输要求高,操作难度大。如果满足了保鲜要求,最终成本就会居高不下;如果要降低成本,就可能无法保证产品新鲜。这是一个两难问题。

最常见的是,小额农产品的物流成本比其本身价值还高,经济上划不来。因此导致了想卖卖不出,想买不敢买。

三是农产品利润率低,许多还仰仗着政府补贴,否则根本就入不敷出。而这样一来,就很难吸引到风险投资和风险资本的投入,又怎么能快速发展呢?

以新疆为例。据《新疆网商发展调研报告》提供的数据显示,2012 年全疆网上销售额在 20 亿元左右,只占同期社会消费品零售总额的 1.1%。主流销售商品是特色农产品,如干果(红枣、核桃)、化妆品(海娜、熏衣草)等。数据中有两个 90%:一是网上销售额中 90% 是农产品,具体是林果产品;二是网上销售额中 90%

---

① 张衡:《线上渠道崛起,电商补齐短板发力农产品》,载《中国商报》,2013 年 1 月 21 日。

以上是销到国内的,销往国外的不到 10%。

值得一提的是,从最近几年来的数据分析上看,由于受群体和个体规模小、运营不规范、产品竞争优势下降、专业人才匮乏、物流效率低且成本高、驾驭网络销售能力弱等多种因素影响,新疆网络销售的经营水平指数和生态指数均呈下降趋势,总体上看竞争力在逐年下降。①

这依然能说明两点:一是目前网上销售农产品的整体水平还不高,将来的发展潜力和空间很大;二是要扎扎实实把网上销售农产品向前推进,这其中还有许多工作要做、许多关系要理顺。

15. 顺之者昌,逆之者亡

为什么要网上销售农产品?因为时代潮流已经发展到了这一步。

正所谓"世界潮流,浩浩荡荡;顺之者昌,逆之者亡。"处在现在这样一个网络时代,一切事物都应该对照网络时代的要求来进行,否则就必定会落后于时代潮流,脱节而产生代沟。

网上销售农产品已呈燎原之势

网上销售农产品现在已成普遍现象。

数据表明,目前我国有数以万计的人在网上购买商品。仅仅每天在网上购买有机农产品的消费者,就有 2 万之多。请注意这里的两个概念:一是"每天"。实际上同一个家庭当然不可能每天都在网上买,所以实际规模要比这个数字大许多倍。二是"有机农产品",主要是有机蔬菜、有机牛奶、有机茶叶、有机大米、有机食用油等,甚至还有有机甲鱼。也就是说,如果把范围扩大到所有农产

---

① 任江、李远新等:《农产品网售:新疆要做的还很多》,天山网,2013 年 10 月 21 日。

品，这个数字又要扩大若干倍。

2012年9月初，仅仅是一个淘宝网开通的生态农业有机频道，当天的线上交易额就达30多万元；中秋节之前的某一天，仅仅是有机红枣某天的预定量就达到1万份；在淘宝网生态农业频道上线后的一个月内，每天有机农产品的平均交易额超过50万元，许多农民卖家的日销售额稳定在万元以上，全国平均每天有超过2万户家庭在这里解决自家的菜篮子问题。

值得一提的是，这些消费者中有许多是回头客。例如东北的黑龙江大米，有许多人第一次只买几公斤，逐步发展到每次购买20公斤甚至更多。客流相对稳定，这对农产品销售来说就是极大的好消息。换句话说是，如果这样的回头客多了，你就再也不用担心产品销售问题了。

一位网上卖甲鱼的老板说，温室养殖甲鱼一般四五个月就能养到三斤重，而有机甲鱼在野外养殖则通常需要好几年。现在，他出售有机甲鱼的年利润超过100万元。

正因网上销售农产品有如此大的市场，所以上面不仅有来自我国各地正规农场出品的有机农产品，还有来自美国、澳大利亚、欧洲、以色列等国家和地区的有机农产品。其中，除了有300家有机农场已经入驻之外，更有700家正在咨询、考察和做入驻前的准备工作，品种涵盖粮油、蔬菜、水果、肉禽蛋奶、坚果干货、茶叶奶粉等，足够满足全家人的日常生活需要。而这样丰富多彩的品种，又会增加网上销售吸引力，起到相得益彰的作用。

一窍不通者也能上网

网上销售农产品的良好发展态势，不由得让人心动。即使是那些对网络似懂非懂甚至一窍不通的农民，也都在跃跃欲试，希望能从这种网上销售中分一杯羹。

淘宝网卖家汤先生介绍说，他过去没有任何网上销售经验，可是在2012年8月也挤进来了。进来后的第一个星期，他并没有接到任何单子。后来,他对自己店里的有机红枣重新拍照,对商品描述也做了进一步的修改,很快就接到了来自全国各地的订单。尤其是中秋节前的那几天,几乎每天的交易额都超过 3 万元,客户中 70%以上来自北京、浙江、广东、上海等地。而与此同时,他的线下实体店的销售也增加了,当然这些客源主要来自周边 10 公里的范围内。

从这里我们能看到什么呢？一方面是网上销售能够有效拓展销售区域,几倍几十倍地扩大销售量,因为它可以把市场触角伸到全国各地乃至国外;另一方面,网上销售又能带动实体店的销售,给实体店的销售业绩插上腾飞的翅膀。何乐而不为呢？

上海蔬果园有机农场过去一直是给线下高端超市供货的,虽然常常供不应求,可是由于后面有中间环节,获利并不多。

所以早在 2010 年,他们就开始探索在淘宝网上开店,直接面向终端消费者,然后在 2011 年又进驻了天猫网。在他们看来,触网这一步迟早要走,晚走不如早走。

因为他们过去是给高端超市供货的,所以有一套严格的质量管理体系,实行网上销售后,他们把这套严格的管理体系全部照搬过来。也就是说,他们在网上销售的菜品质量和包装,与超市销售的完全一样,并且蔬菜从田里采摘后配送到客户手中的时间不能超过 24 小时,这样就能确保新鲜度。针对菜品在夏天运输过程中需要冷藏的特点,他们还承诺,万一出现质量问题他们负责全额赔偿,以消除顾客的后顾之忧。

就这样,自从实行网上销售后,虽然标注的价格要比超市里低许多,可是由于省却了许多中间环节,他们的最终获利反而增加了。2012 年前三季度,该农场整个经营业绩比上年全年翻了一番多。

网上销售的高档农产品更有可信度

在网上销售的农产品中有许多是高档产品和土特产。这是有原因的:一方面,高档农产品的盈利率高,能够消化高昂的物流成本;另一方面,高档农产品所对应的消费者网络技术熟练、消费能力强,他们更愿意在网上购买高档农产品,是因为他们觉得在网上销售的高档农产品信息透明,可信度更高。

以有机农产品为例。与其他普通农产品的网上销售相比,有机农产品的网上销售另有一大好处,那就是能够很好地解决成本和信任问题。

这里的成本,是指有机农产品的生产要求高、人工成本大,所以销售价格也高。现在通过网上销售,去除一切中间环节,就会有助于把销售价格降下来,降到消费者能够接受或者有更多消费者能够接受的地步,这样就把销售面大大拓展开来了。

相反,如果是开实体店,由于有机农产品的消费对象相对富裕,所以实体店也要开在高档社区才是,这样开店成本就高了,销售价格势必降不下来。

以沾化冬枣为例。农民手中的沾化冬枣的销售价格每斤3元还不到,最低时甚至只有2毛钱一斤,可是出现在水果超市中每斤却要20多元。如果通过网上销售,把价格确定在每斤10元,双方是肯定都能接受并从中获益的。所以在这里,网上销售的优势尤其突出。

这里的信任,是指现在的有机农产品真假莫辨,消费者即使想买也会担心上当受骗,可是他们如果是直接从网上的专卖店或大型网站购买产品,就会大大消除这种顾虑。

以淘宝网为例。淘宝网上的农产品销售都会明确标注店铺、产地、生产过程、农产品安全标准、农场证书、有机码数据等信息,并且要求与中国认证认可信息网数据中心直接对接。消费者针对每种商品信息,都可以了解该农产品的生产基地在哪里、生产环境如何、生产规范和有效认证资质如何,还可以通过产品包装上的有机码查询真伪,这还有多少后顾之忧呢?[①]

了解到这么多好处,你就明白为什么网上销售农产品会越来越红火了。并且这是今后的一个发展方向,任何人都改变不了。

---

① 姜瑜:《有机农产品网上卖成趋势》,载《农民日报》,2012年12月3日。

16. 销售难倒逼着上网

为什么要网上销售农产品？因为传统的农产品销售渠道实在是难。

俗话说，"活人岂能让尿给憋死？"更何况，农产品销售不畅不但使一季辛辛苦苦的收成不能到手，更无法维持简单的农业再生产。所以，必须想方设法另辟蹊径。

仔细观察会发现，其实现在做什么都难，突出地表现在销售难上。尤其是在我国加入世界贸易组织后，全球经济一体化、国外商品进口猛增，更加加剧了市场销售难度。

具体到农副产品这一块来说，一拥而上的生产销售模式，使得农产品销售难愈演愈烈。所以说，市场销售难度加大，是倒逼农产品上网销售的主要动因之一。

越丰产销售压力越大

农产品销售有一大特点，那就是越丰产销售压力越大。

2013年9月，离红枣收获季节不到两个月时，杭州的一些红枣经销商就迫不及待地准备去红枣主产地新疆看一看了。因为2013年上半年的红枣销售形势实在不怎么样，他们心里感到忧心忡忡，想到产地去看看究竟发生了什么，以便寻找对策。

2013年8月全国红枣业龙头企业"好想你枣"发布的半年度财务报告显示，该公司2013年上半年实现的营业收入只有3.99亿元，同比下降0.67％。截至2013年6月末，该公司拥有的专卖店数量比半年前减少133家，出现了一股不大不小的关门潮。而这种情形，其实在此以前就已经显现出来了。

在红枣消费大省浙江，数据表明，2012年"好想你枣"杭州经销商的实际销售额还不到销售计划的20％！某知名农产品企业原本预计该公司 2012 年在杭州地区的红枣销售量可达 160 吨的,结果只卖出去 30 吨。

以杭州纳趣农业开发有限公司为例,该公司成立之初的销售额中,红枣销售一度占到所有土特产销售的一半以上,可是现在已经下降到 10% 以下。而在销售形势好的时候,红枣的销售利润率高达 50%,现在降到只有 10% 至 20%。

究其原因,主要就是传统的红枣销售越来越难。

为什么会这样呢？原来,2009 年时红枣的市场销售很不错,所以新疆当地开始大量种植枣树。与其他作物不同的是,枣树第一年就能开花结果,接下来几年的产量几乎每年都翻番,到第五年时进入盛产期。大家都看好这一形势,"英雄所见略同",便导致红枣市场的竞争越来越激烈。并且可以预计,由于枣树的树龄可达十四五年,这就意味着接下来的十年时间里这种激烈竞争程度将会有增无减。

容易看出,红枣市场的销售难并不是需求量减少造成的,而是供应量过于庞大导致的供需失衡。怎么办？你总不能叫枣树搞"计划生育"吧？所以,除了大力开发深加工(如红枣酸奶)之外,通过网上销售扩大市场需求量就是不二选择。

按照通常的生产标准,特级红枣应当直径大于 5 厘米、含水率在 23% 至 27% 之间。新疆和田玉枣的收购价是每斤 30 多元,去除 5% 至 10% 的耗损、包装后,市场销售价应该在 60 多元。但众所周知,红枣本身是没有真假的,只有质量好坏之别,有些人在网上销售红枣,利用农产品不可能实现标准化生产、消费者更看不到实物的特点,就敢于把价格卖到 40 多元。这样一来,就把实体销售店的红枣市场给挤掉了。

与此同时,要依然想从每斤 40 多元的价格中赚钱,唯一的办法就是以次充好。这样的电子商务"游戏规则",就把市场给搞乱了。[1]

所以说,并不是现在网上没有红枣销售,只能说这种网络销售

---

[1] 张恩:《一颗"早熟"的红枣》,载《每日商报》,2013 年 9 月 10 日。

目前还处于混战状态,急需要正规、透明、公开的做法予以击溃。只有这个问题解决了,才能打开更加广阔的红枣消费市场。关于这一点,对其他农产品同样具有参考价值。

网络销售充满生机

虽然网络销售目前还有不少混乱状况,但却无法否定它的勃勃生机。甚至可以说,只有它才可能给传统销售难问题带来转机。

2011年,四川广安市龙安乡的柚子获得大丰收,柚农们对此是喜忧参半。喜的当然是产量大增,而忧的则是销售压力更大了,到底该怎样把这堆积如山的柚子变成钱。

就在这时候,刚刚来到该乡工作的大学生村官、群策村村务助理潘蓉提出了自己的想法——通过微博卖柚子。

24岁的潘蓉是一位网络达人,经常在网上淘宝。她在现实中看到,虽然龙安柚是当地非常有特色的农产品,但其销售方式却依然沿袭传统模式,从来没有利用过网络优势,她觉得自己正可以在这方面帮大家一把。

她把自己的想法汇报给了乡党委,乡里专门为她配置了相关设备,于是她在网上开设了自己的卖柚微博,取名为"金柚苑"(后来改为"广安龙安柚王"),开始在网上宣传并销售龙安柚。与此同时,她也把相关信息挂到了中国农产品销售网上。

没想到,网上销售的影响力非常大。还不到10天时间,点击率就超过1 000次,并且销出去了5万多个柚子,令柚农们喜出望外。

村民冯宗菊介绍说,他家里种了50棵柚树,所有柚子全部在网上被买家订购了,并且单价要比去年高出4元,仅此一项就增加收入4 000多元。①

---

① 张泽明、吴奇敏等:《广安女大学生村官开微博卖柚》,载《四川农村日报》,2011年11月8日。

从中容易看出,在传统渠道遇到农产品销售难的时候,不妨把眼光放在电子商务上。或许,这样就会柳暗花明又一村!

传统商业不得不且战且退

电子商务的兴起,使得许多传统实体店不得不且战且退,逐渐成为"样品店"。无论是价格朦胧的服装、家具、家电还是价格最透明的图书,都没有逃脱这种命运。

常常看到,许多消费者先在实体店看好商品的款式和型号,然后扫一扫条形码,回家后在网上买。这样既不用担心号码、款式不合适,又不用付出原价充当冤大头。图书就更是这样,对有把握的图书直接就在网上订了,因为许多图书都有"在线试读"功能;如果对内容实在没把握,也会先去书店看一看,等到确定要购买时再在网上买,可谓两头不耽误。可以说,这种情形有扩大化趋势,目前已经扩展到家具、家电等各领域。

不必责怪消费者贪图"小便宜",毕竟大家赚钱都不容易(更何况,这两者之间的差价并不小,动不动就要相差一倍)。在这背后,实际上反映的是实体店与网店之间争夺客源的拉锯战。

有鉴于此,一些大型实体店不得不实行线上线下同价,这既是无奈之举,却又可能出奇制胜。看上去这种做法使价格绝对便宜,没有多少赚头了,而实际上,正因为价格便宜,所以它的市场扩大,真正的"薄利多销"之后没有亏反而赚得盆满钵满。

更不用说,"买的没有卖的精"。实体店之所以敢与网店同价,其中一条很重要的原因,就是两者出售的商品中有相当一部分甚至全部都不同,彼此在相互鼓劲、打差异战。

比如,同一种产品你在网上看到的颜色、规格,实体店里偏偏就没有;或者你在实体店里看到的颜色、规格在网店里也没有,他们称为"实体专供"。也有潮流性的商品规定要新品上市几个月后才能上网销售,以确保实体店的竞争优势。①

现在有越来越多的实体店抱怨"生意越来越难做"或"这样的生意没法做了"。但这对网上销售的影响并不大,甚至越是这样,电子商务的市场就越大。毕竟对于绝大多数消费者来说,达成交易的主要参考因素是价格。尤其是一年一度的"双十一"(11月11日)网购大促销,更是成为传统百货业心惊胆战的日子。

但这是时代发展潮流,谁也不可阻挡。数据表明,目前我国的网上零售总额还不到社会零售总额的10%,与国外发达国家百分之三四十的比例相比差距实在太大,而这也正将成为我国将来电子商务的巨大发展空间。

具体到农副产品的网上销售来说,由于农副产品在食用时常常并不十分讲究规格、型号、尺寸等方面的指标,相反,新鲜、口感是更重要的。所以,网上销售农产品将来注定会大行其道,比网上销售工业品具有更大的发展空间。

17. 便于进入高端市场

为什么要网上销售农产品?因为农产品通过网络渠道更容易进入高端市场,这比把传统商业开在高档社区要简单得多。

根据流行规律,商品总是从高端市场向低端市场流行的,这样的流行趋势更容易打开市场、打开局面。所要注意的是,要做到这一点就必须控制好源头,着重于树立品牌,否则最终就可能会门可罗雀。

即使是高档产品如有机蔬菜,如果放在超市里卖,消费者仍然会将信将疑,很难卖得出高价钱来。更不用说许多高端消费者并不去菜市场买菜,他们可能更习惯于网上购物;而网上销售农产品走这种高端路线,跳过一切中间环节,给消费者的感觉会更可靠,

---

① 肖丹:《实体店沦为电子商务试衣间》,载《北京晨报》,2013年1月7日。

也更容易达成交易。

广州田鲜贸易有限公司走的就是这样一条路。

2005年,香港人陈峰开始从事把中国内地的蔬菜出口到香港、英国去的工作,并且在云南、广东等地拥有着5 000亩专门供应出口的蔬菜基地。由于陈峰是香港人,所以他对香港市场尤其是高端蔬菜市场的发展潜力十分了解,但同时也想拓展内地市场。

机会终于来了。2011年初,陈峰接到全国知名人力资源综合服务供应商广州锦田顾问服务公司董事长吕基富的邀请,合作把内地蔬菜销往香港。

2011年8月,他们和另外三名投资者一起创办了广州田鲜贸易有限公司,主要就是从事农产品的种植、加工、贸易、进出口、物流等业务。简单地说,就是把原来用于出口的高品质蔬菜销给国内的高端家庭用户及企业用户。同年9月,他们推出了"田鲜蔬菜革命网"平台,正式开始从事网上销售业务。

为了打开品牌、确保质量,同时也是为了避免"王婆卖瓜,自卖自夸"的嫌疑,田鲜公司专门聘请全球最大的认证公司SGS为自己进行第三方检测,为此,就倒逼着他们只能选择云南、宁夏、甘肃等专门种植出口蔬菜的几个基地。

为了创新,他们推出了按月、季度、半年度、全年的优惠套餐。在每种蔬菜的购买页面上,消费者都可以了解到这种蔬菜的产地,并查阅第三方检测报告。

田鲜公司相信,现在的消费者越来越精明,也正在逐步走向成熟。他们或许过去也上过许多当,但SGS的检测报告应该还是具有最高说服力的。

从全球来看,虽然每个国家的蔬菜质量认证体系不一样,但总体上可以分为美国、欧盟、日本三大标准。其中,香港是按照欧盟标准来进行检测的,而欧盟标准就是通过SGS认证的。换句话说,我国内地的蔬菜只有通过SGS认证,才能进入香港和欧洲市场。

那么,SGS又是怎么进行检测的呢?每隔两个月,他们就会到蔬菜生产基地进行实地检测,每一批出口的蔬菜都必须提供这批蔬菜的检测证书,否则就无法走出国门。而现在,田鲜公司销售给我国内地的高端蔬菜当然是不用走出国门的,但由于同样要经过 SGS 的这种严格检测,这样就很好地满足了国内一些高端消费者的消费需求。

尤其是在目前我国消费者对国内农产品污染顾虑重重的宏观背景下,这种检测在树立信心方面会起到相当大的作用。

从检测内容看,主要是两大块:一是重金属污染,二是农药污染。每一批蔬菜检测后都要写出检测报告,公布在网上。

毫无疑问,能够达到以上标准的蔬菜,生产成本必定居高不下。除了土壤、品种、方法之外,更主要的是要有良心。尤其是土壤不能有一点点污染,否则质量恐怕就很难达标。

而所有这些,都注定了即使是网络直销,这样的高端蔬菜价格也不低,消费面会受到限制。这也是网上销售农产品的一大特点:高端商品居多,单价低的商品太少。

懂行的读者会发现,这种做法实际上和麦当劳是很相似的。麦当劳自己并不种植蔬菜,可是麦当劳采购的所有蔬菜的种植标准、质量标准、生产环节都是由麦当劳掌控的,并且需要通过第三方认证机构提供检测报告。这样,既保证了蔬菜质量,又便于麦当劳集中精力做好它自己该做的事。①

这一条经验,值得所有从事网上销售农产品的人借鉴——只做自己擅长、有把握的事,把其他一切都交给别人去做。

18. 上网才能把生意做大

为什么要网上销售农产品?因为传统商业只有插上网络的翅膀才能飞得更高、做得更大。

---

① 陈纯丽:《田鲜:做富人的菜篮子》,载《赢周刊》,2012 年 4 月 5 日。

在外地设直销中心是个好办法

要想把网上销售农产品做大,在外地建立农产品直销中心是个好办法。这直销中心就像航空母舰,开到哪里就把本地的农产品销售触角拓展到哪里,加强在该地区的销售力量。

以上海为例。上海的常住人口有 2 400 万,超过许多小国家,每年的瓜果蔬菜需求量高达 600 万吨,50%需要由省外供应。这样的市场就是谁也不敢忽略的。

海南农产品看中了这一点,这几年一直在为进入上海厉兵秣马,而且颇有成效。海南的绿色无公害果蔬、海产品、热带水果、茶叶等,在上海农产品销售市场上已经占有一定的比重,新鲜瓜果蔬菜在上海的年销售量高达 22 万吨,农产品加工品在上海的年销售额高达 3 000 万元,发生了从量到质的转变。

在此基础上,2013 年 10 月,海南继在北京、沈阳后在上海开设的第三家农产品直销中心正式开业。

这家海南品牌农产品上海直销配送中心拥有 200 平方米的展示中心,展出了海南树上熟木瓜、红心火龙果、澄迈福橙等特色水果,兴隆咖啡、椰子糖、椰奶等农产品加工品,以及野生红鱼、鱿鱼、石斑鱼等海产品,一开业就吸引了不少上海市民前来参观和购买。上海人说,以前只知道海南有椰子、芒果、海鲜等,不知道还有这么多好东西。

确实如此,这就是在外地开设直销中心的好处和目的,即让更多的人了解本地农产品。当他们有需要时,就会在网上下单,然后在家门口就可以提货,实惠而快捷。

海南农产品上海直销中心共有海南 60 多家品牌企业的 600 多个品牌产品,与上海农工商超市等 60 多家超市、酒店和供应商达成供货协议,并且在当地建设了网上销售平台,目标就是瞄准上海的高端消费市场。①

这是因为,上海不但是国际大都市,高端消费群体多,还因为本书前面提到的,高端农产品更适合在网上销售。

并且"国内市场看上海"。通过来自上海市场的信息反馈,会更有助于提高海南的农业生产标准,从而走上良性循环的发展轨道。应该说,这样的目标定位是非常恰当的。

或许是海南省确实从中尝到了甜头,所以他们接下来还将继续在成都、天津、武汉等地建立这样的品牌农产品直销中心,争取三年内覆盖全国所有省会城市。决心不可谓不大,但对海南农产品网上销售的促进效果也是可以预期的。

再来看浙江台州市。2011年1月起,该市农副产品配送中心就与市供销社系统第一家电子商务网站"山海一品"联合,在淘宝网上开设了农产品专卖店。

大家只要登录淘宝网,点击"山海一品"网店,就可以买到台州的农产品。该市农副产品配送中心一共组织了来自该市30多个合作社的300多种中高端农副产品,一方面是网上销售,另一方面是实体销售,两者齐头并进、相得益彰。

众所周知,台州农业资源十分丰富,素有"水果之乡"、"特产之乡"、"海洋大市"等美誉。正是为了改变过去农产品销售不畅的局面,该市从2009年起在杭州建立台州农产品直销中心,2010年又在上海西郊国际农产品展示直销中心专门建立台州馆,接下来就是2011年在淘宝网站上开设专卖店。

至此,台州的农副产品在全国各大城市都建立了销售网络,仅仅在上海就有30多个销售专柜。而所有这些举措,都是为了促进当地农产品在外地的销售,提高知名度和美誉度。②

---

① 符泽亢、陈声浩等:《海南在上海设品牌农产品直销中心,将建网售平台》,南海网,2013年10月21日。

② 林学富:《台州农产品首次集体触网,网上销售胜算几何》,载《台州日报》,2011年1月6日。

他在网上做烧烤做成百万富翁

在外地建立农副产品直销中心比较适合于财大气粗的农业企业和政府组织,对于农民个人来说就可能会力不从心了。可是这并不妨碍个人利用网络把生意做大的信心和努力。

李烨的经历就能说明这一切。

李烨出生在江苏盐城的一个富裕家庭。父亲在当地经营一家大型餐饮企业,所以他不但从小衣食无忧,上大学时每个月的零花钱居然高达5 000多元,是人们心目中"富二代"。

可是好景不长,2003年他读大三时父母的酒店破产了,他每月的生活费也不得不猛跌到100元以内。无奈之下,他在一家电脑城门口扛箱子自己挣生活费,直到大学退学。

回到家乡盐城后,全家当时一共只有500多元现金。一天晚上,他出去看到别人烧烤摊上的生意非常好,觉得做这个不要什么成本,于是提出愿意免费给烧烤摊打工,目的是想偷师学艺。

果不其然,老板看他样样抢着做,就把配料毫无保留地告诉了他。就这样,两个月后,李烨就在盐城师范学院旁开了一家自己的烧烤摊,两个月赚了1 700元。

看到自己能自立了,李烨又参加高考,考到上海一家大专院校学习多媒体设计,说穿了,其实就是学习网页设计等电脑知识。他白天上课,晚上出去打工,主要是帮助别人设计网站。

2008年6月,李烨大学毕业后在同学和朋友的帮助下创建了"上海天天爱购网"。可是没过多久,就因为股份问题退出了。

又一次跌入低谷的他,自然又想到了他的烧烤摊。他想,烧烤是自己的特长,而电子商务是他的专业,能不能把这两者结合起来,也就是说把烧烤摊开到网上去呢?说干就干,一个月后他就推出了"原始烧烤"网。

众所周知,路边烧烤店的红火主要是因为方便。你现在把烧烤开在网上,可望而不可即,这个便利条件便没有了。

所以,网站建立三个月后才迎来第一笔生意。那是昆山的一个家庭聚会需要购买烧烤食材和器具,金额是 220 元。后来,这位消费者对他的服务很满意,给了他一个长长的带文字的好评!

从此,李烨父子两人便联手在上海搞起了烧烤。父亲搞了两家实体烧烤摊,李烨则在搞网上网下互动。在旺季的时候,网上烧烤每天能卖出 100 到 150 单,每单平均消费额在 400 元以上,这样每天的营业额能有 5 万元,一天可净赚 1.5 万元左右。

据李烨介绍,2012 年他的网上销售额是 153 万元,而 2013 年上半年就已经达到 120 万元。按保守估计盈利率 40% 计算,这四年中他的净收入超过 100 万。

总结自己的创业历程,李烨认为,自己的网络烧烤虽然在价格、方便程度上没什么优势,但优势体现在服务上。

比如说,如果你要购买烧烤所需要的食材、器具等一些东西,可能会跑很多地方,可是在这里就可以一网打尽。所以,他接到的生意往往一笔单子的金额就有几千元甚至上万元,提供的是组合服务。

例如在大热天,为了保证食材的新鲜,他们对时间控制得很严。客户至少要提前 24 小时下单,他们在一收到订单后就要进行采购,然后在发货前 8 小时对食物进行加工,放入速冻柜;在客户指定收货时间的前 2 个小时,开始进行分拣,随后配送到客户手中。最关键的是,所有食材在包装上都使用泡沫箱子,然后放入干冰,这样食材就能保证新鲜了。

由于他们的客户基本上都在上海,所以送达时间相对有保证。并且,他们的快递员都是高校学生,经过培训之后,在配送之前就能预先计算好节省车费和时间的用户路线,对上海地铁了如指掌,所以不会走冤枉路。①

由此可见,要想在网上把生意做大,无论是组织还是个人都是有办法可想的。正所谓,"戏法人人会变,各有巧妙不同。"

---

① 谢尧:《江苏一大学生网上卖烧烤,4 年收入超百万》,载《扬子晚报》,2012 年 10 月 18 日。

19. 这是真正的全球贸易 ●●➡

为什么要网上销售农产品？因为网上销售是真正的全球贸易，而且全天候，无边无际，无"关税"。

通过这种没有时间、空间地域限制的贸易体系，能够把农民、农村、农业紧紧联系在一起，有助于更容易解决"三农"问题，提高农民和农业的地位，改变农村落后面貌。

最大的优势是中间环节少

网上销售农产品的一大优势是中间环节少，并且因为网络是没有国界的，所以会自然而然地具备全球眼光——不仅仅是自产自销，也不仅仅局限于销售本地农产品（虽然这会具有地域优势），更可以做"全国"乃至"全球"的生意，即在全国、全球范围内采购商品后售出。

从这一点上看，网上销售农产品的本地化因素是个伪概念，至多也只是阶段性的。

例如，我国的大白菜 60% 以上产自山东和北京，苹果一半以上来自陕西，最受欢迎的大枣则产自新疆，最好的大米来自东北三省。可是显而易见，销售这些白菜、苹果、大枣、大米的并非只有上述省市的电子商务公司，可以说处处都有。

所以，与其强调农产品网上销售的地域性，不如说这种网上销售是由仓储、物流配送、产品特性等方面的限制性决定的。也就是说，网上销售农产品的竞争，很大程度上取决于供应链体系的竞争，这是制约网上销售的瓶颈。①

---

① 张衡：《线上渠道崛起，电商补齐短板发力农产品》，载《中国商报》，2013 年 1 月 21 日。

在承认网上销售农产品的最大优势是中间环节少的同时,我们也应当看到,有些环节却是必不可少的,否则就无法构成完整的供应链体系了。比如,在农产品生产过程中存在着物流配送环节,交易后也同样存在物流配送环节等等。

把小农经济捏成团

都说小农经济是一盘散沙,经不起市场经济冲击,可是在小农经济状态下,如果把网上销售农产品搞好了,就会形成一支支大大小小的与全球贸易紧密挂钩的力量,就能冲破闭塞的乡村樊篱。

就好比说,哪怕是住在山沟沟里的农民,如果他每天坚持听广播、看电视,照样会对国际大事了如指掌;而如果离开了这一切,他极有可能"不知今夕是何年"。区别在哪里? 就在信息网。

2006年6月,陕西兴平市雅虎酱菜厂就开办了一个农村信息服务站,厂里固定派专人在农业部开设的"一站通"、省农业厅的网上展厅上发布信息,周围农民都可以来这里查询和交流。

很快地,网上信息就漂洋过海,得到韩国客商的关注。

韩国客商专门来这里的农村考察了两天,在村民家中提取了大蒜样品及雅虎酱菜厂生产的盐渍蒜米样品,一个星期后发来一份传真,要求采购当地的盐渍大蒜米200吨,价格每吨4 500元,成交额达90万元,直接发往韩国釜山和仁川。这让乡亲们欢呼雀跃。

要知道,大蒜加工是这里的传统产业,这一举措不仅增加了当地农民的收入,并且还提高了兴平农产品的知名度和美誉度。而这一切,都是网上销售农产品的功劳,它把这些农民一下子就推到了全球贸易的最前沿,使农民能够直接和外国客商做生意。

不仅如此,网上信息还能通过另一种方式提高农民收入。

同样是2006年6月,该市农业信息中心通过查询中国大蒜网、山东农业信息网等网站发现,这几年的大蒜市场价格呈逐步上扬趋势,于是,信息中心立即据此编写了一条简讯,报主管领导审签后,发到该市农产品保鲜贮藏协会成员的手机上。

成员们得知这一信息后纷纷增加收购网点,收购量增加了,该市的大蒜价格也从上市之初的每斤0.8元攀升到1.2元。

仅此一项,该市大蒜种植户就能增加收入1 440万元;而与此同时,大蒜收购商同样能取得可观的经济效益。①

更容易融入全球经济体系

网上销售农产品在国外已相对成熟,所以,农产品销售一旦触网,有助于当地经济融入全球经济体系。

例如,法国家乐福集团从2007年在中国引进"农超对接"项目后,旗下一家拥有25年专业采购经验、总部位于西班牙的生鲜货品采购公司蔬果茂,就于2011年11月在上海设立了中国办事处,并且于2012年2月在河北开启了第一单采购,把18吨高阳梨运往西班牙总部,发往家乐福欧洲各门店进行销售。紧接着,2012年11月又有299吨高等级脐橙在江西安远、寻乌、兴国被装上13辆大卡车,发往欧洲各国的家乐福超市上架。

要知道,在此之前,蔬果茂根本就不认识中国出产的许多水果,10年前更不知道什么是柚子。但也正是这种市场空白,让他们看到了亚洲国家与欧洲的不同,并在全球展开了采购。

在过去的25年里,他们每年都要从全球40多个国家为欧洲市场采购新鲜蔬菜、水果50万吨。目前蔬果茂已经与我国的520家农业合作社有业务关系,并且与其中的72家签订了采购合同。2012年其出口量是5 500吨、9个品种,价值人民币3 500万元。其中规模最大的是福建蜜柚,数量占2 000多吨,其余的是大蒜、姜、富士苹果、鸭梨、赣州脐橙等。

在这其中,他们感觉难度最大的是如何让中国农户做好种植记录。因为这是一项基础性工作,只有建立了农业生产记录,才能

---

① 《兴平市2006年农产品网络营销促销典型案例》,陕西农业网,2007年5月27日。

做到可追溯,并且确保食品安全。①

这种融入全球经济体系的过程,也让中国农民开阔了眼界,知道应该"怎样当农民"了。与中国超市的做法不同,家乐福会根据欧洲消费者的要求,要求农户按照规格大小来分拣水果,并且对每一只水果的外观要求都很高。因为欧洲人普遍喜欢个子比较大的水果,所以企业必须按照这样的市场规则来办事才行。

让中国农民组织感到高兴的主要有两点:一是蔬果茂结款及时,从来不用担心会出现收不到钱的情形;二是与蔬果茂的合作是以自主品牌形式出现的,也就是说,在欧洲超市出现的中国水果仍然会是中国品牌,而不是经销商的贴牌。②

20. 很适合成为创业突破口

为什么要网上销售农产品?因为网上销售农产品的门槛低,适合个人操作,更容易作为创业的突破口。

靠山吃山,靠水喝水

我国农村地域辽阔,环境条件差异很大。有道是:"靠山吃山,靠水喝水。"网上销售农产品如果能与本地地缘优势结合起来,很容易成为具有地方特色的创业突破口。

例如浙江多山,特殊的地理环境就极大地丰富了浙江的农副产品,当然同时也给销售带来了诸多不便。可是网上销售农产品却能克服这一缺点,真正地做到扬长避短。

---

① 田爱丽、王涵:《唐嘉年新官烧新火:通过"蔬果茂"整合产业链》,载《南方都市报》,2012年12月13日。
② 吴秦凤:《从"蔬果茂"看中国零售创新》,载《中国商报》,2013年1月21日。

以浙江遂昌县为例。该县因为地理位置特殊,盛产竹制品、笋制品、木制品、菌菇类商品。自从改变传统的销售方式、涉足电子商务之后,当地颇具特色的农产品在网上就深受消费者喜爱。

2012年年末,该县在淘宝网上的农产品店超过1 500家,其中皇冠店20多家,当年农产品网上销售额达到1.5亿元。从几百家淘宝店增加到上千家,遂昌只用了两三年时间。而这样一来,就彻底打破了遂昌县地处山区农产品销售不便的固有劣势,非常有助于将当地农产品向外推销,成为农民创业的一条好途径。

2013年1月,浙江农产品电子商务大平台建设正式启动,提出了几个目标:争取到2015年年末网上销售农产品的比重达到全省农产品生产企业、流通企业、经济合作社、经纪人的60%以上;在全国主要城市都建有浙江农产品展示和销售中心;浙江省内各城区,都要实现生鲜农产品网上订货及同城配送。而实际上,2012年浙江省的电子商务交易额就已经超过1万亿元,位居全国首位。[①]

如此良好的发展势头,为浙江农民创业打下了良好的基础。因为要知道,农产品电子商务不仅能直接拉动农民就业,还会利用跨境网络营销工程,即将网上销售农产品与网下的零售、批发、境外零售、快递市场紧密结合起来,其中所创造的财富机会非常多。

接下来请看看遂昌农民毛利华是如何创业的。

他在自己家里配了台电脑,拉了根网线,屋子里堆放着不少已经打好包的笋干和香菇,就开始在网上销售家乡的土特产,而这间屋子当然也就是他的"网店工作间"了。很简单吧?这样的配置每家每户都做得到,而且不需要多少新投入。

资料表明,2012年仅仅在阿里巴巴网上销售的农产品就超过200亿元,销售农产品的网店达到26万家,涉及的农产品数量超过1 004万个。

从产品类别上看,淘宝网上销量最大的农产品是茶叶,日交易

---

① 《2012年浙江电子商务交易破万亿元,居全国首位》,杭州网,2012年12月28日。

额超过 700 万元;除此以外,枣类、坚果、蜂制品、干货的交易额也名列前茅。销量增长最快的是新鲜水果和海鲜水产,销售额年增长率在 400% 左右。①

从发展趋势看,随着农产品网上销售规模的快速增长,销售模式也在逐步升级,从过去的"网络+公司+农户"模式慢慢地转向"网络+协会+公司+农户"模式。

以淘宝网上全国首家县级农产品特色馆"浙江遂昌馆"为例,遂昌当地的网店协会通过提供网店入门培训、仓储、代发货等项目,为 1 000 多名会员尤其是零散农户网商提供基础性服务,解决了后顾之忧,从而使得这些农民在创业之路上越走越远。

从兴趣出发,自食其力

如果说"遂昌模式"中协会起到了关键的作用,那么,对于协会组织能力不强或不想依靠协会、只想自己单独创业的个人来说又怎么样呢?没关系,从自己的兴趣和特长出发,照样容易取得成功。因为农村有的就是资源,关键是看你如何去进行组合。

在武汉,23 岁的李轩在 2013 年从华中农业大学动物科学与医学专业本科毕业后,主动放弃了从事猪饲料销售、月薪 6 000 元的工作,因为他更看好网上销售农产品这项事业。

李轩走上这条创业之路是有原因的。他喜欢玩微博,而在家时经常听妈妈抱怨说,现在超市里买不到他小时候那种正宗的土鸡蛋了。于是,他结合自己的专业,专门去几家大型超市看了看,然后把创业目光放在了通过网络和微博卖土鸡蛋上。

2013 年 7 月,李轩取出自己第一个月工作攒下的 2 000 多元积蓄,去武汉周边农村寻找货源。他因为在大学里学过动物科学知识,所以能够分辨母鸡是否滥用了激素和抗生素、鸡蛋蛋黄是否

---

① 张遥:《淘宝网茶叶销量成最大,日交易额超 700 万》,新华网浙江频道,2013 年 1 月 10 日。

注射过色素等。然后他对各家养鸡场的饲养过程、喂养情况、供应能力等条件进行反复比较,最终选择了孝感农村的一家占地千余亩的土鸡养殖基地作为土鸡蛋货源地,以确保鸡蛋足够"土"。

7月末,他带着10箱共3 600只鸡蛋回到武汉,注册了名叫"李同学的鸡蛋铺子"的微博账号,同时在武汉各大论坛打广告。他的承诺是,自己所售的是48小时以内出产的新鲜土鸡蛋,免费送货上门,当面验收满意后再付款,定价是每50个鸡蛋70元。

令他没想到的是,3 600个土鸡蛋不到三天就全部被订购一空。于是他信心大增,向家里借了2万多元做首付,专门买了辆轿车用于送货,把自己的房间当仓库,决心坚定地走"鸡蛋哥"之路了。

每天他通过微博接单,第二天送货上门,每隔三天就去孝感那家土鸡养殖基地进一次货。现在三个多月过去了,他的客户超过2 000户,每个星期都能卖出1.5万多个鸡蛋,每月去掉油费和进货成本外能净赚1万多元。

接下来,他准备继续挖掘土鸡、土猪肉供货商,把网上销售农产品的"土"生意做到极致。①

看看,这样的路是不是许多人都可以走?关键是你没想到,没有充分利用网络(微博)的力量。否则,你也能做得到。

组合市场可以像玩儿似的

网上销售农产品并不像实体创业那么艰辛,它的门槛很低,有时候简直就像玩儿似的。这对本身就有创业意愿或将来准备投身创业的农民和城市居民来说,是一条光明的可取之路。

要知道,自从有了互联网之后,任何东西只要一搭上网络快车,前景就可能会变得无比辉煌。而创业,就离不开这样的手段。

这里来看一个国外的例子。在美国的一个创业俱乐部上,三

---

① 李晗:《大学毕业生微博卖土鸡蛋月入过万》,载《武汉晚报》,2013年11月2日。

名大学生就开始了这方面的尝试。

当时,美国缅因州瓦特维尔市科尔比学院的创业俱乐部,要求学生思考一些可以推动当地小企业发展的新思路。

于是,一位21岁的经济学专业学生加林就想,现在的高端产品市场已经很多了,可是谁也无法取代农产品市场的地位,归根到底,农产品是人人需要的,因此永远有生意可做。我如果能创办一家"虚拟家庭市场",专门出售当地的土特产和手工产品,不是会很有前途吗?

就这样,他在其他两位同学的帮助下,递交了一份标题为"我的新创意"(My Fresh)的商业计划书。

加林认为,农民们通常只愿意做他们最了解、最擅长的事,不用说,这当然就是种地了,他们对管理电子商务网站不感兴趣。既然这样,这个空当就可以由我们创业者来填补。

他们的这个创意在"科尔比创业联盟商业竞赛"中获得了1万美元奖金,然后,他们三人就用这笔钱创办了"我们的新缅因州"电子商务网站,并且在2011年9月正式亮相。它向消费者提供"农场—家门口"的农产品服务,出售的商品既有苹果、土豆等,也有经过加工制作的面包和调料等。

在与供货商签订合同之前,他们会对所有产品取样检测、品尝味道,以严格确保质量。如果质量达不到要求,他们就会毫不犹豫地拒绝进货。正因如此,虽然有许多牧场主和乳制品商愿意向他们供货,但他们现在暂时并不准备提供肉类、芝士等需要冷藏的产品。他们的宗旨很明确,就是希望卖出去的每一样东西都能像消费者在农场里直接买到的一样新鲜,这就是竞争力。

所以,该公司在接到订单后,会立刻转给供货商,下面标明详细的购买清单。

为了简化流程,该公司会为合作商家提供包装盒和预付费的运货标签,然后从供货商手里直接发货给消费者。

也就是说,供货商在直接把货物发给消费者的时候,可以使用由他们提供统一的包装盒,并由他们垫付运输、包装等费用。他们则从中抽取一定的佣金,具体金额取决于货物重量、尺寸、商品是否容易腐烂、运输时间长短等。

虽说是佣金,可这个比例并不小,更不是我们想象中的只是一个零头那样,而是可达销售额的 25% 至 60%。

而即使这样,这些农民供货商也一定会有利可图,否则他们就不会愿意合作了。

仅仅是第一年,该公司就有了 10 位合作商家,他们都是当地的农场主(提供农产品)和制造商(提供手工艺品)。其中的一位合作商老板比尔说,他觉得把自己的产品送到网上去卖的确是个好主意,但是他不可能有那么多的时间用来搞电子商务,所以这种合作是双赢的。

2011 年 10 月时,该网站的月销售额已经达到 5 000 美元。三位学生把其中的盈利拿出来重新进行投资,以吸引更多的供货商并扩大规模。

很快,他们的业务就从虚拟世界里走了出来,开始为当地一所中学提供新鲜农产品、为当地医院的礼品店出售土特产礼品篮、与餐饮业合作提供最新鲜的农副产品了。

他们说,这种网上销售农产品的实践还只是刚刚起步,下一步他们的目标是首先要证明这种理念的可行性,然后再把这个业务扩大到整个美国乃至全球,成为"农产品界的亚马逊"。[①]

有志者事竟成。况且又插上网络的翅膀,这其中的发展前景不容小看。

21. 促进经济结构和社会转型

为什么要网上销售农产品?因为它能直接促进我国经济结构

[①] Jodi Helmer 文、金笙译:《美国农民玩转 O2O》,载《创业邦》,2012 年第 8 期。

和社会的转型。别说这和你没关系,这是一场意义重大的社会变革,与每个中国人的切身利益有关,甚至还会影响世界经济格局。

壮大和健全全国物流体系

我国的物流体系过去很落后,现在也不发达,运输成本很高。公路上来来往往的车辆很多,看似很热闹,其实很多资源就消耗在了这上面。尤其是网上销售农产品离不开的冷链物流,因为成本高而导致市场需求有限,更使得物流企业唯恐躲之不及。

究其原因在于,生鲜农产品在运输过程中需要实现全程冷链,这样的运输成本要比普通运输方式高得多,通常高出30%至40%。

只有实现全程冷链,才能确保运输中的生鲜农产品尤其是肉类及冷冻食品的质量,否则损耗率就会居高不下。目前我国的这一损耗一般在30%,而美国、日本等发达国家还不到3%,我国的损失是非常惊人的。30%的损耗率与一些物流企业自己制定的0.3%的合理损耗相比,更是要相差100倍。[1] 可是,如果要做到这一点就必须投入更多成本发展冷链物流。否则,物流损耗过重反过来会限制市场需求,从而使得问题陷入恶性循环。

数据表明,2010年我国的物流成本高达GDP的20%,而美国只有10%。仅此一项,就意味着我国多消耗了3.9万亿元人民币,占当年财政收入的47%![2]

千万不要认为这笔物流损耗和你没什么关系,实际上最终都摊到居高不下的物价上去了。如果我国的物流成本能降低到与美国同样的水平,就意味着全国可以增加3.9万亿元人民币的购买力,相当于全国人民每人每年3 000元的水平!

---

[1] 蒋永霞:《冷链物流发展关键:降低成本》,载《中国商报》,2013年3月1日。

[2] 张丹:《物流损耗巨大带来物价压力,委员呼建现代流通体系》,中国新闻社,2011年3月11日。

有鉴于此,我国今后必然会大力发展冷链物流、降低物流环节损耗。有关部门已经明确表示要加快农产品冷链物流配送中心的建设了;同时,随着我国网上销售农产品规模越来越大,规模化运营也会降低冷链物流系统的建设成本。

所有这一切,都会导致我国经济结构尤其是与"三农"有关的经济结构发生一定程度的调整,这对我国整个经济体系的影响将会是全局性和长远性的。

彻底改变农业生产方式

网上销售农产品改变了传统的农产品销售渠道,必然会反过来促进农业生产方式的极大改变。

关于这一点,可以把美国当成一面镜子来看待。

美国和我国一样,也是全球主要农业生产国和出口国之一,农产品产量大、种类多,在全国各地周转十分频繁。2004年的数据是,美国的粮食作物周转量位居当年货物运输周转量的第二位,食品及油脂居第四位。如果按照货运量来计算,粮食的货运量高居第五位。

总体来看,农产品物流在美国物流体系中占有重要地位;反过来也可以说,正是因为美国拥有高度发达的物流体系,美国的农产品网上销售比例和总量才会如此之高——网上销售农产品已经成为美国销售农产品的主要方式,从产地直接运送到超市的农产品比重高达80%,而通过批发市场的销量只占20%,与我国正好相反。

也正是在这种直销模式下,美国的蔬菜从田间地头到达消费者手中,物流环节的损耗率只有1%至2%,可谓极其之低。从整个西方发达国家看,这一指标普遍在6%以下。

可是在我国,物流环节的损耗率高达25%,再加上农产品在采摘、运输、储存、加工等环节的损耗率为26%至30%,综合起来看,损耗率差不多正好要占一半!①

所以,随着我国网上销售农产品规模的不断扩大,必然会逐步倒逼我国农业生产方式发生根本性改变,从过去的"我想怎么种就怎么种"向"一切符合网络营销和消费者的要求"转变。

关于这一点,不少地方已经这样做了,也能够看到其中的变化。

2013年4月,河北新河县农民冯建刚在自家大棚里查看西红柿和黄瓜秧苗的长势情况时,总觉得长势有点不太正常,叶子间距有点儿大,茎还有点儿细。但他也有点吃不准,于是便带上秧苗来到位于县农业局的"惠农免费超市"里,通过电脑连线与北京的农业专家进行视频交流。

专家看了之后,又问了他几个细节,然后告诉他说,苗长、茎细的主要原因是因为湿度大,所以要控制浇水;同时,因为水分大了容易得霜霉病,所以建议他用百菌清薰薰。

该惠农免费超市是县里投入近百万元设立的,与中国农业大学、农业部、北京市农林科学院以及省市农科院达成协议,经常会邀请相关专家为该县农民提供远程指导和服务。

按照原来排定的计划,这些专家会分别通过视频、电话专线接受咨询,让农民不出县城就能得到国家级专家的技术服务。

在这里,农民可以免费使用电脑、免费下载复印各种文件和技术资料,所以很受农民欢迎。②

由此可见,网上销售农产品的目的虽然是销售,但又不仅仅只限于销售;或者更准确地说,一切都要为最终的"销售"做铺垫。

---

① 边胜男:《美国农产品物流的发展及对中国的启示》,载《世界农业》,2010年第12期。

② 王英献、闫丽静:《邢台市:信息化频敲农家门,农产品网上销售好》,长城网,2013年4月18日。

网上销售农产品已成一种新职业

本书前面已经提到,网上销售农产品门槛低,适合农民自主创业,并且已经成为一种新的职业,它必将在一定程度上改变国人的就业观念和格局。

2013年2月,人力资源和社会保障部第一次向社会发布《网络创业促进就业研究报告》。报告认为,我国网络创业就业已累计创造岗位超过1 000万个,在当今商业信任危机严重缺乏的背景下,政府今后应大力鼓励支持这种革命性的创业、就业形式。

以淘宝网为例,淘宝网上平均每天的交易笔数高达1 800万笔,这就意味着每天至少有3 600万个互不相识、从未谋面过的人在这里达成了相互高度信任并有合同保证的交易。①

据阿里巴巴集团旗下的阿里研究中心发布的研究报告显示,2012年年末开在村、镇的淘宝网店数量达到59.57万个,全国有14个典型的"淘宝村"。目前在淘宝网上,每10个卖家中就有1位是农民网商,许多省份的农产品电子商务年交易额突破了亿元大关。并且现在已经出现这样的发展势头——涉农电子商务,已经从一开始的零散农户在网上出售自产的土特产品,发展到以村镇县为单位的产供销产业群。

例如在湖南,中农传媒就与淘宝网、阿里巴巴合作打造了"特色湖南"网上平台,实现了农产品产销的无缝对接。湖南的33个品牌农产品通过该网络平台实现了4个月网上销售400多万元的良好业绩。在陕西,周至县三湾神舟行绿色蔬菜专业合作社与西安市人人乐超市通过网络"联姻",从未谋面过的农商双方在网上实现了西红柿、青瓜等六个品种20吨蔬菜的交易。在河南,很多农村都开通了"新农村商网",农民从上网销售中尝到了甜头。

---

① 《人社部首次发布网络创业促进就业研究报告》,载《人民日报》,2013年2月5日。

由此可见,网上销售农产品的兴起,不仅会促进农产品流通、增加农民收入,而且会改变农村传统的农产品流通方式,促进农村经济结构和社会转型,这是符合我国新农村建设方向的。①

---

① 《社科院:电子商务促进了农村经济结构和社会转型》,载《人民日报》,2013年9月9日。

第三课
怎样在网上销售农产品

网上销售农产品可谓是几家欢乐几家愁,这其中是有道道的。在适当的时机,选择当地的特色农产品,走高档路线,注重产品包装,抱团经营,方能事半功倍。

22. 哪些人适合网上开店

有人会问:"我是农民,我适合在网上销售农产品吗?"确实,这里就涉及一个哪些农民适合网上开店的问题。

言外之意是说,并非所有农民或所有人都适合在网上销售农产品,这还是需要有一定基础的。

以亚洲最大的网络零售平台淘宝网为例,它从 2003 年 5 月创立以来,截至 2013 年上半年的注册会员已超过 4 亿人,覆盖我国绝大部分网购人群,每天有 6 000 万人次以上的固定访客,在线商品数超过 8 亿件,平均每分钟售出商品 4.8 万件。2012 年前 11 个月的交易额就超过 1 万亿元,占全国网购市场 80% 的份额;2013 年 11 月 11 日的单日交易额达 350.19 亿元。在这其中,农民及其农产品销售占一定比重。而面对如此庞大的市场,任何人都不能视而不见。

当然,在这数以亿计的网上开店者中,既有成功的,也有失败的,值得后来者研究总结。也就是说,并不是所有人都适合网上开店并能够从中取得成功的,这里同样存在着"二八定律"。

归纳起来,以下这些农民更适合网上开店:

白手起家的农民

网上销售农产品的进入门槛低、费用投入少、手续简便,这些对白手起家的农民来说具有极大的吸引力,这些人主要有:

自产自销者

农民的生产经营都是自产自销,而自产自销商品要想通过传统渠道打开市场已经变得难度很大,可是在网上开店却有可能轻而易举地就解决这个问题,因为网络的辐射面有无限之大。

这方面的例子太多了,本书中比比皆是,所以这里不再举例。

在校学生

这里的在校学生,主要是指大学生中的"农二代"。

他们的学习负担不算太重,有许多时间可以自行安排,每个人或多或少有些可供自由支配的资金,再加上面临马上就要踏上社会,所以有不少同学本身就在搞勤工俭学等创收活动。

通过网上开店,把自己家乡的各种农产品和土特产品搬到网上来卖,既利用了家乡和家庭的优势,又不用投入多少实际成本,各方面看都可谓是水到渠成,更容易取得成功。

下岗失业者

许多农民在乡镇企业工作,有的已经下岗失业,有的则是"半工半休"。他们如果在网上销售农产品,就会克服自己文化程度偏低、年龄偏大、缺乏一技之长、缺少资金、找不到满意岗位、想自己开店又无能为力等困难,反而没有包袱。

自由职业者

自由职业者与下岗失业者的区别是,他们过惯了自由自在的生活,根本不愿意受到纪律的约束、不愿意上班,但同时又要解决生活来源问题,于是就自然而然地想到了在网上开店。

自由职业者不仅分布在农村,更面广量大的在城市。如果他们对农村和农民熟悉,在网上销售农产品是很适合的。

小有成就的农民

网上销售农产品不但是一种经营行为,同样可以作为一种业余生活。小有成就的农民投身于其中,主要目的不一定是为了赚钱,而可以把它作为锻炼经商头脑和才干的机会,密切与外部的联系。这些人主要有:

农民企业家

有些农民老板有自己的实业投资,生意也做得不小,但网上开店和实体经营并不矛盾,相反还能相辅相成。

所以,他们会自然而然地想到把生意做到网上去,扩大企业知名度,增加一个企业对外宣传的窗口,顺便也能拓宽销售渠道。

企业在职人员

许多农民本身有自己的工作甚至还是高级白领,可是出于种种考虑,也在网上开店搞起一份副业来。

他们的主要目的或许也不是为了赚钱,但这确实既能增加收入,又能锻炼才能,还能扩大交际范围,至少是能够大大充实业余生活的,所以他们依然是乐在其中的。

具有个性的农民

网上销售农产品的形式和风格多种多样,这实际上反映了不同人的不同性格和独到眼光,于是一批有个性的农民就在这里崭露头角了。这些人主要有:

有创意的农民

网上销售的农产品在实体经营中几乎应有尽有,为什么一定要放在网上销售呢?原因之一在于,这里具有独到的创意。

例如,日本有一家网络商店同样是销售鸡蛋,但它就能做到家喻户晓。开业之初,店长就和养鸡场联系好,把该养鸡场的周围环境、所有鸡的生长情况以及产蛋过程拍成纪录片,读者在微电影中就能看到这枚鸡蛋是怎么生产出来的。

当看到这些鸡的"家庭环境"整洁干净,一日三餐营养丰富,消费者自然而然就会联想到这是一枚优质鸡蛋,于是就放心地去下单了,这样的生意还怕做不大吗?

眼光独到的农民

任何市场都有空隙,但只有眼光独到的人才能从中掘到黄金。而网上销售农产品就为这些农民提供了一种很好的创业条件。

例如,武汉有一位大脚女人从自己买不到大码鞋的事情,就联想到全国像她这样的消费者肯定还有很多,于是联系了一家做外贸的大码鞋店,以市场价7折的进货价代理它们在网上的生意,网店开业后生意非常红火,俨然成了大码鞋销售中心,每个月都有好几千元利润进账。

拥有特别进货渠道的农民

有些农民拥有特别的进货渠道,别人搞不到的东西他能搞到,所以就自然而然地想通过网上开店创办一家这样的专卖店。

这种专卖店虽然经营品种相对单一、顾客面也窄,可是由于他面对的是全球消费者,所以慕名而来的顾客还是很多的。并且由于这些商品市场上很罕见,所以利润率可能会非常高。

收藏爱好者

许多农产品和土特产品具有适合收藏的特点,可是那些收藏爱好者在市场上却不容易看到这些藏品,或者不知道在哪里有交易,所以自然而然地就会通过网络来寻找货物来源、调剂余缺。这样,既能牵线搭桥、沟通信息,又能获取收益,何乐而不为呢?

从上可见,虽然目前我们已经进入了信息时代,人人都可以通过驾驭互联网获取财富,但实践证明并非所有人都能从网上开店中取得成功,上面这些应该能给我们有益的启示。

23. 网上开店怎么开

总体来看，网上销售农产品开设网店可以参照以下步骤进行：

确定经营方式

这主要包括两方面，一是确定经营方式；二是确定经营形式。

网上销售农产品的经营方式主要有：

网上开店和网下开店相结合

这种网上销售因为有实体店铺的支持，所以在农产品销售的价位、技巧方面都会更胜一筹，也更容易赢得顾客的认可。

也就是说，顾客会认为你的这种经营方式更可靠。

全职经营网店

这种网上销售因为会凝聚店主的全部精力和心血，所以更容易取得成功。

因为一般人会想，如果这只是你的兼职，就可能会三心二意，不把它真正当回事。而对于你来说，如果网上销售是你唯一的对外销售渠道，当然就要竭尽全力了，所以更容易赢得消费者的信任。

兼职经营网店

这种网上销售通常是店主把它作为副业来对待的，尤其是在上班族、大学生中更普遍。

由于是兼职经营，有钱赚就"走"（销售），所以定价机制相对灵活，在低价竞争方面更具优势，但也可能会因为精力不济半途而废。

网上开店的经营形式主要有：

设立专门的网站作为销售平台

这种网上销售需要创办一家专门网站来作为载体，这就要求你一手包办网站的维护、更新和宣传了,所以对电脑网络技术及其他方面的要求较高,并且人力物力投入也多。但它的优点是可以创设富有个性的网站来吸引消费者,不至于与人雷同。

利用其他网站提供的销售平台

这种网上销售可以省却自己设立平台的许多麻烦,所以更适合对电脑网络技术不太熟悉的初学者;并且它还有一项优点,那就是可以利用大型网站的知名度,从它超高的点击率中分一杯羹,节约宣传费用。所以,这也是目前最最常见的。

例如,淘宝网、易趣网、农业部下属的农产品销售网、中国农产品销售网、中国有机农产品营销网等,就都是这样的网络销售平台。

但它们也有缺点,那就是设计单一、缺乏个性,容易淹没在同行的汪洋大海之中。

具体创办流程

配备必要的硬件装备

网上销售农产品需要配备的硬件装备主要有:配置较好的电脑、网速较快的宽带网络、质量较好的扫描仪、质量较好的数码相机、电话及传真。

构思开设一家什么样的网店

首先是构思你准备开设一家什么样的网店,把方方面面都写下来,然后学习相关知识,并且向朋友请教、与合伙人(如果有的话)探讨、寻求家人的支持。

考虑是自己设立销售平台还是利用其他网站提供的平台

如果是后者,考虑的因素主要有:人气是否旺盛、是否需要收费、收费标准如何。一般要求用真实姓名和身份证等有效证件注册,否则反而会让人感到不放心。

目前大多数网站都是可以免费提供开店服务的,不但能为你省钱,还能省去不少麻烦事。

向网站申请开设网店

这时候你首先要为自己的网店起一个醒目的名字,详细填写你所出售的农产品属于哪个分类或哪个地区。

这两点很重要,因为这会有助于你的目标顾客迅速找到你。有的网站会要求显示个人资料,这时候如实填写会提高信任度。

采购货物

除了自产自销的农产品之外,有时候还需要采购一些货物加以补充,既能丰富品种,又能带来生意。在这方面,可以按照本书后面所述的进货渠道去采购。

这里关键是强调两点:低价进货、控制成本。

登录商品

这是指把你出售的农产品按照名称、产地、所在地、性质、外观、数量、交易方式、交易时限等,一项项地登录到网站上,最好是配有各种农产品的图片,并且这些图片还要配得漂亮、有艺术水平、有吸引力。

另外还有一项非常重要的是设置价格。

通常你可以设置起始价、底价、一口价等项,这里的诀窍是起始价要低,这样才能吸引顾客的注意力;但又要避免起始价太低导致最终成交价也低,所以,这时候你可以同时也设立一个底价,以确保你的最低利润。如果你觉得这种竞价过程太麻烦,也可以干脆设立一个一口价,直截了当,行就行,不行拉倒。因为农产品需要邮寄,所以一定要明确邮费是不是已经包括在价格之内。

营销推广

网上进行营销推广的目的,当然是要吸引人气、提高点击率,尤其是在开设网店初期,这项工作很重要。

例如,在网站流量大的页面加入"热门商品推荐"、增加图片、把商品分类表上的商品名称加粗等等,都是有效方式。当然,其中有些是需要花钱的。

热情解答

这主要是指在回答顾客的咨询时要有耐心、要热情,这会非常有助于帮助顾客全面了解该农产品并作出适时抉择。

不过需要注意的是，也有许多网站是不允许买卖双方提供信箱、电话等联系方式直接联系的，这你在一开始就要注意了。

达成交易

在你和顾客达成交易后，顾客就会根据网站规定的方式给你汇款或进行见面交易了，这时候你非常有必要迅速答复并尽快办理收款、快递等服务，维护良好信用，避免顾客投诉，给你的信用记录留下污点。

收取款项

网上开店的销售收入通常是通过第三方担保交易模式来实现的。

例如，在淘宝网上开设网店，就是通过第三方"支付宝"来完成的。顾客先把货款打到由多家银行共同参与的支付宝银行账户，然后由支付宝通知你发货，顾客收到商品后再通知支付宝把货款付给你，这样整个交易过程才算完成。

评价和投诉

所有网站都会要求顾客在达成交易后评价网店的信誉，因为"信用"这两个字对于不能见面的双方来说实在是太重要了。

所以，你要千方百计维护自身信用，如果有顾客给予差评或向网站投诉，要想方设法尽快妥善处理。否则，就好比在实体店门口站着一个人说你什么什么不好，你后面的生意还会好做吗？

售后服务

有的农产品需要售后服务，不用说，这是你巩固现实交易、赢得潜在交易的重要举措。

千万不要小看这一点。因为顾客的评价会具有乘数效应，这种乘数效应无论从正面看还是反面看都会起到以一当十当百的作用，甚至决定着网站最终的生死存亡。

网上开店怎么开，上面只是说了一个大概。有些东西你可以向同行、向书本请教，也可以请有经验的人对你进行辅导。有些东西则需要你自己在实践中不断摸索，日臻完善。

24. 网上开店卖什么

这个问题看上去好像是多余的,有人会说"有什么卖什么"或者"什么都可以卖",其实不然。虽然顾名思义,网上销售农产品当然就是卖农产品了,但农产品的品种包罗万象,如何经营农产品以及提供某种特定服务同样大有讲究。品种选择得好,事半功倍,顾客纷至沓来;选择得不好,就一定会门可罗雀。

所以,一般来说网上销售农产品应当坚持两条原则:要么选择热门商品,要么选择独家产品,这样的东西最好卖。

关于这个问题,可以从以下几方面来考虑:

从热门商品和畅销商品出发

热门商品和畅销商品一方面反映消费者目前的购买时尚,另一方面又能为网上开店提供参考导向。对此,目前主要有:

礼品类

许多农副产品尤其是土特产和水产品,都可以考虑做成象征身份和具有个性特征的礼品,包装对外出售,这样就与未经加工过的初级农产品相比有了很大的价值提升,网上销售前景更好。

收藏类

许多土特产具有收藏、纪念价值,尤其以个性化强、符合眼下收藏热点的农产品为代表。

珠宝类

以新宠水晶、个性化翡翠吊坠、银器、玉器为代表。尤其是珍珠养殖户和盛产宝石的地区,如果充分利用自身有利条件与有关加工厂商开展合作,联合上网销售效果将会更好。

运动类

以适合家用的水晶球、瑜伽垫等健身器材为代表。例如同样是石料,石块远远不如加工成健身球后出售的价格来得高。

从稀缺性商品出发

网上销售农产品不必贪大求全,否则会力不从心,也很难形成特色,销售效果反而不好。相反,如果你能与当地的实体店合作,专门从中挑选一些精品、畅销品放在网上去卖,效果就可能会很好。尤其是对于新开的网店来说,以这种方式进入,把网店开成专卖店或精品店,把它做精、做实就非常有价值。

不用说,这就涉及网上销售农产品如何定位的问题了——总的要求是:要精心挑选进货渠道,例如组织一些地域性较强的商品尤其是新产品,或者干脆只有你自己种养甚至唯我独有的农产品(如葫芦画),这就更容易成交了。即使是同样的农产品,谁能组织到好的货源、低的价格,谁就能捷足先登、取得优势。

因为归根到底,顾客最关心的就是两点:一是这种农产品是不是他需要的,二是价格是否便宜。除此以外,因为要远距离运输,所以会考虑到快递包装和时间、费用等问题。

从自己的兴趣和能力出发

意思是说,无论你卖什么样的农产品,都要尽力避免自己不熟悉、不擅长的领域。道理很简单,做任何事情你只有在自己擅长的能力圈范围内才更容易取得成功,网上开店也不例外。

农产品销售比重不大,并不是因为没有人对此感兴趣,只是表明,最了解、最擅长农产品销售的农民在这其中所占比重还不高;而最擅长网上销售的城市居民对这一块并不熟悉,这或许正好就是你在网上销售农产品的一个切入点。

从目标顾客的需求出发

不同商品有不同的目标顾客,瞄准你的目标顾客,为他们选择适合的商品,是网上销售农产品的一条捷径。

总体上看,每一家网店、每一样商品的目标顾客都可能不同,但主流网民主要有两大特征:一是年轻化,其中以学生为主,尤其是那些喜欢打游戏的学生;二是上班族,其中以拥有一台电脑、一部或多部上网手机的白领或准白领阶层为代表。

可以说,当你知道了你的目标顾客在哪里后,就知道他们都有些什么样的需求了。

就农产品销售而言,目标应该重点瞄准第二类人群即上班族。他们不管有钱没钱,有一条是肯定的,那就是都缺少时间,希望能用钱买到时间和服务。与此同时,符合这些目标顾客的农产品还需要具备方便、营养、原生态、时尚乃至独特的特点,如各种净菜、有机食品、包装食品、土特产等商品,这样搭配起来就比较完美了。

从商品的自然属性出发

网上销售的农产品必然要考虑到将来的运输问题,所以必须从这些农产品的自然属性出发,看它是否适合这一点。

一般来说,如果某种农产品的价值较高,那么出售价格也会相应提升,这时候的资金投入也大。

如果你过去没有这方面的经验,或者不想过多地投入资金或没有太多的资金可投入,就可以把这部分农产品排除在外。否则,价值太大、体积太大、不便于包裹运输的农产品快递费用也高,如果是你自己负担,就可能会无钱可赚。如果要把这笔费用转嫁给消费者,就会降低他们的购买欲望,两头不讨巧。

从网络中的"第三产业"入手

这种网上开店提供的是个性化服务而不是某种具体商品。这种个性化服务既可以是为顾客提供直接服务的,也可以是为其他网上销售农产品的人服务的。

其中,为网上销售农产品的人提供服务的,服务方式就有设计网站、物品拍照、商品描述、宣传推广、提供物流服务等。这些都能使你在为他们解决实际困难的同时,赚取佣金。并且,你从中赚到的钱,还完全有可能比他们网上销售农产品所赚的利润更多。因为网上销售农产品是等客上门,而你这则是旱涝保收,并且可以同时接待多家客户。

在上述环节中,又可以细分为各种各类。以其中提到的提供物流服务为例,这并不是要你去开物流公司(如果是这样,就不属于我们这里网上销售农产品的讨论范围了),而是指你可以提供网络中介信息、提高物流效率。

例如,你可以在网店中把货主需要送货的批量、目的地、时间等一并公布在网上,中小运输公司得到这样的信息后再以"拍卖"其卡车空间方式接受"订货";或者反过来,运输公司在你的网店中提供其卡车剩余空间信息,接受货主们的物流订单。

这种方式在网络服务业发达的日本等国非常流行,但在我国的网上开店中几乎还是空白,不用说,这里就蕴藏着巨大的商机。

综上所述,网上销售农产品具体卖什么是很有讲究的,需要综合考虑个人实力、农产品属性、物流运输等方面。

但有一点要记住,最好是经营有特色的地域性产品,并且价格要低(尽量避免采购高价商品)。网上销售的特点之一是,只有让人觉得你的东西真的便宜,最好还是名牌或只有你这个地方才有的,质量又让人放心,标准也没有歧义的,顾客才会放心购买。

25. 生鲜农产品利润最高

一般认为,在网上销售的所有农产品中,生鲜农产品的利润最高,所以应当作为首选。

捧着金饭碗讨饭太可惜

在农村的种养殖业中,生鲜农产品比重最大。所以,网上销售农产品时首先应当发挥这一优势,否则就有可能会是"捧着金饭碗讨饭",怪可惜的。

究其原因,除了生鲜农产品的网上销售利润高之外,另外一大原因就是生鲜农产品难以储存,所以必须尽快销出去。两者结合,就注定在这方面开展电子商务大有可为。

中共海南省委书记罗保铭2013年7月在参加省委六届四次全会分组讨论时就认为:"我们守着这么好的自然资源,但农民的收入始终达不到全国平均水平,(这是为什么?)大家要反思、要发奋。"

怎么反思?怎么发奋?海南地处沿海和热带亚热带地区,海产品和热带水果品种丰富、产量大,把这些农产品尤其是生鲜农产品销售推到网上去,就是一条可取之路。而要做到这一点,虽然目前来看还有许多问题有待解决,但其方向是明确的。

2013年海南荔枝滞销,但网上销售却异常火暴,两者对比就能看到这种网上销售农产品的极大优势。

2013年5月海南的第一批荔枝大量上市时,顺丰优选和沱沱工社就在官网上最先推出了网上销售;随后,淘宝网、一号店、京东有机频道、我买网等多家生鲜电子网站也纷纷推出海南荔枝单品。

值得注意的是,在这场"荔枝大战"中,网上销售并没有与实体店打价格战,相反却是深入原产地,以"航空直达"、"冷链配送"作为竞争优势,结果价格反而高达每公斤 70 至 120 元,大大超过了实体店。

例如海口市云龙镇荔枝种植户郑玉生,虽然这是他第一次上网销售,可是由于他的荔枝品质、口感好,又没有打催熟剂,所以每斤卖出的价格反而比市场收购价要高出 1 至 2 元。他当年种了 80 多亩荔枝,总产量 20 万斤,想想看就知道他可以增收多少了!

具体销售业绩是,顺丰优选在不到 1 个月的时间里卖出了 25 吨荔枝,淘宝网上一家销售海南荔枝的店铺从 5 月 16 日到 31 日的半个月内销量突破 1 万斤,是上年的两倍多,利润更丰厚。

网上销售潜力亟待发掘

网上销售生鲜农产品的潜力还远没有发挥出来,空间还有很大。

据业内人士透露,生鲜农产品网上销售的平均毛利率在 40% 左右,其中海鲜超过 50%,普通水果约 20%,冻肉为 20% 至 30%。然而即使这样,发展前景依然很被看好。网上销售的那些店铺基本上每个星期会有 3 次订购,顾客回头率比一般网站高出很多。

据本来生活网原产地中心总经理胡海卿透露,我国生鲜农产品的网上销售潜力远远没有被发挥出来。

数字表明,2012 年我国进入流通领域的农副产品价格总额约 2.5 万亿元,可是进入网上销售的部分才只有 200 多亿元,仅占 1% 左右。可是,其他垂直电子商务领域的情况就大不一样了,比如网上营销的服装比重就要占到整个服装零售行业的 17% 左右。所以,与生鲜农产品在传统零售超市中 20% 的销售比率相比,其发展潜力显而易见。当然,从另一角度看,这也是农副产品尤其是生鲜农产品销售难的根本原因之一。

中国电子商务研究中心发布的报告表明,2013 年上半年我国电子商务市场继续高速增长,全国电子商务交易额高达 4.35 万亿元,同比增长 24.3%。在互联网成为一个巨大的商业交易市场的同时，有一个特点非常明显，那就是它正在将触角伸向最难啃的骨头——生鲜产品，这让网上销售农产品重新看到了希望。

例如，2013年8月淘宝网就和海南农业企业坐在一起，准备大干一场，把海南的优质瓜果蔬菜推上网络。

淘宝网相关人员现场介绍了云南农业企业在网上销售松茸的案例。打开网页能看到，当时在仅仅4天（8月14日至17日）时间里，在淘宝网上成交的松茸数量就达4万件、20吨，成交金额403万元，相当于云南易门县一家食用菌企业3年的销量！要知道，这还只是淘宝网销售农产品的一个小小缩影。

而事实上，自从2012年淘宝网开设"特色中国"销售专区、主要销售全国各地的特色农产品之后，在不到一年时间里就先后开设了湖北、四川、山东、贵州、安徽等省的特色馆。许多地方都快等不及了，纷纷自发地开辟各种各样的网上销售渠道，以尽快占领网络市场，准备尽早从中分到属于自己的一杯羹。[1]

可以相信，生鲜农产品在网上的销售势头还将越来越猛。

26. 网上开店怎么进货

知道了网上销售农产品时什么东西最好卖之后，接下来就是要注意怎么进货了，这方面也是有很多技巧的。

虽说网上销售的是农产品，但如果这些农产品不是全部自己种养殖的，或者说，在自己种养殖之外，同样也可以向其他农户进货，以丰富品种、调剂余缺或扩大销售规模。

在这里，怎么进货将直接关系到这些农产品的质量、价格和品牌，最终决定是否好销及盈利率的高低。

要知道，不但不是所有农产品都适合网上销售，并且也并不是所有网上销售的农产品都能赚钱。只有首先把好进货关，才能一

---

[1] 况昌勋：《海南生鲜触"电"，难？》，载《海南日报》，2013年9月10日。

开始就创造先天性竞争优势。

具体地说,网上销售农产品的进货渠道有以下几种:

寻找适合网上销售的农产品

上面已经说过,并非所有农产品都适合网上销售,所以,这时候当然首先就是要选择那些适合在网上销售的农产品了。或者说,在所有适合网上销售的农产品中进一步进行好中选优,以确保销得更快、积压更少、成本更低、盈利更多。

这方面的标准主要有:

体积较小

理由是运输时比较方便,能够降低物流费用。

价格合理

这样才能确保最终售价比传统店铺低,否则就无优势可言了。

附加值高

如果这种农产品的价值还没运费贵,销售就很可能成问题。

独特性和时尚性

这是顾客是否会考虑从网上购买的先决条件之一,同样也应该作为你能否进货的重要考量。

适合通过网站浏览激发购买欲

网上购物与传统店铺购物有很大不同。如果一种农产品能够通过网站浏览激发出消费者的购买欲望,那么就会更容易发挥出网上销售农产品的优势来。

传统店铺没有的商品

如有些农产品是专供、特供商品,市场上根本看不到或达不到这样的质量标准,这时候通过网上销售就有话语权了。

寻找能够获得供货商支持的农产品

这里的供货商,是指你的进货渠道。你从供货商那里进货时能否得到后续支持,至关重要。这种支持既包括价格、数量、品种等方面的优惠,也包括退换、服务、结款方面的配合。

这里的诀窍主要是把握两点:

首次进货数量不能太少

一般来说,每样农产品的进货量要达到 3 件才周转得开。这种进货的好处是,不但能得到较低的价格折扣,而且还会让供货商觉得你"有实力"。

当然,鉴于网上销售的特点,如果你们相距很近、产品不容易保存或单价较高,只进一件样品甚至连样品也不要,也是可以的。

需要注意的是,提货后清点一下数量就行了,不要当面检查质量,否则会让供货商觉得你这个客户不怎么好打交道。

通常的做法是,回去后再检查质量。只要时间不是相隔太久,商品有质量问题总是可以拿到供货商那里去调换的。

试想,如果你第一次进货时只买一件样品,恐怕就很难享受到应有的价格折扣,销售时也会缺乏价格优势。并且这件样品一旦卖出去,如果赶快去补货,会觉得非常麻烦,不但很难保证供货商那里一定有货,而且还会提高进货成本(运输成本和时间成本);可是如果不补货呢,又会白白损失商机,因为既然东西能够卖出去,那么你总能多多少少赚到点钱。

也许你会说,我一开始还没有多大的把握,所以能不能和供货商讲清楚,遇到商品滞销可以在规定的时间里调货呢?应该说,这种方式很流行,供货商一般是会同意的。

但需要指出的是,这种做法看起来聪明,实际上愚蠢。因为这表明你以前根本没做过生意,并且对自己没信心。不用说,这时候你也应该懂得供货商会用什么价格来和你结算了(俗话说"卖的比买的精",他是不会莫名其妙地就替你承担这种调换损失的,而一定会从提高了的价格中补回来)。

合适的做法是:不提这种要求,如果遇到滞销就降价处理。再怎么的,农产品都可以吃或用,就当买来自己吃用就行了。

后续补货次数要频而多

这样做的目的,主要是为了让供货商觉得你的货物周转快,以后一旦有新货或价格调整时,自然就会首先想到通知你,并且还会主动降低补货价格。

更大的好处是,当他觉得你是他的重要客户时,就会不断地向你透露接下来的热销商品是什么,并且主动为你保留紧俏货物。当然,如果你在这个行业中浸淫已久,也会对此一清二楚的。但不管怎么说,有供货商的支持对你来说总是有利的。

顺便一提的是,有人会说:"我的销售并不好,我又怎么去频繁地补货呢?"这也好办,那就是宁可每次进货数量少一点,也要安排次数多一点,"以假乱真"。除非这种农产品货源紧俏,否则宁少不多,这样,以后的价格会越来越低,对你是有利的。

寻找你擅长并熟悉的农产品

许多农产品具有知识性,如果你不熟悉或不了解,或者虽然了解却"茶壶里煮饺子——有口倒不出",就会把握不好销售。相反,如果你很熟悉这种农产品,熟悉这个领域,就会胸有成竹,在回答顾客提问时显得很专业,从而树立起良好的口碑。

例如,如果你热爱手工制作、热爱手绘刺绣,就可以利用当地的一些特产开个 DIY 店铺,这种特色店铺在网上很受欢迎。再加上如果你的态度又热情、善于解答各种问题,慢慢地就会吸引一批忠实的消费者成为你的粉丝。

寻找进货成本低的农产品

网上销售农产品一般能够比传统销售节约 60% 的运输成本、55% 的营销成本、47% 的渠道成本、30% 的运输时间,毫无疑问,更低的进货成本会有助于你的折扣销售,扩大你的盈利空间。

进货成本最低的农产品通常出现在以下环节:

①大型农产品批发市场,如农副产品、土特产、蔬菜、水果批发市场等。这是最常见的进货渠道。

②生产厂家,如农村专业户、种养殖业大户。从他们手中能买到各种新鲜或滞销农产品,也可以预订,但进货量可能需较大。

③大批发商,如农民经纪人。他们的价格便宜,但服务态度和发货态度有可能较差,出现质量问题后调换也比较困难。

④刚刚起步的供货商。这些人本身也是新手,所以你一般是可以和他们讨价还价、谈条件的。

⑤外贸产品或贴牌产品。这些农产品一般在国内市场看不到,或者出口合同中规定不能自己随便销售,所以价格有可能放低。

⑥库存积压、过季、清仓处理的农产品。不用说,它们的价格可以放到最低,像茶叶,新茶出来旧茶就一文不值了。

在上面几种农产品进货渠道中,尤其要关注⑤和⑥,它们的价格可以放到很低,但这非常有赖于你的谈判技巧。

寻找独家销售的农产品

网上销售农产品要尽量寻找独特的产品或独家进货渠道,因为这意味着"奇货可居"、"物以稀为贵",能够卖出好价钱来。如果是大路货、到处都能买到的农产品,就不一定能显出你的竞争优势来。如果再加上物流费用,价格或许就要比别人高,如果价格比别人低,那么你也就没什么钱可赚了。

相反,如果你能应用差异化竞争策略,专门出售那些不常见的农产品,顾客就可能会愿意用大价钱来买。

当然,这时候你的进货价格可能也会贵一点,但不要紧,这符合商品进销原则,做生意做的不就是"差价"嘛。

寻找具有地域性的农产品

也就是说,可以通过这种农产品的地区差价来赚钱。

在传统商业中,同一种商品在不同地区之间的价格会相差很多,如广东沿海地区的电器产品就要比内陆便宜得多,北京、西安、洛阳等古都城市的藏品又要比沿海地区便宜许多。

尤其是许多农副土特产品只有某个地区才有,或者具有这个地区的地理标志特征,这时候在网上销售这种地域性强的产品,加上不多的邮寄费用,就能充分体现出成本领先策略来。

寻找顾客主动向你购买的农产品

经常会出现这样的情况:明明你的网店中没有这种农产品,可是顾客还是不断向你打听或明确希望你能进货或为他代购。

这时你就要想清楚了,因为这很可能意味着这种农产品在市场上紧缺,至少在顾客所在地区是紧缺的,这是非常适合你经销的。

尤其是问的人多了,就明确表明你可以增加该经营品种。如果没有把握,可以先少量进一点货或搞代销,慢慢地积累经验,待机会成熟时再扩大进货量。

27. 有特色才会有前途

这里的特色有两种含义,一是指特色农产品,二是指特别的网上销售方式。如果两者皆有,当然更好了,如果只是具备其中之一,也无不可。

要知道,特色农产品再加上特殊的网上销售方式,很可能会取得令人意想不到的效果。

特色农产品特在何处

所谓特色农产品,是指具有一定特色的农业产品。这种特色既包括产品特色,也包括工艺特色、营销特色、售后特色,但最主要的是产品特色,也叫地域特色。

产品特色(地域特色)

这是指天然的地理气候条件决定了这种农产品不同于其他地方的农产品,换句话说,其他地方是生产不出这种农产品来的。

工艺特色

这是指这种农产品的初级产品并没有什么特殊之处,可是由于引进了特殊的生产技术和工艺,从而使得这种加工后的农产品具有其他农产品所不具备的特点。

营销特色

这是指无论通过传统或创新的营销方式,都能突出地体现这种农产品的与众不同之处来,甚至显得引人注目、鹤立鸡群。

售后特色

这主要是指这种农产品在售后品质和质量方面有特色,从而会给消费者留下独特印象。

特色农产品具有以下特点:

①品种繁多,数量庞大;

②地域性强,不同地区有各自的特色农产品;

③对销售渠道功能的要求高,有的甚至只有在专卖店里才能卖得出去;

④生产的地域性与消费的普遍性之间存在矛盾,这就决定了其销售渠道的复杂化和多样化;

⑤受自然条件的制约和影响,产量极不稳定,供需矛盾大。

特色农产品的种类繁多,常见的有特色蔬菜、特色果品、特色粮油、特色饮料、特色花卉、特色纤维、中药材、特色草食牲畜、特色猪禽、特色水珍等。

以油用向日葵为例，它就是特色粮油中的一种。油用向日葵简称油葵，是我们在超市里常见的葵花籽油的原料，它的姐妹是食用型向日葵（简称食葵），我们通常是把它作为零食来对待的。油葵和食葵统称向日葵，但油葵的经济价值更高，是我国四大油料作物之一。

特色农产品除了鲜明的生产地域性之外，还具有品质优良、产量低的特点。

因为其生产具有地域性限制且品质优良，所以市场需求量也大，价格可以卖得更高，一旦上网销售会更受消费者欢迎；又因为其产量低，所以一般很难形成规模效应，在市场竞争中难以保持持久的竞争力，一般需要连片种植才能克服这一缺点。否则小打小闹，仅仅够自家吃用，还有多少可以上网销售呢？

特色农产品的销售要领

特色农产品的销售要领，当然就是注重挖掘其特色之处了。

要知道，无论是农产品还是土特产品，我国目前并没有国家层面的统一标准，也没有行业标准，甚至没有固定标准来说明其产品特性。

从国家层面看，今后要加强这方面标准的建立和统一；而对于农业企业乃至个人来说，如果有必要，也可以动手制定自己的标准并推动国家标准的建立。

具体到网上销售时，在叙述其产品特色的时候，一般要采用感性叙述。只要这种叙述相对实事求是，顾客是容易接受的。

例如，网上销售的土特产蕨根淀粉就没有国家标准，可是就有销售商在自觉地用四川省地方性标准和湖北民族学院的蕨根淀粉研究材料，来严格要求自己的产品。这样日积月累，就会不断提高产品品质，积淀良好信誉，确保销售之树长青。

下面通过一个实例来说明如何做到这一点。

甘肃有一位张先生在阿里巴巴网上销售大红袍花椒。好奇的他网上一查,发现仅仅是在当地和他一样在网上卖花椒的就有21家,更别说外地的同行了。也就是说,如果有人要在网上寻找花椒销售商,不用十分钟就能找出几十家。

这时候,怎样让顾客能最终选择自己呢?这让他陷入了深思。要知道,这不仅是自己对客户的定位问题,同样涉及竞争优势、卖家相信不相信的问题。

经过一番思考,他分析总结出了自己销售的花椒都有哪些特点(说穿了就是有哪些比别人好的地方),发在网上。

据他介绍,他所销售的这种甘肃陇南武都花椒种植历史非常悠久,在西周(公元前11—前10世纪)就有"祝尔如茹贻我握椒"之说,西汉时就已经有了成套的栽培、管理技术,唐宋时得到大力发展,唐开元年间还被定为贡品。西汉《范子计然》中说:"蜀椒出武都……熟时取黑子,四月初,畦种子,方三寸一子,筛土覆之,令厚寸许,复筛粪以盖土上,旱辄浇之,常令润泽,生高数寸,夏连雨时可移之。若移大栽者,二三月移之。此物性不耐寒,阳中之树,冬须草裹,不裹即死。"明初,花椒由"土贡渐合于正赋,常额征解一百斤",由朝廷贡品而列为纳税项目。花椒虽然在其他地方都有,但唯独武都花椒为最佳。兰州大学段志兴教授对花椒做过品质分析,测定武都花椒含化学组分103个,其中有药效的13个,精油含量25%,药效成分占35.9%,主要含香叶烯、椒油精、胡椒酮、驱虫素等。

这样一介绍,就很好地把我国花椒之乡的武都花椒与其他同行区别开来了,并且引经据典,表明自己不是自吹自擂,而是有历史依据的。所以他总结说自己销售的武都花椒具有如下特点:①红油重;②粒大饱满;③味浓郁;④味醇厚,药效成分多,精油含量高;等等。[①]

你说,如果你是消费者,看了这样的介绍,你会选择谁的产品

[①] 张博文:《网上销售农产品,面对众多竞争对手,你的优势何在》,阿里巴巴网,2010年7月3日。

呢？答案是不言而喻的。虽然销售武都花椒的不只这一家，而是有几十家，可是面对同样的产品，你有这样的介绍，别人没有，消费者就会对你刮目相看，留下好印象，进而容易与你达成交易。

而这时候对于销售者来说，自然而然就容易走上品牌路线，避免陷入价格战，既能打开销路，又能提高盈利水平。

容易看出，特色农产品的特色销售完全可以是多方面的。

特殊的网上销售方式

网上销售农产品讲求特色的重要性，因为这是实行差异化策略的主要体现。与此同时，由于农产品具有地域特色，这种特色销售又是容易做到的。谁早发现这一点，谁就更容易取得成功。

亲民商城董事会主席刘佰龙，最早是从 6 000 元起家的，10 年后身价飙升到 6 000 万元。确切地说，他在前六年都平平淡淡，是由于在最后四年中找对了经营方向，才有重大起色。也就是说，他的创业并不是一帆风顺的，其经验教训就值得借鉴。

最早的时候，刘佰龙在北京从事百货行业，后来辞去工作在网上做起了二手车买卖。2008 年，他迁到妻子的故乡无锡开始新的创业生涯，带领 10 多名员工创建了一家"亲民网"。

亲民网属于咨询网站，由于没有采访权，所以只能转载其他网站的一些新闻，与同行相比没什么竞争力，更没有什么盈利，到当年年底时连员工的工资都发不出来。

2009 年，刘佰龙在崇安区政府的帮助下搬了办公室，并且免交办公租金，把亲民网改成"亲民商城"，与其他电子商务进行差异化竞争。他把目光盯上各地的土特产，通过建立经销点采购商品，利用统一运输方式运输到全国各地进行销售，坚决不打价格战，公司规模一步步扩大，站点遍布全国，盈利也就水到渠成。

例如，在他网上销售的一种新疆哈密本地的哈密瓜，价格是每公斤 16 元，比市场上要贵出不少。可是由于味道纯正，依然很受消费者欢迎，卖得非常好，在无锡本地一个月能销 300 公斤。价格为什么卖得这么高呢？因为这是从当地加盟商空运过来的。类似这样的农副土特产品还有很多，如山东丁村老粗布、德州扒鸡等。①

刘佰龙的经验是，只要你的农副产品质量足够好、运输时间短，即使价格高一些，也不用担心没有市场。他开的是网络商城，你也同样可以创建属于你的网站和网页，原理是相通的。

顺便一提的是，有特色才有前途，这句话说起来容易做起来难。因为我们知道，许多农产品既没有商标也没有品牌，彼此之间并没有多大的差异，要想找到自己产品的独特之处，确实不是一件容易的事。"张家的孩子""李家的娃"，放在一起，别人是很难分清谁跟谁的。只有做个有心人，把这些差异点找出来，才会让消费者记得更牢，从而在茫茫人海中选择你。

28. 市场摸底很重要

要想从事网上销售农产品，必不可少的是要对自己和市场进行摸底，看自己究竟是否具有这方面的条件和能力，这就叫"知己知彼，百战不殆"。如果对这方面是两眼一抹黑，盲目投入，网上销售农产品就是一句空话，也很难取得什么效果。

那么，怎样进行市场摸底呢？下面来看一个实例。为了了解全省农村农产品网上销售的情况，湖北省内唯一的一张面向农村的综合性报纸、湖南日报农村版《农村新报》，2013年曾经开展过一次农产品网上销售调查活动，具体内容见下表。

各地农民组织及农民个人，同样可以据此进行一次比较详细的调查摸底；退一步说，如果你对照该表了解一下本人及当地农村的大概情况，也能作出自己的大致判断来。

---

① 吉可、叶家珍：《6 000元创业10年后变6 000万元，这位年轻电商在无锡"挖到金"》，载《无锡日报》，2013年8月22日。

农产品网上销售调查表[①]

一、农产品信息
1. 您的农产品种类：
□谷物、豆类　　□蔬菜　　□水果　　□水产　　□禽蛋
□畜牧　　□其他
具体产品：_____
2. 您的农产品生产方式：
□自家　　□农场　　□合作社　　□企业化
3. 生产人员数量：
□1～5人　　□5～10人　　□10～20人　　□20～50人
□50人以上
4. 土地面积：
□10亩以内　　□10～50亩　　□50～100亩　　□100～500亩
□500亩以上
5. 年产量：
约：_____（公斤）
6. 年销售额：
约：_____（万元）
7. 现有销售方式：
□等待上门收购　　□固定批发商收购　　□批发市场出售
□直供商家　　□网上销售
8. 产品包装：
□无包装　　□简易包装　　□精美包装

二、互联网使用情况
1. 您的上网时间：
□不上网　　□每天上网　　□偶尔上网
2. 您上网的途径：
□自家电脑　　□手机　　□网吧

---

① 《农产品网络销售调查表》，载《农村新报》，2013年5月30日。

3. 是否有网上购物经历:
☐ 有   ☐ 无

4. 是否有网上销售农产品的意愿?
☐ 很有兴趣   ☐ 可以试一试   ☐ 不看好

5. 您觉得网上销售农产品最大的困难是?
☐ 上网条件   ☐ 快递不便   ☐ 缺乏电商人才   ☐ 资金投入
☐ 产品竞争力

三、您的个人信息

1. 性别:
☐ 男   ☐ 女

2. 年龄:
☐ 25 岁以下   ☐ 26~30 岁   ☐ 31~40 岁   ☐ 40~50 岁
☐ 50 岁以上

3. 受教育程度:
☐ 初中及以下   ☐ 高中   ☐ 大专   ☐ 大学本科及以上

4. 姓名:_____

5. 地址:_____

6. 联系电话:_____

29. 冷链是最大的竞争力

农产品中需要冷冻的食品一直被认为是不宜在网上销售的,因为它容易融化变质,所以对在途运输及时间的要求极高。可是事物总是一分为二的,如果逆向思维,结局就可能会大不一样。

这就像俗话所说的"危机"一词:"危"险之中有商"机"。

什么是冷链

这里先看看什么是冷链。这个词本书前面已经提到过,后面还将多次提到。只有准确理解其含义,才能明白为什么说冷链是网上销售农产品的最大竞争力。

从概念看,所谓冷链,是指容易腐烂的食品从产地收购或捕捞之后,无论是在产品加工、贮藏、运输、分销还是零售各环节,只要还没有被消费,就都必须处于低温状态的特殊的供应链系统,也叫冷链系统、冷链物流。因为只有符合这些条件,才能确保食品质量安全且减少损耗、防止污染。

容易看出,食品冷链具体可以分为四个部分,分别是冷冻食品、冷冻贮藏、冷藏运输及配送、冷冻销售。而其基本条件是制冷技术和冷链设备。这里的冷链设备又主要有低温冷库、常温冷库、低温冰箱、普通冰箱、冷藏车、冷藏箱、疫苗运输车、备用冰排等,投资相当大。这些容易腐烂的食品,因为所处环境都需要低温或低湿,所以统称为冷冻产品。

需要用到冷链的农产品主要有:初级农产品如蔬菜、水果,肉、禽、蛋,水产品,花卉产品;加工食品如速冻食品,禽、肉、水产等包装熟食,冰淇淋和奶制品,快餐原料等。

在网上销售的农产品中,有相当大的部分是生鲜农产品,而在生鲜农产品中,基本上又都涉及或离不开冷链。可是,冷链系统与一般常温物流系统相比,要求更高、更复杂,投资也要大得多,更需要各环节高度协调,堪称是一个庞大的系统工程。要使这个庞大的系统工程正常运转,必须付出高昂的能耗成本。

正因如此,才说冷链是生鲜农产品网上销售的撒手锏。

这一切做好了,不但会大大降低损耗率,并且会在品质、色泽、时限、新鲜度、价格方面具备强大的竞争优势;相反,就不但会造成严重的损耗,甚至还会因为没有卖相根本卖不出去,最终砸了自己的牌子。

对照现状,我国在这方面与发达国家相比有天壤之别。

在欧美、日本等发达国家和地区,农产品进入冷链系统流通的比重超过 90%,可是我国目前进入冷链系统的蔬菜比重还只占全部蔬菜的 5%,肉类只占 15%,水产品 23%。更可怕的是,即使是使用冷链运输的产品,在从产地到流入集贸市场拆散零卖的过程中,冷链也不是完整的,存在着中断现象。①

非常落后的冷链系统,是我国网上销售农产品比重比这些国家低得多的主要原因之一。

如何在冷链上先人一步

展望未来,可以说,谁能在冷链上先人一步,谁就能在网上销售农产品的最终竞争中取得主动权。

那么,怎样才能做到这一点呢?下面举个身边的真实案例。

在2009年以前,武汉良中行供应链管理有限公司也像大多数个体户一样,只是一个普通的冷冻食品代理商,勤奋而努力地开拓着下游销售渠道。当然,这时候它还不叫现在这个名字,而是叫三良行投资咨询有限公司,一家2000年在武汉创办的、以经营冷冻食品为主的企业。

正是从2009年2月11日企业电子商务平台正式上线开始,推动了企业信息化建设进程,才彻底改变了良中行的命运,使得它成为全国首家专注于冷冻及冷藏食品供应链服务的专业公司。

那么,良中行又是如何实现这一转变的呢?

由于2009年良中行网络的成功建设,它从过去的"求人"变成了"人求",有越来越多的厂家找到它,希望它能代理自己的产品。

不用说,这时候它的生意就好做多了。产品丰富了,更新速度加快了,从而使得下游的餐饮客户得到更多的实惠,从而形成了生意上的良性循环。

当然,不仅仅是产品更新换代快了,良中行与此同时还对经营商采取了一系列措施,开始主导一些一线品牌如国联水产、獐子岛、众品、正大、永达、小肥羊等驰名商标。

---

① 申海鹏:《迎接中国冷链市场发展的春天》,载《食品安全导刊》,2012年第5期。

例如，正大集团的顶级业务是虾产品的养殖和出品，在国内每年有六七万吨产量，而其虾产品的中国总代理正是良中行。

一开始时，良中行把这么多厂家聚拢在一起有点令人感到不可思议。因为在传统观念中，大家本来就是各做各的，可是时间长了，后来取得了成效，大家便开始接受这种方式。尤其是良中行利用电子商务乘风破浪，更是一种创新举措。

2011年5月，良中行推出自己的冷冻食品B2B电子商务平台"武汉良中行冷链大市场"，第一天的成交额就达到1 415万元；紧接着，它又推出了B2C电子商务平台"美食速递网"，每个月的成交量都要翻番，一年内的交易额就突破了1亿元。

与不断倒闭的同行相比，良中行的优势就在于在冷链配送方面拥有稳定的冷链合作商，能够确保干线48小时、支线72小时内完成配送任务。做到了这一点，也就意味着它拥有了撒手锏。

因为要知道，对于一个二级经销商来说，进货时如果选择最低物流费用的话，一般需要三至五天才能送到，而同城的餐厅客户则一般需要当天就送到。与之相比，家庭客户则比较麻烦，可谓高不成低不就。一方面，如果要委托快递公司，采用专业冷藏设备的话，物流费用就必定降不下来；另一方面，家庭客户面广量大，消费比重也越来越高。尤其是在我国目前打击公款吃喝的背景下，谁都不愿意放弃家庭消费市场，并且已经有国外的同行开始进入我国抢占市场了。在这关键时刻，谁能抢先一步解决冷链配送问题，谁就确实能掌握着主动权。

目前，良中行拥有5 000多款品种，这些产品来自上游的500多家供应商、1 000家合作会员供应厂商，反过来又直接面对下游70家冻品加盟店、200家鲜之隆会员店、30 000家餐饮酒店，拥有7大采购物流中心，全年采购物流超过10亿元。

随着美食速递网的进一步发展，良中行接下来将在武汉、北京、上海等地建立城市配送站，作为终端网店直营店，进一步巩固竞争地位。①

容易看出,良中行之所以会取得这些成绩,完全有赖于它先进、发达的冷链系统,离开了冷链物流,它将什么都不是。

30. 众人拾柴火焰高

网上销售农产品不像实体店那样有规模限制,如果可能的话,规模是越大越好,这样给消费者的选择余地也大,加入的商家也多,会形成"众人拾柴火焰高"的气势,更有助于达成交易。

抱团销售效果好

不可否认,网上销售农产品虽然有广阔前途,可现实中是几家欢乐几家愁。原因之一在于有没有做到抱团销售,共同打响地方品牌。

这方面比较典型的是辽宁大连市和山东栖霞市的国光苹果。这两个地区相距不远,只相隔一个渤海湾,可是每年的苹果销售却因为网上销售大相径庭,农民甘苦大不相同。

2013年是苹果大丰收的季节,可是大连果农却遇到了丰收后的尴尬。不但苹果的收购价格低得不能再低,跌进了成本价以内,并且即使这样,依然造成了大量的苹果滞销。走投无路之际,有许多人想到通过网络来进行推销,但看看当地几家同行网店的销售业绩也都不怎么样,便也打消了这样的念头。

辽宁瓦房店市的徐领(化名)本来想把亲戚家的苹果搬到网上去卖的,然而他在考察了国内一家知名网站的苹果销售后,最终就放弃了这一想法。

---

① 底真真:《线上推电商,争做"冻品界淘宝";线下扩终端,解决"最后一公里"》,载《中国食品报》,2013年1月24日。

因为他看到,在淘宝网上销售大连富士苹果和国光苹果的卖家一共只有11家,而在这11个卖家中,最近30天内卖出的苹果一共也只有27件,而且每件都是论斤卖的,成箱的销售在最近30天内竟然为零。是运费太贵了吗?应该不是,因为这些网店的承诺都是无论购买多少斤,运费均为10元或15元。

可是同样是国光苹果,山东栖霞市的网上销售却无比红火。

从数量来看,山东栖霞的国光苹果在淘宝网上的卖家超过1 000家,每斤价格都在6至7元,比大连的国光苹果差不多高出1元钱、比大连的富士苹果要高出一倍,并且运费也要比大连的高,可是销售却要超出许多倍。在这其中,销量最多的在最近30天内的销量竟然超过1 000件。

为什么差别会这么大呢?经销商解释说:栖霞的苹果经销商对商标和品牌乃至网络经营都有着极高的抱团意识,并不是单打独斗的。

他们的苹果销售早就形成以品牌为核心,以水果旗舰店的方式在网络平台上运营,而且多数是礼盒销售。尤其是其中一些规模较大的苹果销售网店,对外宣传非常到位和专业,如在网站上放置大量的能够体现苹果绿色、有机概念的图片,其中最主要的是用山泉水浇灌果园的图片、苹果套袋防治虫害的图片、有机肥施肥图片等;有的甚至还把苹果农药残留检验报告一并放在网上,供读者审查;更有苹果卖家为自己销售的苹果配上"上得厅堂下得厨房、爬过雪山扛过霜降"这样的对联来渲染气氛。

相反回过头来看,大连在淘宝网上销售苹果的网店,就比较简单而直接,并且很少有礼盒包装出售。

同样可以佐证这一点的是,大连的大樱桃品牌宣传就要比苹果到位得多。同样是水果,大连的大樱桃在网上的销售就要比苹果红火得多。数据表明,2012年大樱桃在淘宝网上的月销售量达到2 300斤,并且价格要比市场上高出不少。[①]

---

① 仰山:《大连苹果"线上销售"火不起来,不少果农遭遇丰收尴尬》,载《大连晚报》,2013年10月23日。

这些究竟是为什么呢？抱团销售的品牌效应是其中的重要原因。

需要政府组织集中推广

由于上面的缘故，所以网上销售农产品比较适合当地政府组织集中推广。由政府组织推广作"空中支援"，具体的农民组织和农民个人就会省事多了。

例如，浙江开化县就有这样一个"万民农民信箱"工程。他们结合农技110信息服务平台、阳光工程培训、每日一助、网上农博会、万村联网的推广应用，每年发布的农产品供销信息多达2 500多条，通过网上直接销售的农产品每年有1 300多万元。

该县网上农博会上常年设立的农产品销售平台有300多个，每年为种植大户、农业龙头企业、农业专业合作社等经济组织发布农产品信息2 100多条，年销售农产品1 500多万元。全县有260多家农业企业、农民专业合作的经济主体在农民信箱万村联网上建立网站，40多家农业龙头企业在淘宝网、阿里巴巴等大型网站上运行，有力地推动了该县"一村一品"的快速发展。

在网上销售的带动下，该县"杜康茶业"的杜仲茶还销往国外，种植基地也从原来的500多亩发展到6 000多亩，带动8个乡镇、24个村的1 000多家农户种植，并且发展出了6个杜仲茶专业村，产品也由单一的杜仲茶延伸到桑叶茶、杜仲胶囊等系列产品，销售额成倍增长。"云翠茶业"自从开拓网上市场后，产品销往全国20多个大中城市，网上年销售额超过300万元，种植面积也由5亩发展到646亩有机茶基地和3 000亩无公害茶叶基地，通过订单农业，发展出了7个茶叶专业村，带动农户2 600多户。

2012年年末，该县参与网上销售的农业企业高达120多家，通过网上销售的农产品种类有12大类、150多种，年销售额超过8 000万元，每年能够为农民增收3 800多万元；并且还带动建立了以开化龙顶茶、食用菌、清水鱼、山茶油、高山蔬菜为主的"一村一品"农业主导产业基地 165 个,基地面积 3.16 万亩。①

由此可见,由地方政府牵头组织搞这样的网上农产品销售,在方便农民的同时对当地经济发展的触动更大,综合效益也更好。

与开化县政府出面推动网上销售农产品不同的是,浙江丽水市则是把农产品销售集体打进了淘宝网,用淘宝网的影响力来帮助销售农产品。

长期以来,由于区位优势不明显,丽水农产品的销售难度一直比较大。为了解决这个难题,当地农业部门等一直在考虑如何利用电子商务平台来拓展农产品销售渠道。结合电子商务操作专业性要求高、农产品企业喜欢各自为政的特点,他们最终选择了在淘宝商城专门开设一家销售丽水有机农产品的网络平台"丽水有机生态馆"。

2012 年 6 月,来自该市的 27 家有机农产品企业畅所欲言,对这一做法进行深入探讨,其中就包括当地的景宁惠明茶、碧岩竹炭、石练菊米等著名企业。②

这些产品上线后,立刻受到消费者的热烈追捧。2012 年 11 月,庆元有机香信菇一天就卖出 400 多单,丽水的有机冬菇、黑木耳等产品也都有过日销售量冲破千笔的好成绩,成为淘宝网菌菇类销售的单品翘楚。③

试想,如果没有政府组织的大力推动,单靠农民组织和个人在这上面默默摆摊,恐怕就难逃"门前冷落鞍马稀"的命运。

---

① 方金华、邹志明:《开化农技 110 做网上农产品销售"龙头",每年为民增收 3 800 多万元》,载《衢州日报》,2012 年 11 月 14 日。

② 吴前、林建明:《丽水有机农产品将集体打入淘宝网络销售市场》,载《处州晚报》,2012 年 6 月 20 日。

③ 周霞:《淘宝大打有机牌,丽水菌菇成新宠》,浙江在线,2012 年 11 月 19 日。

31. 个人购物网是块好阵地

销售农产品的网站多种多样,但主要分为两大类:一类是专业网站,另一类是个人购物网站。

这里要注意的是,千万别小看了个人购物网站的作用,认为它主要是面向个人的,因此就忽略了它。要知道,任何组织都是由个人构成的,并且,即使是完完全全的个人,"蚂蚁扛泰山",力量也绝不容小看。更何况你网上销售的是农产品,它的消费对象本来就是个人,一个个实实在在的消费者。

以个人购物网站中的代表淘宝、拍拍为例,在这上面开设以农产品为主题的销售平台,就是一条可取之路。

个人购物网站与专业农产品交易网站的不同之处是,它们与普通消费者亲密接触的机会更多,更容易让普通消费者看到并接受,同时转化为购买力。

更不用说,即使是农产品交易组织,也绝不会忽视这一块阵地,也会经常上去看看的;相反,普通消费者个人却不一定会去专业农产品交易网站看。孰优孰劣,一看便知。

总体来看,网上销售农产品用好个人购物网有以下好处:[①]

经营主体个人化

传统农产品销售受时间、空间因素影响大,所以销售主体主要是农业企业,个人比例小。

如各地的土特产品尤其是旅游商品、礼品,要想进入超市出售,就必须进行包装、统一规格、长途运输,并且还要有一定的规

[①] 陈莉:《购物网站——农产品网上销售新平台》,心欣价格网,2010 年 4 月 1 日。

模,这些事情就都必须由农产品组织出面才能办得到。更何况,与超市结算必须有发票,并且还要是增值税发票,这就要求这样的农产品企业必须是一般纳税人,规模小了还不行。

可是个人购物网站就不一样了,它本身就是为个人经营提供服务的。农民个人在个人购物网站上经营农产品,具有极大的便利性,门槛很低。你只要通过身份验证,就可以在这上面开店做老板,无论规模大小,也无论是否有成交,程序简单,方便而快捷。并且,这样可以完全绕开农民经纪人和超市,直接面向消费者个人。

究其原因在于,个人购物网站虽然是以网络媒体为主要载体的,可是其交流的实质内容依然是人际传播。人际传播方式的优点是,能够大大缓冲真实市场对农产品经营者的直接冲击力,通俗地说就是,能够大大降低市场门槛,减少农民个人对市场交易的恐惧感。

具体地说,如果你在这些购物网站摆摊设店,完全可以用聊天的方式来推荐商品、达成交易,不用真的抛头露面与别人进行讨价还价,所以交流起来更放得开,也不用风里来雨里去,轻松而惬意。

不仅如此,从个人购物网站的角度看,它们本身也为农民卖家提供了各种便利的店铺运营条件,如装饰模块、广告牌、产品分类目录、图片、名称、标价、留言板、歌曲、促销区的设计等,并且有不同模版供选择;在产品(店铺)宣传上,也会有针对性地推出周末促销、节日促销、店铺推荐、拍卖直通车、橱窗推荐等多种方式供选择。这就好比有一个现成的广告公司在为你策划,从而为你的进入创造了良好的经营环境。

相反,如果要像在实体经营中那样选择店面、进行装修和各种开业前的准备,还要进货、铺货、办理营业执照、银行开户、领各种代码证,即使你有这方面的经验和技巧或者有人帮忙,也会累得半死,你说是不是?

并且,由于网上销售面对的是陌生人,你完全可以在上面写着"本店主非专业卖家,只有店主一人,希望大家不要议价;如回复稍慢请多见谅"之类的字样,就会让对方发不出火来。

所有这些，都非常符合农民经营者的特点，不但容易进入，方便操作，而且能节约成本、有效规避市场风险。

如果你去个人购物网站上看，的的确确就是这样的。这表明通过个人购物网站销售农产品完全可行。

经营品种多元化

个人购物网站的一大特点是经营范围广，几乎应有尽有。

所以，凡是农产品都可以往上面放，这正好切合农产品多样化的特点，而不必像传统柜台那样，只能经销少数几种特定的农产品。对于消费者来说，则可以在同一平台上看到来自全国乃至全球各国的农产品，选择面更广。

例如，在淘宝网上你能看到，从产地看，既有新疆特产一级开心果、塞外特产蔚州特色农产品糊糊面、浙江绿色农产品山核桃、铜鸟牌龙游白莲、中华老字号鲁西特产远香斋魏氏熏鸡"铁公鸡"、来自中国竹乡安吉的土鸡蛋、温州特色烤虾王、勐海茶厂中国名牌农产品普洱茶七子饼、赣南特产辣椒，又有泰国进口农产品食品调味品甜酸角、意大利咖啡、瑞士巧克力、韩国大麦茶、越南皇家凤梨等等，几乎无所不有。从店铺名称和产品介绍上看，同样能看出其中有不少是农民个人开办的自销产品店，并且实行的是真正的全天候交易。

打个不恰当的比喻说，在专业网站上销售农产品，就好比把农产品放在正规大商场里出售一样；而把农产品放在个人网站上出售，就好比把店开在马路边的小巷里或农贸市场，给买卖双方的感觉是不一样的，因此绝不要小看了这块市场。

32. 力戒死网一张

网上销售农产品要想取得好的效果，就要想方设法避免你的网站形同虚设,变成死网一张。门可罗雀,生意又从何而来?

为此要注意以下两点:

敢于发布信息

有些农民一方面其产品会滞销,一方面却又对网上销售农产品抱着一种将信将疑的态度,始终不敢迈出第一步;或者即使已经迈出了这第一步,也是一种"重在参与"的态度,不肯发布信息,以至于这样的网上销售形同虚设。

而其实,只有敢于发布信息、多多发布信息,才能让这些信息广为传播,形成实际购买力。

2009年春节来临之际,江西新余市马洪果业公司总经理何元道就心急如焚:一方面他手上还有上百万斤的优质柑橘严重滞销,已经腐烂过半;另一方面是,过去的一些老客户至今还不前来,忧心忡忡的他不知道自己的路在何方。

苦恼之余,他想不如"死马当作活马医",上网去试试看。于是他在新余果业网等农业网站上挂出了自己的公司介绍和销售信息,心想,反正自己也不用投入什么费用。可是没想到,不久之后他就接到许多外地的咨询电话和传真。

他高兴地说:"我以往总不信网上也能做生意,现在看来网上销售值得一试。以后我要把信息发向全国。"

这样的事例并非个别。就在同期,新余市渝水区人和、东边等蜜橘产地,一方面有不少中小种植户抱怨说遇到了滞销寒流,产品积压过半;另一方面,他们在到处打听销售信息的同时,却对身边的网上销售视而不见,网上销售业绩一片空白。反倒是外省市的客商非常积极地在该市新农村建设网、农业信息网等农业网站页面上推销农副产品,形成了极大的反差。

不要让网站"睡过头"

网上销售农产品的基地是网络,可见,建立一个合适、便利、不断更新的网站对于网上销售多么重要。

遗憾的是,许多农业网站就静静地躺在那里一动不动,死气沉沉的,经常"睡过头",无法发挥作用。

所以该怎么办?道理很简单,就是要改变这种局面,让网站活起来。

2009年3月,记者在新余市农业信息网上看到,所有供求信息只有可怜的47条,并且发布时间还全部是2008年的。在"市场信息"栏目中,居然还有2004年的信息,可见这种信息滞后到何种地步了。在新余市新农村建设网上,不但许多供求信息是2006年发布的,并且"市场动态"栏目根本就打不开。可想而知,这样的网站还能起到什么作用呢?

当然,这并不是农民个人的事,而是基层建设服务跟不上造成的。在这其中,除了设施条件外,最重要的是观念落后问题。相反,无论组织还是个人,如果对此稍加重视,效果就会大不一样。

例如,江西省级农业产业化龙头企业、星辉农业公司创始人黎建华,2004年就在"中国网库114"上设立了星辉农业发展网页。从此以后,他平均每年的网上销售额都要超过千万元,占总销售额的三分之一。①

"80后"推动见效快

不得不承认,电脑、网络这玩意更适合年轻人。所以,要想网上销售农产品取得好效果,不妨借助于家中的"80后"、"90后"来

---

① 邓爱勇:《农产品网上销售为何遇冷》,载《江西日报》,2009年3月26日。

推动这件事。无论他们是在家务农还是在外地工作,关系都不大,因为网络本身是无地域之别的。在这方面调动他们的积极性,对整个家庭、农业组织的农产品销售都会是非常有利的。

2011年,黑龙江尚志市森林深处的农民李坚获得了蜂蜜大丰收。可是令他苦恼的是,家中的5吨蜂蜜已经卖了半年了还只卖出去不到100公斤,这可怎么是好?

无奈之下,他把这个消息告诉了远在湖南长沙工作的儿子李继文。李继文3年前毕业于南开大学,现在在一家房地产公司工作。作为受过高等教育的年轻人,李继文对网络自然是太熟悉了,于是他把目光投向了互联网和微博。

他偶尔发现,这时候有一个名叫"农享网"的网站正在帮助山东菏泽农民谢光华卖胡萝卜,没过多久,不但谢光华家里的5.6万公斤胡萝卜全部卖完了,就连他所在村上的所有20万公斤胡萝卜也都被抢购一空,这让他产生了极大的兴趣。

仔细观察后他发现,农享网的界面非常简单,既不需要注册,又可以在发布信息时把"所在地"精确到省、市、县、乡和街道的具体名称,方便供求双方实现"精确定位",官方微博也一直保持着实时更新。于是,他马上与农享网取得联系,在经过农享网的严格确认之后,农享网开始在网站和官方微博上反复推荐李继文家的蜂蜜,不但图文并茂,并且把蜂蜜与当时的网络人物和热点话题紧密挂起钩来,所以效果特别好。[1]

容易看出,如果对网络一无所知的李坚没有或不愿意把这个信息告诉儿子,与网上销售擦肩而过,也就不会有最终的好结局。

---

[1] 王子辰:《农产品网推:"80后"农民在行动》,新华社,2012年5月1日。

33. 打破物流瓶颈的有益尝试

前面提到，网上销售农产品尤其是生鲜农产品特别需要打破物流瓶颈，虽然这是一个浩大的工程，非一朝一夕能够得到彻底改观，但对于农民组织和个人来说，也并非就完全无能为力。在现实条件下，完全可以做一些有益的尝试，来局部缓解这个问题。

在这方面，起码有以下两点是可以单独做到的：

有效控制库存和积压

网上销售农产品在物流环节中的效率不高，为此可以通过有效控制库存和积压，来扭转这一局面，降低在途存货，提高产品周转率。

例如，四川成都市南夏春生态农业有限公司的做法是：它们的土鸡蛋产品采用的都是农户签约生产供应、公司按约收购包销的模式。这样做的好处是，可以避免供给过剩造成滞销或变质。

签约农户交付土鸡蛋时，首先要刷交蛋卡（IC卡）、领取鸡蛋标贴，然后在标贴上盖章签字和注明日期，再由公司调拨并将鸡蛋入库。

与此同时，该公司还建有自己的采购库存管理系统，即从刷卡开始，系统会自动监控整个交蛋过程和库存情况，确保库存数量和在销鸡蛋的保质期。

经过一年多的实践，该公司的相关制度和信息系统也随之慢慢建立起来了。

至于销售，他们采取的是线上线下两条腿走路的方针。一方面，通过成都当地的专业网站（主要是母婴类网站）、社交网站做宣传；另一方面，在传统销售渠道如菜场、超市等进行出售。虽然是两者并举,但很明显地,网上销售所占比重正越来越大。①

妥善解决"最后一公里"

打破农产品流通的物流瓶颈问题,必不可少的是要解决"最后一公里"的难题。这个问题如果解决不了,前面做得再好也会功亏一篑,打破瓶颈也就成了一句空话。

在这方面,福建南安市康美镇兰田村"世纪之村"是这样做的:

首先把信息点设在交通便利的地方,使得大型物流可以直接到达。如果大型物流实在到不了,再以信息点为核心向外进行辐射,辐射范围一般是半径5公里。当地农民无论买或卖农产品,都先由草根物流队伍聚集到信息点,然后再分销出去。

这里所谓的"草根物流",说穿了就是"顺路带顺货",就是由村里的人或其他熟人顺便帮人把东西带回去。这样,既能保证及时送到,又大大降低了物流成本。无论路途有多远,只要有人居住的地方,就都能采用这种方式。②

年龄稍长的农民知道,这实际上就是过去农村的"双代(代购代销)店"③了。在农村,这种方式过去更常见的是上街回来时捎个信件或报纸什么的,现在已经扩大到快递包裹了。

特别是许多村子离村镇距离较远,过去快递员为了一件包裹必须专门跑一趟,而现在有人顺路带顺货,就要方便而快捷得多了。

---

① 李华、邱瑞贤:《世纪之村试水农村电商农产品,月交易额约八千万》,载《广州日报》,2012年1月11日。

② 李华、邱瑞贤:《世纪之村试水农村电商农产品,月交易额约八千万》,载《广州日报》,2012年1月11日。

③ 双代店是20世纪50至90年代我国农村供销社设在各村的商业代办点,由供销社和生产大队联办,属于集体企业。双代员的主要工作是,用板车把农民需要的生活用品从供销社拉回来出售,再把从农民手里收购来的农副产品及废品送到城里的供销社或食品站去。农忙时节是要送货上门的。

34. 农产品期货交易

网上销售的农产品既可以是现货,也可以是期货。如果你对期货知识十分了解,并且又有相应的把握,通过网上交易农产品期货同样可以销售农产品,并且获利会更多。

什么是农产品期货

所谓农产品期货,是指通过农产品的订购合同、协议或契约来交易农产品。通俗地说就是,这时候销售的不是看得见的农产品,而是看不见的农产品(这时候交易的农产品还没收获甚至还没播种呢)。但由于未来的农产品的品种、数量、价格等都是确定的,所以这同样也是实实在在的农产品。

与前几年曾经风行一时、目前已经走入低谷的订单农业相比,农产品期货更能提前发现并锁定价格、增加农民收益、降低农业风险,因而受到农产品市场和广大农民的接受和欢迎。

它对广大农民来说的好处是,农产品还未收获或种植,就已经确定了将来交易时的价格,因而可以更好地安排农业生产、解除销售难的后顾之忧。

容易看出,这实际上是先找市场后生产,属于一种比较先进的市场经济产物。在西方国家,这种方式作为主流形式已经存在了好几十年。尤其是在美国,美国政府把玉米生产和玉米期货交易结合起来,积极鼓励农民进行套期保值交易,用以维持玉米的价格水平,来代替政府的农业支持政策。

美国正是通过这种玉米期货市场,成为全球玉米定价中心的。

怎样进行网上期货交易

正规的农产品期货交易,是要在期货交易所进行的。

我国目前一共有四家期货交易所,其中农产品期货交易只能在大连商品交易所、郑州商品交易所进行。

农产品期货交易的品种很有限,主要是小麦、玉米、大豆、绿小豆、豆粕、大麦、红豆、大米、花生仁、棉花、白糖等。2013年11月,鸡蛋期货合约作为我国推出的第一个生鲜农产品期货合约在大连商品交易所正式上市交易。①

但本书这里所说的农产品网上销售的期货,与上面所述正规农产品期货交易还是有很大区别的。下面举个例子来加以说明。

在山东昌乐县红河镇的一个小村落里,前几年就开始了合法的农副产品期货贸易。这家电子商务办事处的农副产品期货业务既有网上销售性质,又有期货交易性质,所以,它既可以通过分析电子交易市场盘面走势即时盈利,更可以通过搜集农副产品现货交易价格,决定是不是要提前出售这些农副产品。

2000年5月的一天,村民贾克江就通过这种期货交易净赚了3 000多元。他说,当天开盘之后,他分析了一下当时的行情,觉得应该是跌势,所以就在这个地方放了空,然后又在这个地方买回来、平出来。结果一天下来赚了4 000多元,扣除手续费不到1 000元,纯利润就是3 000多。

据办事处经理介绍,来这里搞期货的农民一是为了赚钱,二是为了搜集农副产品现货,当看到网上价格高了时就提前卖出。

他说,别看这里地处农村、店面小,可是资金流动量并不小,每天的流动量都在1 000万元左右。农民们坐在这里轻轻点几下鼠标,一张张订单就迅速生效了,花生、大蒜等农副产品的网上交易

---

① 王伟:《我国首个鲜活农产品期货今上市》,载《新文化报》,2013年11月8日。

在顷刻间就宣告完成,让人觉得好像不是在农村,而是在大城市的证券大客户室里呢!

而据介绍,当地历来就有花生种植和加工的传统,被誉为"山东食品产业第一镇"。全镇共有优质花生种植基地6.1万亩,花生加工专业村十几个,年加工花生规模达2亿斤。

伴随着花生产业的迅速发展,迫切需要有效的交易方式与之相匹配。就这样,不需租用场地等基础设施,不需要涉及商品采购、运输、仓储等经营环节的电子交易形式就出现了。农民们通过无负债结算以及保证金制度等,能够确保交易的安全,比传统贸易方式成本更低、效率也更高。

为了配合这一点,该镇还专门建设了一条电子商务街,有6家电子商务办事处,花生、大蒜、大姜、白瓜子等全都可以实行网上交易,给种植户带来了切切实实的经济利益。

资料表明,仅仅以这6家电子商务办事处中的一家为例,就因此出现了10多位百万富翁。①

35. 微博营销要找准诉求点

微博作为目前最常见的一种网上交流方式,在网上销售农产品中的作用不容小看。它不但传播面广、能即时互动,还没有任何成本,所以特别值得关注。要注意的是,微博营销要想取得好的效果,一定要找准诉求点,这是最重要的。

例如,2011年夏天,地处偏僻的重庆武隆县沧沟乡西瓜获得了大丰收,全乡8000多亩西瓜种植面积、2万吨西瓜急需销售,而这时候又恰恰遇到当年5月江苏丹阳市爆出的"瓜裂裂"事件(被曝光西瓜使用膨大剂),一时间全国的消费者似乎已经"谈瓜色变"

---

① 邓有峰、马小衡:《山东农产品实行电子交易,山东昌乐小村落的期货经》,新华网山东频道,2000年5月6日。

了,许多地方出现了多年未见的西瓜滞销和积压。

面对这一严峻局面,沧沟乡率先发起了"微博卖瓜",并且一炮打响——不但全乡8 000多亩地的西瓜销售一空,平均收购价格比上年翻了一番,而且还在全国范围内带动起一股农产品微博营销热,涌现了攀枝花盐边县"攀枝花人卖西瓜"、山东莱州"姜农微博卖姜"、内蒙古四子王旗"内蒙古农民卖土豆"、海南蕉农"海南蕉急"等一系列网上销售农产品的典型案例。

但毋庸讳言,这些利用微博销售农产品的案例是失败的多、成功的少。这说明,微博营销还是有道道的,绝不是仅仅发条微博那么简单。最关键的有两条,一是要有点击率,尤其是要有转发率;二是要摸准营销诉求点,说到消费者的心槛里去。

沧沟乡的成功经验是,当他们意识到把这2万吨西瓜销售出去有着巨大困难时,便再三考虑要通过某种工具把这一信息传播出去。做广告显然没这个实力,于是便经过市场调查,最终选择了微博。这不但是看中它几乎没有成本、传播速度快,更重要的是它和传统媒体有一个很大的不同点,那就是互动传播,而不是单向的。只要有人主动转发这条信息,就能瞬间产生强大的裂变效应,这是其他媒体传播方式所不具备的。

明确了这一点,他们就开始琢磨粉丝们都在关注些什么。

不用说,"瓜裂裂"事件爆发后,所有的人最关心的当然是食品安全问题,而这恰恰是自己的优势。

于是,他们决定把品质优势作为微博营销的主要诉求点,最大限度地减少商业味,否则必定会弄巧成拙。

接下来,该乡分别在新浪、腾讯网注册开通了官方微博,并且还选择任洪宇、汪兴树、刘素梅等10位瓜农开通实名微博,安排大学生村官教他们怎样使用微博、上传文字和图片,然后就推出了一条条充满乡土气息、图文并茂的微博。如:"大家好!我是西瓜之乡武隆沧沟的任洪宇。今年种了60多亩西瓜。现在西瓜苗都下地了,特地建一个微博,来和大家分享从辛勤付出到大获丰收的辛酸和喜悦,请大家多关注。""我在牵瓜藤,只有长在十节以上的瓜才能保留下来,才能保证西瓜品质。"……

功夫不负有心人。这样的良苦用心很快就收到了应有的回报,受到网友的力挺和追捧,纷纷转发这些微博。沧沟乡的西瓜官方微博还由此连续两天成为新浪微博1小时热词,一周内点击率超过300万人次,该乡党委书记张宏也迅速成为新浪微博名人,粉丝超过4万人。

不仅如此,这一微博事件迅速引起各大媒体关注,从中央到地方,有几十家媒体争相报道和转载这种新型营销模式。

毫无疑问,这些举措都大大提高了"沧沟西瓜"的品牌知名度,很快就吸引了各地经销商前来洽谈购销事宜,取得了预期效果。

为了乘胜追击,在西瓜7月份刚刚上市时,沧沟乡党委和政府发起一场"百名粉丝沧沟行"活动,邀请100多名微博粉丝前来沧沟现场品尝西瓜,同时在观音桥举办西瓜节,由此又引来了媒体跟踪报道的高潮。

借着这股高潮,沧沟西瓜强势入市,同时进入武隆县城及主城区的数十家超市和水果批发市场,一时间成为市场上售价最高、卖得最快的西瓜。

相反,看看有些微博营销中直言不讳地说"求助销售"等等的,虽然没有遭到板砖,也没有被拉黑,但绝大多数效果并不好。即使来电来函不断,真正谈生意的也很少,形不成购买力。①

---

① 周雨:《找准需求点,直播吸引眼球》,载《重庆日报》,2011年11月24日。

第四课
网上销售农产品的成功案例

乍一看"农二代"怎么也无法在"富二代"、"官二代"面前理直气壮;殊不知,网上销售农产品的成功案例往往就出现在年轻人的机灵和老年人的经验的嫁接处。

36. "农二代"更能抢占先机

这里的"农二代"是指农民的后代,泛指出生在农村的人。

不得不承认,"农二代"们在网上销售农产品中更容易取得成功。这倒不是因为农村户口有什么特别之处,实在是因为他们更了解农村、了解农民、了解农业。一旦他们把这些先天条件与后天优势结合起来,就能在潜移默化中形成一种无可比拟的优势,抢占市场先机。

"农二代"们更了解农产品市场

"农二代"更能抢占市场先机,源于他们更了解农产品市场。长期以来农产品销售难的根本原因,在于产销信息不对称。农村地处偏僻,种些什么、有些什么特色经营外面根本不知道,所以常常会出现大白菜烂在地里没销路、苹果堆积如山愁买家的现象。

可是这些"农二代"不同,他们长期在外打工,走南闯北、见多识广,信息灵通得很,因此恰好能弥补这一致命缺陷。一旦他们投身于网上销售农产品,构建农产品电子商务系统,在这方面自然就会或多或少占优势。

山西临县的王小帮原来在城里打工,后来发现农产品经营大有商机,于是毅然回到家乡开了一家网点"山里旺农家店",专门销售当地的黄豆、红枣等农产品。

很快地,他的这家网店每天的交易笔数就达到130多笔,每月成交额超过40万元,他也成了当地有名的"农民网商"。

他不仅自己挣了钱,还帮助乡亲们把农产品卖到全国各地,带动村民们共同致富。①

袁俊超的老家在山东沂水县许家湖镇西南社村,一个四面都是山、交通和信息十分闭塞的地方。他小时候的印象是,镇里每5天有一个集,父亲去赶集时如果遇到下雨天道路就特别难走,所以,他家里种的生姜和其他农产品往往卖不出去。

2001年,他考上了大学,学的是国家刚刚开设的证券投资与管理专业,同时在国信证券公司烟台营业部实习。

2002年10月,袁俊超回老家过周末时,当时正是收获生姜的季节,可是他看到父亲脸上却没有了往年的笑容。

原来,他家当年的三亩生姜虽然丰收了,可是由于价格非常低,不但赚不了钱,并且还注定一定会赔钱。身处大山之中,即使想要低价卖掉这些生姜,也依然看不到希望。而事实上,当年全国的生姜种植面积大幅度上升,市场出现严重的供大于求现象,并且生姜质量又不高,无法出口到海外,所以价格跌入低谷。

袁俊超是学证券投资出身的,他自然就会想到,有没有一种方法能够把生姜这样的农产品像股票、期货一样在网上进行交易呢?如果是这样,至少信息不畅造成滞销的问题就解决了。

---

① 赵建军:《冬季农产品网上购销对接会山西成交6390.8万》,载《山西日报》,2013年2月6日。

后来,他循着这条思路走了下去。

一旦与自己的特长结合能走得更远

"农二代"中基本上人人都有一技之长。尤其是他们在受过高等教育后,更会把这种特长升华到一个较高的层次。这样的一技之长一旦与网上销售农产品结合起来,就会如虎添翼。

仍然以这位袁俊超为例。

2005年,袁俊超大学毕业后顺利进入威海一家期货公司工作,接下来的几年里又分别在南京、广州、上海等地从事证券业务。在外地奔波时,他每个星期都会与家里通电话,每当听到父母说花生价格高了、生姜价格低了、地瓜收成很好、不知道明年的棉花行情会怎么样等话题时,就会无意中想起2002年自己的那个把农产品交易搬到网上去的想法,并且思路越来越明晰。

2010年时,袁俊超回到家乡山东临沂考察农产品产业,并且最终决定把能够代表沂蒙特色的金银花作为创业项目。

一方面是,临沂是金银花大市,每年的产量在全国首屈一指;另一方面,金银花有着巨大的市场需求,并且适合网上交易。另外还有一层原因是,当时的电脑网络已经相对普及,即使在那里的农村,也因为有大批的"80后"回到家乡,这样网上销售农产品就已经具备一定的基础了。

就这样,袁俊超在临沂市高新技术产业区创业服务中心创办了他的永森农产品信息咨询服务公司,同时开通了永森电子商务平台交易系统。当地农民只要在网上注册会员,在银行拥有账号,就能坐在家里销售金银花,而不用再亲自跑到市场上去出售了。

一炮打响,这种方式取得了很大的成功。2011年,永森公司与临沂市中小企业局共同出资成立了中小企业电子科技有限公司,决心打造出一个建立在现代电子信息、物流、仓储、金融服务之上的中小企业供应链全程式电子商务服务平台,2012年还作为山东省电子商务重大示范工程上报了。

这个平台建设全面完成后,将成为当地各种特色农产品如银杏果、牛蒡、杞柳、板材、食品、手套等的产业集群,提供一揽子的从产品销售、仓储物流、融资到企业电子商务管理培训的全程式及个性化解决方案。

一句话,将会让更多农产品通过网络对外销售、造福百姓。①

37. 全线铺开,上下互动

不得不承认,网上销售农产品有许多是"半路出家"的,即原来已有实体销售,而现在为了适应时代发展潮流,新开辟了网上销售,希望能起到上下互动、相得益彰的作用。

在这里,"全线"铺开就是指既包括线下,也包括线上。

这说起来容易但做起来难。最常见的情形是,许多网上销售顾此失彼,不是因为实体店销售不好才动脑筋上网的,就是因为原来根本就没有实体店(实体店在别人那里,自己只有网店),所以也就没有线上线下互动一说。

而实际上,最理想的情形是,实体店销售非常火暴,而现在新开网店则可以借个光,通过提供强有力的支撑,实现利益最大化;等到网店发展成熟后,再通过适当的引导和错位经营,为实体店提供强有力的支持,形成你追我赶、携手共进的局面。

线上线下互动的成功典范

下面举一个美国连锁服装品牌的例子,虽然它销售的不是农产品,但其原理是相通的。

美国 GAP 公司 1969 年成立于美国旧金山,目前在美国、英

---

① 赵义:《袁俊超:电子商务时代,乡亲们卖农产品不用赶集啦》,琅琊网,2012 年 11 月 9 日。

国、日本等国家拥有3 100多家直营专卖店,员工总数超过13万人。它虽然还没有正式进入中国市场,可是其旗下的几大品牌已经被许多中国人了解并熟悉。

在线下实体店销售风生云起、持续保持业内领先地位的同时,GAP从1997年起就开始尝试网上销售,2009年时的网上销售额就已超过12亿美元,占公司销售总额的8%。这样的骄人业绩,让其他服装品牌非常羡慕,从而也带动了一批其他传统服装品牌逐渐跟进网上销售。

曾经有人根据是否参与电子商务,将品牌企业分为三大类:第一类是只有线下实体店铺的传统品牌商,称之为"纯水泥"公司;第二类是只有网上销售的新兴品牌,称之为"纯鼠标"公司;第三类是既有实体店铺又有网络店铺的公司,称之为"水泥+鼠标"公司。

从发展现状看,目前有越来越多的"纯水泥"公司正在向"水泥+鼠标"公司转变,它们遇到的最大问题是如何保持实体店销售和网上销售的平衡,即如何谋求整体利益最大化。

要知道,实体销售与网上销售两条腿走路,如果协调得好,当然会促进企业的整体发展;如果协调得不好,相互打架、相互拆台,同样也会自毁前程的。

举个简单的例子来说,网上销售的价格肯定要比实体店低,因为它没有房租;可是这样一来却会带来一个问题,那就是消费者从实体店选样,然后在网上订购。这样,消费者得到的实惠实际上就是你这个品牌的损失了。

下面我们来看看GAP是怎样来处理这个矛盾的。

吸引用户

任何网站都需要点击率,就像任何商场都需要有顾客光临一样。虽然顾客光临不一定会促成你的生意,但却会带来潜在的生意,至少也能起到聚拢人气的效果。

在这方面,GAP在网站成立之初,就注重在自己的实体店进行宣传推广,在店铺内的广告海报上印上网址,让收银台为正在结账的顾客做口头推荐,节省了不少推广方面的开支。

转化用户

GAP把潜在用户吸引过来后,接下来的任务就是要想方设法把他们变成实际购买力。

关于这一点,GAP并不过于担心。因为它有过去几十年实体店运营树立的品牌和信誉,这些潜在顾客自然而然地会把对这个品牌的信任传递过来,从而提升初次购物转化率。

留住用户

当顾客在这里消费了一次后,如何让他们成为忠实顾客,这是企业面临的共同难题。对此,GAP主要是通过优质服务来巩固消费者忠诚度的。不过说实话,最终能够提供这些服务的,还在实体店那里。

商品退换

网上购物同样会遇到顾客需要退换的时候。如果是单纯的"纯鼠标"公司,发现质量、规格等方面不满意要进行调换或退货,寄来寄去就很麻烦。可是GAP因为有实体店,所以商品退换就要方便得多,既可以退给网站,也可以直接到就近的实体店办理退货。

尺寸修改

由于GAP经营的是服装,所以难免会涉及尺寸修改问题。这时候GAP通常建议消费者将衣裤拿到实体店去享受免费服务,从而消除网上购物尺寸不符的担忧。

渠道冲突的两难境地

对于任何一个品牌销售商来说,上面所说的这种渠道冲突是显而易见的——不搞网上销售吧,就会把顾客推向有网络直销的同行;搞网上销售吧,又会分流直销店和零售商的生意,甚至让他们放弃经营你的品牌,转而做其他品牌。

这时候该如何是好呢?这就取决于不同的农产品经销商了:

谨慎型

如果农产品企业的实体店销售非常火暴甚至供不应求,或者这种农产品并不是太适合在网上销售,那么,这时候就可以采取网上不提供产品出售的方式,只是宣传产品信息、给消费者提供如何买到自己这种产品的有价值的信息。

激进型

如果农产品企业对实体店的控制能力较强(主要是自己的直营店),或者你这种农产品很适合在网上销售,那么就可以把相当一部分精力放在网上销售上。

但要注意的是,同一种产品的价格在线上和线下要基本保持一致,否则就会因为渠道冲突而相互打架,造成利益损失。

折中型

如果你是介于上述两种之间的情形,那就要注意网上销售和实体店销售两者之间的平衡了,多数农产品销售都属于这一种。

这时候的选择是很多的。例如,可以在不影响实体店销售的同时,单独拿出一个新品在网上销售。当然,在这过程中,有时候是需要协调利益关系的。就如当年耐克鞋为了说服自己最大的实体店同意自己在网上销售时,就毫不犹豫地把当时一款流行运动鞋的专营权给了这家实体店,承诺不在网上销售一样。

由此可见,要想平衡这两者之间的关系,办法总是有的。目的总是一个,就是要实现线上线下利益最大化。

让消费者在线上线下跳来跳去

值得一提的是,GAP 通过网上销售得到的不仅是盈利,更有品牌美誉度的提升、为顾客提供一套无缝整合并且始终如一的购物体验,以及因为网上销售可以记录下所有的消费者行为包括打开过的网页、购买过的商品、购买频率和习惯等,为今后的市场营销策略搜集到最可贵的第一手资料,这些都是无法用钱来衡量的。

正因如此,GAP 很早就把网上销售作为自己竞争战略优势的核心之一来对待，不计成本地在组织架构、政策和执行上提供支持。并且，等到网上销售成气候了，GAP又反过来引导线上客户去线下实体店选购商品，并且已经取得不俗的成绩。

在这方面，他们具体是怎么做的呢？其实很简单，就是通过专门设立一个网页，每个星期都推出一定数量、不同类型的一次性购物优惠券，包括直接打几折的优惠券和购满一定金额才能打折的现金抵扣券，如"购满100元，打2.5折"这样的重磅优惠。当然，他们会规定这些优惠券只能在某些实体店使用，以帮助实体店聚拢人气。

值得一提的是，他们推出的优惠券并不是简简单单地罗列在网站上，而是要通过"寻宝"游戏才能找到的。

例如，当消费者将鼠标把不同的上衣和裤子进行搭配时，就会跳出不同类型、不同幅度的优惠券来。

这样一来的最大好处是，会吸引许多消费者在这上面一起讨论本周最好的优惠条件在哪里。不用说，这当然是见仁见智了。可是这样的讨论热烈了，就会吸引网页的不断刷新，使更多的人停留在网页上"淘宝"，把在有些人眼里觉得枯燥乏味的网上购物也变得乐趣无穷起来。

与此同时，他们还会在网上每周公布一个本周特卖品，基本上是当季服装，但价格都在五折以下，同样规定只能在实体店购买。这样在不知不觉中，就巧妙地把顾客从网上引导到网下来了，增加了实体店的客流量，从而起到线上线下全面开花的效果。[1]

容易看出，GAP的线上线下互动确实做得非常成功。与此类似的品牌案例在我国主要是佐丹奴，两者有共通之处。而事实上，佐丹奴的网上销售额在2012年达到了1.17亿元人民币，是非常了不起的。

---

[1] 袁勇：《电子商务：如何整合线上线下资源进行推广》，袁勇的营销博客，2010年11月9日。

38. 网销让他踏上致富路

网上销售农产品是部分农民踏上致富路的一条捷径。所以,当你在感到"走投无路"时,不妨往这方面想一想。

网上创业让他重新点燃希望

丁均社踏上致富路的经历就是这样走过来的。

丁均社 1970 年出生在陕西杨凌市农业示范区的一个农民家庭,父亲多年从事葡萄种植,是当地土生土长的葡萄专家。所以,丁均社在父亲和西北农林科技大学教授的指导下,20 多岁时就取得了丰富的葡萄种植经验。

1990 年,丁均社和几位朋友共同成立了一家中信苗木有限公司,这也是该农业示范区最早的一家葡萄育苗专业化公司。

一开始公司发展得很不错,但由于市场行情变幻莫测,再加上管理不善,很快就倒闭了。2003 年之后,丁均社不得不从事开饭店、炒股票等职业,最困难的时候身上只剩下 60 元钱。

2011 年,人到中年的丁均社重新开始葡萄种植和育苗产业。他东挪西借凑了 5 万元,开始人生的第二次创业。

那么,这时候的他又凭什么有这样的勇气从过去跌倒的地方爬起来呢?很简单,他看到了网上销售农产品的好渠道。

所以从一开始,丁均社就选择了一家电子商务网站作平台,在网上发布产品信息,进行论坛推广。在短短几个月内,他注册的"葡萄国王"名号就在电子商务论坛中家喻户晓。

恰好在当年,当地的葡萄苗销售行情非常差,很多农户的葡萄苗出现了大量积压,可是由于他早就通过网络推广自己的产品,所以这种局面在他身上并没有出现。当年他一共卖出 350 万棵葡萄苗,纯收入有 40 万元。

经过短短一年多时间,丁均社的葡萄苗圃面积不断扩大,品种也不断增多。在他成立的葡萄专业合作社里,参与的农民有几十户,葡萄苗繁育基地200亩。

更值得一提的是,他通过网络推广积累了大量的客户资源和人脉,由于重合同、守信用,所以他在客户中的口碑越来越好;而这种口口相传,又为他带来不少新客户。

关于这一点,可以从他的博客中看出来。例如他在2013年2月20日这天的博客中这样写道:"昨天一口气发了各地区的8家货,总共19袋、1万多棵苗……忙碌的一年终于开始了。"

2013年春节一过,丁均社的电话就忙个不停,都是要货的客户打来的。从早上6点到晚上10点,他平均每天要接待来自全国各地的客户10多家,有汇款后通过物流快递发货的,也有直接上门参观提货的,忙得工人们经常挤不出时间来吃饭。

到2013年3月时,丁均社的葡萄专业合作社里已经没什么库存葡萄苗了。仔细一算,短短几天里已经销售出了180多万棵苗木;再加上年前的业务,已经实现销售额550万元。而这些订单,绝大多数来自网上销售平台。

所以接下来,丁均社马上计划扩大葡萄育苗场面积,增加合作社社员的订单数量,由他来提供种条,其他农户则负责田间管理。到了年底,再由他全部回收,通过网络统一对外销售。①

望着合作社里的120亩育苗,以及自己的30亩新品种嫁接实验和推广场,因为背后有电子商务平台的强力支撑,丁均社对未来的致富之路充满信心。

"这样做生意很过瘾"

网上销售农产品省略了许多繁杂的手续和过程,并且其中人

---

① 《陕西网上摆摊,农产品销售提速》,载《重庆日报》,2013年4月19日。

际关系也简单了许多,非常符合农民们固有的直率性格。

山西原平市北岗恒宇专业种植合作社负责人辛树军,经营了400亩大棚蔬菜,每年都上网销售,销售数高达800万公斤。

他深有感触地说:"农产品通过网络平台不但能找到婆家,还能卖出好价钱,这样做生意很过瘾!"①

在上海市奉贤区,远近闻名的珍禽养殖户唐雪良,是农产品网上营销十大能手之一。早在10年前,他就利用网络优势,将当地生产的珍禽产品远销到全国所有省市,年销量100多万只,年销售额2 000多万元,网上销售的比重占到了全部销售额的2/3。

另一家上海祥欣畜禽有限公司,也早就从网上销售中尝到甜头了。该公司的种猪销往全国20多个省市,有300多家客户,绝大多数是规模化养猪场。外地客户大部分是从网上找来的,他们先在网上浏览祥欣的产品信息,然后打电话咨询。2004年该公司销售额达到5 000多万元,其中60%是网上订单。

在上海市南汇区,10年之前就有40多家新经济组织和农民在网上叫喝自己的农产品,如汇绿蛋品、红刚青扁豆、田博瓜果、小刘食用菌等,2004年的网上销售额就达到1 300多万元。

当地的农产品信息和图片通过南汇农业网发布后,工作人员经常会接到来自外省市的长途电话以及国际长途,都是询问农产品信息的,其中尤其以蜂蜜、菌种、种猪等最为吃香。②

由此可见,网上销售农产品的那头直接连着消费者(客户),一竿子到底,与一级级批给中间商、彼此讨价还价没完没了还要拖欠货款相比,要直接和简单得多了。

---

① 赵建军:《冬季农产品网上购销对接会山西成交6 390.8万》,载《山西日报》,2013年2月6日。

② 黄勇:《农产品网上卖听起来很美》,载《解放日报》,2005年10月17日。

39. 向品牌要超额利润

家喻户晓的优质品牌，无论是在传统销售还是网上销售渠道中的作用都是无法替代的。常常有消费者为自己买到一件"名牌"产品而欢呼雀跃，自己亲身体验过后才发觉，其实这名牌产品也"不过如此"，但他却并不为此感到后悔。为什么？这就是名牌（品牌）在他心目中的价钱——他心甘情愿为此付出溢价。

可是换一个角度，从生产（销售）者的角度看，消费者愿意为此付出的溢价实际上就是实实在在的利润，并且是超额利润。

有鉴于此，网上销售农产品要十分注重树立品牌，向品牌要超额利润。这样既能摆脱低层次竞争，又能走上良性循环。

我国农产品出口比重为什么越来越低

我国国内长期以来出现的农产品销售难，这几年有愈演愈烈之势。放在全球角度看，这与我国农产品出口比重越来越低、进口比重越来越高是有因果关系的。

因为农产品进出口贸易逆差扩大，会使得更多的农产品只能留在国内消化，而这就进一步恶化了农产品销售难的局面。

可是如果进一步追究其原因，就容易发现，这与我国农产品在国际上缺乏知名度有很大关系。不要说在国际市场了，就是在国内看到的农产品知名品牌也屈指可数。

品牌无处不在，无时不有。从农产品角度看，我国之所以被称为全球农产品生产第一"大国"而不敢说是"强国"，根本原因就在于缺乏在全球叫得响的品牌。所以，我国农产品出口在全球贸易中的比重很低，农产品整体质量不高，农产品对外贸易竞争力这几年也呈下降趋势，出口效益更差。

2010年，我国是全球第五大农产品出口国、第三大农产品进口国,当年农产品出口总额为 494.1 亿美元,进口总额为 725.5 亿美元,进出口总额合计为 1 219.6 亿美元。①

可是从商务部 2005 年公布的我国重点培育和发展的出口名牌名单看,其中包括 190 个品牌,涉及各主要行业和全国各省市,但居然就没有一个是农产品。②

究其原因,主要还在于我国国内以农产品为原料的食品安全问题始终没有得到根本解决,想树立品牌也树立不起来。

我国目前农产品中的中国驰名商标屈指可数。消费者耳熟能详的"著名"品牌,其实只是农产品品种或产地,如东北三宝、山东大枣、烟台苹果、河北鸭梨、四川榨菜、新疆葡萄干、西湖龙井、阳澄湖大闸蟹、宜兴百合等。与其说这些也是品牌农产品,还不如说只是特色农产品。

也就是说,这些品牌农产品实际上是"没有品牌"的。地名不能算是品牌,更不是某家企业能独家拥有的。

有鉴于此,网上销售农产品应该十分注重树立品牌,为获得更好的经济效益打下基础。

这种"更好的"经济效益包括两部分:一是单件商品售价中超出同类商品的盈利额;二是因为消费者冲着你的品牌而来特地购买你的商品,白白"送"给你的盈利额。

品牌效应威力无穷

农产品品牌效应威力无穷,往往会成为撒手锏。

云南丘北县云泰食品有限公司成立于 1993 年。该公司立足本地资源优势,主要经营辣椒、干姜、南瓜子仁、芸豆、甜玉米香料类等干制农特产品。现在,公司资产已从创建时的 50 万元积累到

---

① 资料来源:商务部网站。
② 商务部:《商务部发布 2005—2006 年度重点培育和发展的出口名牌名单》,国家商务网站,2005 年 3 月 21 日。

8 700多万元。回顾历史不得不说,是网上销售农产品以及品牌效应给企业的发展插上了腾飞的翅膀。

以该公司的出口为例,目前该公司商品已出口到美国、墨西哥、日本、韩国、法国、比利时、意大利、北非和中东地区,出口额从2005年的10多万美元发展到2010年的800多万美元,其中主要是网上销售的功劳,所占比重高达百分之七八十。

昆明新购商贸有限公司总经理罗海军,是从2007年开始创业的,主要销售茶叶。公司开业后,他最早在2008年就建立了一个淘宝商城店。因为平时都是从市场上去进货的,遇到缺货时价格只能受人控制,在这种情况下,他慢慢意识到了树立个人品牌的重要性。

就这样,2009年他在淘宝网上注册了公司的普洱茶品牌"新益号"。到现在为止,他已经拥有四个淘宝店,其中一个是5皇冠店。他的体会是,做电子商务一定要打自己的品牌,这一步走得越早将来的机会就越多。

在云南丽江,2012年5月时有近千家客栈、上百家餐饮酒吧和主要旅行社,捏紧拳头、一致对外,全程参与淘宝网上的"淘友团丽江"活动。结果不到一个星期,就"团"出了35 000张丽江淘宝旅行卡,可以坐满2 000架飞机!①

想想看,这将会为丽江带来多少收入呀,至少可以上亿元!而不用说,凡是参与者都有份,都能从中分一杯羹,这就是抱团销售的品牌效应在起作用。如果是单枪匹马,就断然不会有这样显著的效果。

"遂昌模式"给人的启示

遂昌是浙江省一个人口只有五万的小县城,居然通过网上销

---

① 陈文忠:《电子商务助农特产品网上销》,载《云南日报》,2012年8月7日。

售农产品形成了大名鼎鼎的"遂昌模式",不得不令人刮目相看。

遂昌在淘宝网上拥有1 200家网店,其中淘宝皇冠级别以上会员超过20家,年销售总额上亿元,最大的会员年销售额上千万。

在电子商务的催化下,遂昌当地的特色农产品竹炭、烤薯、笋干等纷纷走向四面八方,成为为远近知名的"淘宝县"。

例如,遂昌竹炭产业的年销售额过去只有两三千万元,而现在已经扩大了十倍达到2亿元,其中一半以上是通过网上销售出去的。烤薯类产品的年产值在1 000万元左右,其中也有百分之三四十是通过网上销售出去的。

遂昌的笋干过去都是本地人自己吃着玩的,只有遇到外地的亲戚朋友来玩时才会送给他们做纪念品。正因如此,这些笋干都是农民自己随便晒晒的,规格很不统一,经常遇到吃不完烂掉就扔了的情形。可是自从通过网络对外销售后,大小订单纷至沓来,农业合作社纷纷上门收购,每年春节之前还经常会断货。

区域农产品纷纷通过网络走向四面八方,使得遂昌农民对网上销售农产品信心十足,纷纷加入到这个队伍中来。

尤其是在2010年遂昌县网店协会成立后,更是搭建了公共服务平台,向上整合资源,实现农副产品集约化营销;向下号召网上创业,向农民提供免费培训、零成本开店,集中农副产品分销,从而形成一个农村电子商务生产链。对内,能避免恶性竞争;对外,在保证具有遂昌产品特色和品质方面形成强大的竞争力。以一家名为"竹之语"的淘宝店为例,该店主营竹炭制品,年销售额就高达120万元。①

遂昌模式使得农民的网上销售比城里人的电子商务更具竞争优势。因为它有肥沃的"土壤",手里有货,就不怕别人不识货。正如俗话所说,"不怕货比货,就怕没有货。"

遂昌模式告诉我们,做电子商务的最大制约即稳定的货源和

---

① 陈文忠:《电子商务助农特产品网上销》,载《云南日报》,2012年8月7日。

物流,至少前者在网上销售农产品上已经解决了。这些农副产品对农村人来说,可谓是"取之不尽、用之不竭",而这就是竞争力。

在此基础上,再树立自己的品牌,避免与别人雷同,路就会越走越宽。

40. 夹缝里趟出新路来

网上销售农产品不可能是一帆风顺的,尤其是在当前我国这样的现实条件下。所以一定要学会稳扎稳打,从夹缝中趟出适合自己的路子来,避免贪大求全而导致失败。须知,婴儿是首先会爬才会走路的,没有经过爬行训练给孩子带来的反而是弊大于利。

全国第一只网上菜篮子

全国第一只网上菜篮子的短暂命运,就能给人以这样的教训。

聂顺海2003年毕业于山东菏泽师范学院机电一体化专业,然后在城里找到一份电子商务的工作,几次创业都不太顺利。

偶然有一次,他看到媒体上关于农民把自己辛苦种植的蔬菜、粮食卖出去很困难的报道,出身于农家的他便想,自己能不能在城乡之间建立一个对接的服务平台来解决这个问题呢?于是他重新回到青岛,把创业目标瞄准农产品。

2008年,他创建了生活客农业科技公司,2009年正式从事农产品网上销售。

"生活客"的原意是指懂得享受生活的一群人。而生活客农业公司主要就是从事绿色有机农产品的网上销售业务,主营生鲜蔬菜,附营家庭日常所需五谷杂粮、特色干货、新鲜禽肉蛋类等,通过产地直供和质量把控,为消费者提供可以信赖的放心食品。

该公司从2011年成立后,受到市场广泛欢迎。它在青岛及周边的即墨、平度、胶南等,都有优质蔬菜种植基地。最大的蔬菜供应基地位于山东即墨市移风店镇的一个万亩蔬菜园区,当然这也是国家级无公害蔬菜基地。

因为实行的是网上销售,所以消费者只要轻轻一点鼠标,第二天就能在家里准时收到自己所需要的各种新鲜蔬菜和禽蛋。网上买菜、电话订菜,满30元就能免费送货上门,方便得很。之所以会如此方便、快捷,源于生活客的产地直供和质量把控,从而使得农产品能直接越过重重中间商直达消费者餐桌。而这又与生活客的市场定位是一致的,那就是建立优质农副产品产销对接平台,蔬菜配送仅仅是其中的一个切入点。该公司最初的设想是,要通过整合全国性资源,把这种模式从青岛推向全国,让更多农产品搭上网络快车,形成全国性的农产品集散中心。①

事实上,2011年4月生活客也吸引了上海通江控股集团1 000万元的风险投资,主要用于在上海、济南等地建立分公司,加大广告宣传力度和物流渠道建设,为以后的企业上市打基础。

那么,上海通江控股集团在这方面又是怎么想的呢?集团董事长张保国介绍说,因为他从这家全国第一只"网上菜篮子"中看到了巨大的发展前景。

初看起来,生活客的经营方式确实很简单,也很容易,无非就是把现实的蔬菜店放到网上去,但恰恰因为这一点,能够让企业最大限度地减少经营场地投入。几乎可以说,每一台电脑都可以看作是一家分店。并且,大规模配送也会降低物流成本。虽然生活客当时的规模并不大,可是它的商业模式有独到之处,主要是完全绕开大卖场的模式,直接把农副产品送到消费者手里,在保证消费者尽量少花钱的情况下获取利润,并且销售的又是十分热门的农产品,所以应该会有很大的发展潜力。②

---

① 姜岭君:《记者走进"生活客",让农产品搭乘"网上快车"》,载《青岛财经日报》,2011年8月15日。

② 陈珂:《12创业孵化基地投建,大学生网上卖菜引资千万》,载《青岛早报》,2011年4月21日。

正因如此,该公司成为青岛第一个获得最高风险投资的大学生创业企业,同时也是全国的第一家。

谨防走得太快会跌倒

但正如一句俗话所说:"理想很丰满,现实很骨感。"生活客农业公司虽然度过了一段美好的时光,但最终还是夭折了。究其原因在于步履发展得太快,各方面跟不上,终于跌倒在地。

2012年生活客开始进入快速发展期,一方面需要大量的资金投入,另一方面产品毛利率又有所下降。再加上几个大客户的坏账损失,从而使得资金问题显得尤其突出,相继出现一系列挫折如暂停服务、订购电话忙音、负面报道等,最后不得不中止服务。

2012年7月,生活客开始从线上走下来,第一家加盟店正式开门迎客,标志着它进入一个新阶段。

而直到这时候,聂顺海也慢慢地形成了一条新思路,那就是认为"网上＋加盟店"的模式可能更适合于生活客的发展,能够更好地把虚拟和现实结合起来,消费者也更容易接受。①

2012年11月,聂顺海东山再起,再次创办青岛名优农产品展销中心,并于2013年1月正式开业。

作为青岛市农业委员会授权的唯一一家名优农产品销售平台,该中心汇聚了当地崂山水域的猴头菇、胶州本源的生态猪、即墨白庙的芋头、即墨金口的芹菜、直径十几厘米的平度旧店镇大苹果、城阳夏庄法海寺生态农业观光园的有机果蔬,以及新疆、东北等地的名优特产等500多种闻名遐迩却很少看到的原生态农产品,使消费者不出家门就能吃上新鲜又便宜的名优果蔬特产。

不用说,因为这是聂顺海创办的,所以理所当然他会想到与网上销售联姻。聂顺海承诺,只要是当季农产品,展销中心保证在24小时之内把它从田间地头直接送到消费者家中。消费者既可

---

① 《生活客还卖菜吗?卖!》,载《青岛财经日报》,2012年8月10日。

以直接到该展销中心现场选购,也可以通过网络、电话呼叫中心订购,满68元就能享受免费送货上门。

为了确保食品安全,展销中心实现了原生态农产品从地头到餐桌的质量安全追溯系统,并且装有种植远程监控系统,能够直接看到所购农产品在种植基地的情况,确保绝对新鲜。

为什么要由青岛市农业委员会授权呢?原来,该展销中心的成立同样也是青岛市各区、乡镇、村以及农业合作社,展示、传播、销售自己的名优农产品的好平台,为农产品品牌宣传这一短板提供有效的解决方案。①

由此可见,网上农产品虽然有独特优势,但一定要踏踏实实,尤其是要与现实中的有利条件结合起来,把步子迈得稳重些才能成功。

41. 邮政渠道助你一路畅通

平时我们经常会看到印着"中国邮政"字样的汽车穿梭在全国城乡。是的,邮政无处不在、无时不有。正如1940年中共中央副主席周恩来题词中所说的那样:"传邮万里,国脉所系。"

既然这样,网上销售农产品正好可以利用中国邮政的现成网络来拓展市场,既顺理成章,又轻而易举,尤其适合快递业务相对缺少的农村地区。

"浙乡邮礼""有礼"了

"这厢有礼"是我们经常能在古装戏里看到的客套话。古时候有钱人家住的是厢房(而不是现在的这种楼房),并且大户人家都

---

① 刘文剑:《数百种青岛农产品闯市场,24小时从地头送餐桌》,载《青岛早报》,2013年1月14日。

有三妻四妾,所以子女也多。未婚女子是不能随便出房门见外人的,所以每当有客人来时就说"这厢有礼",表示我在这里行礼了。当然,男人也是可以这样说的,并不仅仅只限于女子。

由此可见,说这话的人一般过去并不怎么见世面。当然,这既可能是事实,也可以是谦虚。而在广大农村地区,有时候确实信息比较闭塞,与外界沟通不畅。正因如此,浙江省邮政公司以谐音"浙乡邮礼",作为服务"三农"的一种新载体,可谓妙不可言。

"浙乡邮礼"依托遍布全省的城乡信息网络服务平台,把该省各地最具特色的时鲜水果和农副产品,第一时间配送到全省各地,在满足城市居民品尝新鲜水果和时鲜农副产品的同时,为解决农副产品销售难问题助一臂之力。

例如,浙江衢州市的气候和土壤十分适合栽种红心猕猴桃,在当地的产量很不错。为此,当地便把这个作为"一村一品"大力推广种植。

衢州市沟溪乡五十都的徐志辉是其中的一位种植户。他的果汇多农业发展有限公司一共种了500多亩红心猕猴桃,部分已经开始投产,2013年的产量估计约有4万公斤。面对这么多猕猴桃,如何进行销售呢?

而其实,早在2012年,衢州市农业和农村工作办公室、市邮政局为了解决一家一户农民的销售难问题,就开始策划"浙乡邮礼"项目,助推农产品进城了。

2013年6月,衢州红心猕猴桃在全省特色农产品中脱颖而出,成为该项目在全省配送的月度特供农产品。

为了保证质量,他们专门安排了10多名质检人员层层把关,确保每一只猕猴桃质量上乘,并且还制定了"第一年保本销售、目的是打响品牌"的策略。下一步,还将对衢州的高山蔬菜、优质土特产的配送销售进行深度开发,以便能销售出更多的农产品,解决农民后顾之忧。

以徐志辉为例。他这4万公斤红心猕猴桃中,通过"浙乡邮礼"平台销售的有1.5万公斤,其余的采取分级销售办法,由他自己负责销售——特级红心猕猴桃每公斤能卖60元,一级的卖40元,由于目前产量并不多,所以销售基本不成问题。而据预测,即使将来红心猕猴桃种植面积扩大了、产量上去了,经济效益也不是问题。以亩产2000公斤计算,即使每公斤的价格跌到10元,每亩收入也会有2万元。

衢江区清水瓜果专业合作社社长俞建飞介绍说,2013年他在全旺镇官塘畈种植了300多亩红心猕猴桃,已有部分开始产出,采取的同样是分级销售的办法。他说:"现在,政府重视农产品销售,销售的渠道很多,我们农户只管种,关键是要种好,种出精品果来,那经济效益一定是不错的。"

2013年9月12日至18日,通过邮政平台从这里运出去的红心猕猴桃总量达到5万公斤,全部销往该省各大中城市,并且可以直接送到居民家中。

"浙乡邮礼"为什么会有这么大的销售把握呢?原来,在此之前他们就已经通过预销售基本落实了所需数量。每份"浙乡邮礼"红心猕猴桃重5.4斤,价格125元。并且在这其中,每份产品中都会附有一本介绍衢州及衢州特色产品的宣传册。[①]

邮政网络在农村极具优势

利用邮政渠道销售农产品的最大好处是,邮政渠道与其他物流渠道相比,在我国农村具有无可比拟的网络优势,所以这条路更容易走得通。

2012年12月21日,中国邮政集团公司及北京、天津、上海等八个省市的邮政分销部门,在郑州举行了河南邮政特色农产品推荐会,标志着河南省的优质农产品正在通过邮政网络走向全国,河南农民种植的绿色有机农产品,正在依托邮政名址库送到北京、上

---

① 胡宗仁、陈剑寒:《"浙乡邮礼"试水红心猕猴桃销售,助推一村一品》,载《衢州日报》,2013年9月13日。

海、广州等全国各地,农产品销售渠道一下子就打开了。

这项工作是河南邮政从 2011 年年末开始全面启动的。当时,河南邮政就确定了特色农业种植基地 2 万多亩,从中筛选出了新乡原阳大米、驻马店平舆芝麻、正阳花生、焦作温县铁棍山药等 15 个农产品种类的 19 个省级特色农业种植基地,涉及 9 个省辖市、13 个县市。很快地,河南邮政就推出原阳大米、焦作铁棍山药、新郑大枣、三门峡 SOD 苹果等四款"百全·豫地珍宝"系列农副土特产品,以及"中原六宝"杂粮系列产品。2011 年,全省通过邮政渠道销售的农产品数量多达 381.14 万件,销售额达 2 亿元。①

但不可否认,由于河南是农业大省,所以虽然不少地方有自己的地标农产品,但仍然有很多农产品出现滞销。每到农产品收获季节,经常可以在各种媒体上看到农产品滞销的求助帖子。

为此,无论是河南还是全国其他地区,今后如何进一步通过邮政或其他物流渠道加快推进农产品网上销售,还大有文章可做。

42. 网上卖菠菜价格涨 10 倍

网上销售农产品的一大优势是可以卖出更高的价格来,以提高农民收入。虽然有时候网上促销的目的主要在于解决农产品销售难问题,但这只能作为一种权宜之计,绝不可恋栈。

任何一种商业行为,如果仅仅只是为了扩大销售、减少亏损,那是不可持续的,也是不值得大面积推广的。

在这方面,李敬峰通过在网上销售菠菜,硬生生地把地里的菠菜价格提高了 10 倍,就堪称是一道传奇。

1980 年,山东金乡县农民李敬峰考察到毛刷加工有发展前途,于是就组织本村 10 多名劳动力办起了全县最早的毛刷加工

---

① 訾利利:《河南邮政网上售卖农产品,网络销售成推广新趋势》,载《河南商报》,2012 年 12 月 25 日。

厂。可是没想到,产品出来后销售成了大问题,虽然发动群众竭尽全力地到处上门推销,可依然销售不畅、价格也低。

1985年,李敬峰家里装上了当时全村的第一部电话。由于对外信息通畅了,生意很快有了转机,1990年时工厂已有固定资产20万元、员工60多人。

1993年,李敬峰当选为村党支部书记。上任后他立下誓言,一定要把大部分精力用在带领全村人共同致富上。

仍然是通过电话的对外联络,他了解到了外面的改革开放信息,先后办起了四家面粉厂、两家橡胶厂、五座总容量3 000吨的恒温库、五处养鸡场,并且经常聘请专家来村里讲课,在全村实现了以大蒜、菠菜、西瓜、玉米为主的"四种四收套种兼作"模式,让村民逐步走上富裕之路。

1997年,在乡政府的规划下,该村建起了一处农副产品批发市场,从而促使全村发展股份制企业15家、总投资超过1 500万元,形成了一条以冷藏、保鲜、面粉加工、橡胶制品等为一体的农副产品商贸走廊。

至此,就自然而然地引出一个问题:怎样把这些农副产品卖到外地、卖给全国甚至全世界,也让农民赚一赚外国人的钱呢?

而恰好在这时候,邮电部门上门宣传互联网业务,并向他们介绍了一些外地农民是如何在网上卖菜的成功案例。第二天,李敬峰的办公室里就装上了一台586电脑。他学着邮电局长介绍的样子,注册了自己的域名,把全村的大蒜、菠菜、胡萝卜等产品信息全都发在网上,人称"电脑村长"。

网上销售农产品的威力最早出现在1998年。当年7月,青岛外贸部门在电脑上主动与李敬峰取得联系,两次组织出口大蒜870吨、销售额达270万元。

最经典的是2006年12月,李敬峰在网上发了一条"鲁西南最大菠菜市场"的信息。结果,仅仅七八天过去后,便有辽宁、吉林、河北、河南等10多个省市的客商蜂拥而至,每天都有几十辆卡车来这里装货,方圆几十里都有人把菠菜送到这里来交易,场面比过年还热闹,硬生生地把当地过去每公斤只有一毛钱的菠菜价格抬高到 1 元,整整涨了 10 倍。

当地农民做梦也没想到,过去怎么也卖不出成本价来的菠菜,居然一下子会成为抢手货,一个个乐不可支。当年全村种植的 900 亩蔬菜总收入 137 万元,亩产达 1 500 元。

2007 年,李敬峰与美国贝达公司签订了 1 000 吨大蒜的订货合同,与韩国客商郑元直签订了 100 多吨胡萝卜的订货合同。他说:"互联网不仅让农民的劳动变得更有价值了,更让我们开阔了眼界、增长了见识。"

可不是吗?现在的西李村已经成为全县闻名的经济强村,农民不用花一分钱就能住上新楼房;土地交给村里后,每年每亩地有保底收入 3 000 元,并且还能享受到村办企业 50% 的利润分红。村里的主要农作物有大蒜、菠菜、山药、棉花等,尤其是日本大叶菠菜、李庄山药远近闻名,属于主导产业。

2010 年,该村下辖企业共创汇 1.42 亿美元、利税 9 500 万元,村民人均纯收入超过 1.5 万元。

有人说,李敬峰是网上销售农产品的开拓者;也有人说,他的"线下产品线上推、线上客户线下做"的营销模式是传奇。但无论怎么说,通过互联网把农产品信息发出去,进而实现农产品的对外促销,是促使西李村有今天辉煌业绩的主要推动力之一。

43. 鸡呀鸭呀飞到哪里去

过去有首《拥军秧歌》是这样唱的:"(女)正月里来呀是新春,(男)赶上那猪羊出呀了门。(女)猪啊羊呀送到哪里去?(男)送给那英勇的八呀路军……"而现在,自从开始农产品网上销售后,猪呀羊呀鸡呀鸭呀想飞多远就能飞多远,全都取决于客户需要。

但不用说,"飞"的方向不同,它们的价值就大不一样。一般来说,越是长途跋涉,这样的农副产品越是能卖出好价钱来。因为这说明两者之间的地域差别不小,互补性更强。否则,也就不会这样千里迢迢地舍近求远了。

山沟里的乌鸡凭什么飞向远方

城里人的生活条件改善了,因此伙食上总想吃点乡间的土菜,这样客观上就对农村的土鸡产生了巨大的市场需求。网上销售农产品瞄准这一点,便将大有作为。

2010年,四川绵阳市凤凰乡花庙村50岁的梁邦林,放弃在外打工回到了家乡,和刚刚读完医学专科的女儿一起创业。

他们投入所有积蓄,与朋友一起合伙,又通过信用社贷款,承包了七八十亩林地,采购了1万只略阳乌鸡鸡苗,办起了家庭养鸡场,胆子大得有点让村民们吃惊。

养鸡容易卖鸡难。那么,梁邦林对此又是怎么想的呢?

他说,走这条路最初也是被逼出来的。在此之前他一直在外打工,辛辛苦苦也挣不了几个钱。而当时刚从中医学校毕业的女儿恰好也找不到合适的工作,看看自己家乡没有工业污染,地理位置又好,所以他们两人一合计就决定养鸡了。

父女俩认为,一般的肉鸡在市场上并不稀奇,所以要做就要有特色。对,就养乌骨鸡,营养,有特色,也好卖。

这种鸡,从毛到皮到骨头内脏全都是黑的,下的蛋则是五种颜色的。为了保证品质,他们经过层层筛选,最终选定了适应性强、蛋肉营养丰富的陕西略阳乌鸡。平时全给它们喝井水,每天早晨放出去到外面山林里去觅食,傍晚才成群结队地回家。遇到下雨天,就让它们呆在家里,主食是玉米、豆饼,定期在其中添加各种中草药。所以,这些鸡不但不生病,而且肉质鲜美。[①]

父女俩相信,有了好的东西,又有该乡成立的凤凰农产品信息

---

① 陈建、丁雅灵等:《父女回乡共创业,乌鸡铺就致富路》,载《四川农村日报》,2011年10月13日。

网发布信息、网上销售,市场前景应该不成问题。

　　这里所说的凤凰农产品信息网,是指2011年7月该乡投入注册资本100万元成立的凤凰农业产业化服务中心的下属机构,主要负责种养殖业和技术服务、品牌包装、产品销售。很快地,全乡就有200多户农民加入进来,在网上推广红萝卜、乌鸡、肉兔等农产品了。不但如此,只要登录该网站,就能看到种养殖业户们关心的农产品品质、生产技术、销售市场等各方面的信息,可谓应有尽有。

　　梁邦林通过在该网发布产品信息,使得自己的这些乌鸡纷纷飞向全国各地。他喜滋滋地说,当初怎么也没想到,在电脑上点那么几下,果真就有鸡贩子会找上门来。

　　梁邦林销售的第一批鸡的批发价是每斤30元,卖了10多万元,一只鸡能卖到200元。他说,平均每只鸡的纯利润在二三十元,如果是规模化养殖,可达五六十元,而2011年他的万只乌鸡就能卖140万元。更重要的是,通过网上销售,原本他最担心的"卖难"一下子就解决了,甚至还供不应求。

　　记者2011年11月13日去采访梁邦林时,正好看到有一辆农用运输车停在他的乌鸡养殖场院子里,几名工人来回奔波地忙着捉鸡。

　　来自成都的王老板一边拉货,一边埋怨鸡太少,还不够他拉的,并且竭力讨价还价;而梁邦林呢,则胸有成竹,一副"皇帝的女儿不愁嫁"的样子。他说:"你要是再晚来半天,恐怕这三千多斤也没有咯!"

　　梁邦林并未夸大其词。这时候正好又有一位香港老板和他联系,向他要货。但因为对方一次性要2万只以上,所以他根本就不敢答应。

　　紧接着,他叫女儿走过来打开手提电脑给王老板看:"你看看,我这里还有四五家客户等着要货呢。"然后打开博客,让他看自己和买家的对话:"数量有限,先到先发货,售完为止。"

　　而王老板呢,这时候也不得不自己先找个台阶下:"我们是提前约好了的,你可不能不给我哟!"

王老板对记者说,他正是在网上看到梁邦林女儿发布的"略阳乌鸡预售"信息,然后又看到报纸上的介绍,在查证了凤凰乌鸡的饲养信息后,与梁邦林达成购销协议的。如果不是通过网络他根本不可能来这里,因为不知道这里有他需要的东西呀。①

网上销售农产品,就是这般神奇。

野鸭一飞就是2 000公里

鸡会飞,鸭也会飞,而且一"飞"就是上千公里。是网上销售的力量,给它们插上了腾飞的翅膀。

浙江海盐县农民周进良办了一家野鸭养殖加工厂,拥有四层高的加工厂房,与500多户养殖户有着合作关系,年销售额超过6 000万元。

他在当地小有名气,不仅因为是致富能人,更因为他是当地第一个在网上销售农产品的农民。

周进良是从1999年开始搞养殖的,先后养过蜗牛、蚯蚓和野鸡野鸭等,当时的主要销售对象是附近地区的饭店。

值得一提的是,那时候互联网虽然还只是刚刚发芽,他就试着办了个网站,把产品信息放到上面,在网上销售农产品的道路上迈出了第一步。

这说起来确实还有点故事性。当时他正在县城卖鸭苗,偶然听到一个消息说当地税务局有一批淘汰下来的电脑需要处理,他就想:"我能不能用这些电脑在网上来销售自己的鸭苗呢?"因为在此之前,他已经听别人说过类似的事。

所以,他马上花6 000元买了台二手电脑带回家。妻子抱怨他"乱花钱",因为当时他连鼠标都不会,又充什么电脑达人呢?可

---

① 李启华:《网上"摆摊",农产品销售提速》,载《四川农村日报》,2011年11月15日。

是他却不以为然。他当时虽然连网页怎么打开都不知道,却依然硬着头皮去电信局请人给他做了个网页,亲自拍了一些图片放上去,希望能"姜太公钓鱼——愿者上钩"。这样,自己坐在家里就能卖鸭苗,别提有多轻松了。

可是,效果并不尽如人意。因为几乎没有什么访问量,点击率始终是个位数,所以他的网页当然就不会有什么效果。

直到 2001 年的某一天,周进良在《浙江日报》上看到一家大型门户网站发布的免费注册信息,于是就在自己的网页中选择一部分内容发了上去。没想到第三天就收到第一笔订单,是一位来自福州的客户要买 5 000 只鸭苗,这可让他乐坏了。①

就这样,边实践、边摸索,他的养殖业不断发展。先是淘汰了过去的几个养殖品种,专门养野鸭;接着是慢慢地把重心从养殖业转移到加工业上来,因为加工后的产品更适合长途运输,更适合在网上销售。为了增强竞争力,他又申请了绿色食品认证。

2005 年浙江省政府大力推广农民信箱,这让曾经在互联网上尝到过甜头的他喜不自禁,理所当然地就投入其中。

而自从他使用了省农业厅的公益项目"农民信箱",以及一款能够向网上自动发布信息的软件后,从此他就专门坐在他的办公间里在电脑前收发电子邮件,再也没有出去跑过生意了。

在农民信箱中,每个人都可以申请实名账号,然后通过密码与其他农民互通电子邮件,并且还可以直接给各级机构主管发送邮件。如果不会上网,还可以通过手机与该信箱绑定,用手机来接收短信息。有了这些便利功能,他如鱼得水。

例如,他的绿色无公害产品需要寻求无公害饲料,于是就去农民信箱的供求信息平台上去找,结果不费吹灰之力就找到了无公害饲料的卖家。然后双方取得联系,有什么条件都可以直接和对方谈。如果对方不会上网或不在网上,信息发出后马上就能传到

---

① 抚松:《一个销售员都没有,网络鸭倌年收入 2 500 万》,载《现代营销·经营版》,2008 年第 11 期。

对方手机上,一点都不会误事。

同样的道理,当他要销售野鸭时,他就把信息直接通过一款名叫"商务快车"的信息发布软件,发到各大小门户网站去。

不用说,他的生意是越来越好了,每天总会接到好几笔订单和电话,并且产品最远时一直卖到 2 000 公里之外的沈阳。

更值得一提的是,他的企业没有一名销售人员,所有订单全部来自网上。一方面,这能大大降低销售成本;另一方面,又能让他把所有精力集中在生产上。可以说,如果离开了网络,周进良至今仍然只是一名普普通通的鸭苗贩运商。

网上销售农产品给周进良带来的另一项变化是,从此他改变了过去只种传统农作物的习惯,懂得如何来根据市场需求有选择地种养了。[1]

2012 年,周进良的浙江尼松食品有限公司成为海盐县农业标准化示范项目,年产尼松野鸭 2 万只,已经建立起从育种到销售野鸭的全产业链,年产值超过 6 000 万元。下一步他的目标是,要走出国门、开拓东南亚市场。[2]

44. 养鸡场养出"战斗鸡"

上面讲了网上销售乌鸡和野鸭的两则典型案例。应该说,活禽活畜在网上销售农产品中占有很大一块比重,所以接下来准备再以网上销售鸡为例,通过解剖一则成功案例,来看看怎样才能把这块地耕耘好,最大限度地发挥网上销售的积极作用。

---

[1] 李洋:《一位省长的互联网实验》,载《互联网周刊》,2007 年 4 月 23 日。

[2] 陆省宁、华涛:《海盐农业龙头企业"两不误"——谋求转型发展,带领农户致富》,载《南湖晚报》,2013 年 1 月 17 日。

女儿助父亲踏上网络路

江西省进贤县洪强养殖公司的洪小凤,在中专里学的就是电子商务专业,原来在广东东莞一家企业负责电子商务。

她的父亲在老家养了 10 年的鸡,2010 年 5 月注册了养殖公司,所以她就推荐父亲开设一个网站进行网络营销。

可是她父亲只是一位普通农民,根本就不懂网络什么的,这样的要求对他来说是非常困难的。怎么办? 不要紧,女儿本身就是干这个的,不是小事一桩嘛。

就这样,2010 年 7 月,洪小凤干脆请了一个星期的假,回家帮助父亲把网站建了起来,包括教父亲如何上传产品信息、包装网站等等。可是这事情说起来容易做起来难,洪小凤走了之后,网站就一直处于自生自灭状态。家里虽然也有电脑,可是父亲连拼音打字也不会,所以接下来的大半年中,一笔生意也没做成。

如果一定要说有什么收获的话,那就是网店开了后经常有兽药厂家打电话来推销兽药,提供的价格还不到市场价一半。年底一核算,这半年间仅仅这一块就省下不少钱。

但网上卖鸡才是主要业务呀。看看这样下去不行,2011 年 4 月洪小凤辞掉工作,全身心地投入到这个网站的打理中来。

俗话说,"行家一出手,就知有没有。"洪小凤在其中做了些什么呢? 可以说,她所花的工夫其实并不少。

例如,她千方百计地通过论坛营销、博客营销、情感营销等手段来推广自己的产品。以论坛营销为例,她经常在阿里巴巴网站的农业论坛上发帖,介绍自己的产品、分享养殖经验和故事。后来很快就做到了阿里巴巴农业论坛的版主。级别高了,买家的认同度就提高了,浏览量也增加了,销售额就上去了。正可谓"一分耕耘一分收获",他们的网上销售种鸡很快就见到了成效。

网上销售,这里风景独好

农民们都知道,农产品销售有个特点,那就是每年的行情波动很大,而且往往是一年好一年差。

洪小凤介绍说,他们那里的养鸡场也是如此。比如2011年就不错,2012年就非常糟糕,以至于许多同行都停业了。可是由于洪小凤有网上销售做靠山,所以"风景这边独好",不但没有倒闭,而且还活得有滋有味。

例如在过去,春夏两季是土鸡养殖旺季,鸡苗供不应求;而到了冬天,养鸡的人越来越少,这时候的鸡苗生意就淡了,卖不出去的鸡苗大部分要扔掉。而自从他们在阿里巴巴网上开设了网店后,当年冬天的鸡苗居然卖得一只都没剩!

另外就是,有很多土鸡经纪人开始通过网络打电话找到他们,要求采购土鸡,而当他们自己的土鸡供应不上时,就会介绍自己的那些养殖户们。虽然养殖户和他们之间没有直接的利益关系,却会间接带动鸡苗的生意,也算是巩固了彼此之间的合作及信任关系吧。

洪强养殖公司过去每年要养四五千只鸡,可是直到2008年时还是亏损的。2012年,他们的养殖规模一下子就扩大到4万多只,短短一年间差不多增加10倍。规模扩大了,当年的市场行情又不好,可是他们的销售依然旺盛,这就全亏了网上销售的功劳。

现在,他们的土鸡养殖存栏量平均在3万只左右,年出栏量在一二十万只,鸡苗孵化量规模在200万只,年利润在百万元以上,与他们有固定合作关系的养殖户达上百家。彼此之间统一供应饲料、兽药,统一技术指导,形成了紧密型利益共同体。[1]

---

[1] 《樱花树下的养鸡人——农民网商洪丙南父女》,载《阿里农业创富故事》,2013年第8期。

送人玫瑰之手,历久犹有余香

网上销售农产品除了拥有实打实的销售功能之外,交流信息、加强合作、巩固友谊、助人为乐也是其主要功能。

有时候真的是"功夫在诗外"。你越是帮助别人,在有条件或有困难的时候想到别人,你的生意也会越做越大。

洪强养殖公司就是这样。2013年5月的一天,湖北阳新县的一位客户去该养殖公司考察参观,看到那里有脱温土鸡苗,就提出想先买2 000只回家养养,以后等新的鸡舍建好了,再来这里继续循环进苗。原来,这位客户租了一百亩山地在种植金银花,想在其中养些土鸡。这样一来,到时候卖不掉的金银花就可以给鸡吃,也不会造成浪费了。

而实际上呢,洪强养鸡场的这些脱温土鸡是过去禽流感期间不能对外销售才自己养着吃的,现在客户提出的这个设想确实很不错,因为吃了金银花的土鸡抗病能力提高了,肉质也会更加鲜美,所以他们决定忍痛割爱、助人为乐。

接下来他们问客户鸡舍面积有多大?回答说有80平方米左右。但这样的面积最多只能养1 200只,否则密度太大了反而不好,所以他们当即就对客户指出了这一点,客户照办了。并且由于该客户以前并没有养过鸡,什么也不懂,所以他们还简单地教了对方一些基本的养殖方法。这种将心比心让客户很感激。[①]

如何通过网络获取最大收益

网上销售农产品的功能是多方面的,好好对此进行规划和利用,当会获得最大收益。

[①] 《老爸劝客户少进一点鸡苗》,进贤县洪强养殖有限公司网站,2013年5月26日。

一方面是,该公司十分注重产品质量,确保网上销售的价格与实体店一致,所以消费者对此是认可的;另一方面是,他们通过细分市场,使市场面也扩大了。

　　例如江西人喜欢吃母鸡,公鸡在当地就卖不出好价钱来。有鉴于此,他们就通过网络把公鸡鸡苗专门销到其他更受欢迎的省份去,这样就能使得省内省外两不相扰了。如果离开了网络,实体经营中就不可能如此长途跋涉地把公鸡鸡苗卖到外省去。

　　2012年,该养殖公司下面养殖户多达300多户,网上销售额高达100多万元,但这还没有充分挖掘出潜力来。

　　究其原因在于,鸡苗是一种特殊商品,具有很强的季节性,有很多订单他们没法接。一种情况是供不应求不敢接,还有一种情况是客户要得急,他们又不想随意调货,所以不敢接。每家养殖场的质量不一样,生怕因此而影响了自己的声誉。所以往往是在网上询盘的订单多,实质交易并不多。这不是网上销售的问题,而是各种农产品都有自己的特殊性,不能一概而论。

　　值得一提的是,由于网上销售是直接打款,所以销售质量更高(没有欠款,资金周转就灵活了)。

　　借助于网上销售带来的神奇效应,该公司目前提供的产品有绿壳蛋土鸡苗、五黑绿壳蛋鸡苗、青脚土鸡苗、脱温鸡苗、成品土鸡、青年鸡及种蛋等多个品种。打开他们的网站主页,就能看到这样的宣传口号:"洪强种鸡,种鸡中的战斗鸡!"[1]

　　呵呵,"战斗鸡"有这么强的战斗力,还多亏了网络营销。

45. 网上卖猪勾起儿时回忆 ●●▶

　　网上销售农产品怎么销很有讲究,打感情牌是其中重要的一

---

[1] 张雪:《如何让农产品网销叫好又叫座》,载《江西日报》,2012年9月14日。

招。前几年猪贱伤农,许多农村都不养猪了,可是就有人通过网上卖猪闯出了一条新路子,并且从中赚到了大钱。

合伙买猪肉为的是一种气氛

在广东珠海,"十亿人"社区蔬果网就非常注重打情感牌,2012年年末新增的网购猪肉就是其中的一例,在给消费者更好物质享受的同时,也较好地满足了部分消费者的情感需求。

他们的猪肉配送工具是一款可以保温的环保箱,所有产品包装上都有二维码,通过扫描二维码就可以查明该商品的真伪,查到它从"出生"以来的所有信息。而即使这样,他们的销售价格也不高。

他们销售的这种粗粮土猪肉,给预充值会员的销售价是每斤17元,与实体店销售的市场价差不多。但网购猪肉能得到去实体店买猪肉完全不同的生活体验,并且他们承诺,他们的粗粮土猪饲料以粗粮为主、青料为辅,是用传统饲养方式养殖的,每头猪都足月喂养。所以,这样的猪肉口感好、品质佳,有营养、更安全,吃起来有过去小时候吃过的那种猪肉的味道!

例如某企业就有14名员工合伙团购了一头整猪,为的就是想重新尝尝小时候吃过的那种猪肉味道,重温一下小时候过年"生产队里分猪肉"的那种温馨的生活体验。

网上销售农产品做到这份上,卖的就不仅仅是农产品了,同样也是在销售儿时的回忆了。这样的创意和魅力可谓别具一格。

正因如此,珠海"十亿人"社区蔬果网从2011年年末正式开通后就得到了迅速发展。它们销售的农产品主要来自世界各知名产品的原产地及国家地理标志保护产品的原产地,如黑龙江五常县的大米、山东烟台的红富士苹果等。

目前他们与全球130多个农副产品基地建立了合作关系,与农户签订了产销对接协议,规定农户必须按照它们制定的标准进行生产,并且派专人在现场进行全程监管,所以在最终质量上相对有保证;与此同时,它们给出的收购价也非常有吸引力——高出市场价20%以上。并且,他们还设立了一项"安心基金",当农户在遭遇自然灾害时,便可以从中得到一定的补偿。

感情牌推而广之屡试不爽

现代人生活压力不断增大,生活节奏也快了,因此越来越渴望情感的慰藉。所以,感情牌在网上销售农产品中如果能得到恰当的推广,当能取得屡试不爽的效果。卖猪肉是这样,卖其他亦是如此。

在重庆,巫山县振兴农牧科技公司经理张劲松,同时兼任了该公司网站负责人。自从该公司开通网上销售巫山黑山羊以来,通过网站咨询的人越来越多,平均每天的访问量达到300人次,销售量节节上升,并且价格也非常理想。

具体地说是,一方面他们大力加强生产质量管理,不但获得了无公害农产品产地认定证书、无公害农产品证书,拥有自营外贸出口权,并且还把商标注册到了香港、俄罗斯等国家和地区,让消费者感到彻底放心;另一方面,他们通过网站全面介绍黑山羊的养殖技术、动态等详情,拉近了与消费者的情感距离。

就这样,过去市场上一只普通的巫山黑山羊只能卖到800元,可是通过网上销售直接卖给最终消费者,一只种羊却能卖到1 600至2 000元,并且产品远销贵州遵义、湖北恩施和建始等地,羊肉产品的主要销售地区则在重庆主城、广州、湖北等地。

例如奉节县大树镇、贵州桐梓县九坝镇的一些客户在通过网上咨询后,一周左右就会到公司来提货,有的一买就是50只种羊,而这在过去传统渠道销售下简直是不敢想象的。[1]

---

[1] 王忠虎:《巫山:黑山羊网络销售价倍增》,华龙网,2011年6月20日。

46. 白领变身梅林核桃王

网上销售农产品虽然销的是农副产品,但绝不表明这项工作只能由农民和"农二代"来做。作为一项新兴产业,凡是具备相应条件的,都可以把它当作一项事业来做,并且取得成功。

杨世明既是"农二代",又是"高级白领",他摇身一变成为"梅林核桃王"的经历就能说明上面这一点。

2001年,杨世明从山东工商学院毕业后,来到深圳一家著名的月饼生产企业做管理培训,两年后跳槽到一家快速消费品公司当总经理助理,月收入七八千元。虽说是助理,但因为总经理和其他老板一年中也不会来公司两次,所以他实际上干的是总经理的活,主要负责某品牌纸巾在深圳各大商场、超市的供应。

结婚后他发现开销变大了,这点收入一家三口不够用,而在职场上他的这个职位和工资说高不高、说低也不低了,以后的发展空间并不大。于是,他于2007年决定辞职,自己创业。

辞职后因为过去没什么积蓄,所以只好先从小买卖开始做起。本来他想加盟一家鸭脖子店的,突然听说有个朋友在南京兼职销售河北石门的核桃,一个月能赚好几千块,并且人很轻松,于是他连忙拉了一位朋友去深圳的两大农贸批发市场了解行情。一打听还真是这么回事,深圳的核桃批发价只有每斤18元,再去家乐福超市看,即使特价还要每斤34.8元,正好相差一倍。

杨世明想,核桃这东西便于保管、运输,同样也是快速消费品,所以觉得做这个应该很不错。

进一步调查发现,当时在深圳市场上卖的核桃主要来自云南和新疆。云南是他的家乡,云南核桃皮薄仁好很受消费者欢迎;而新疆核桃由于路途遥远,物流成本居高不下,当然缺乏竞争力了。

恰好这时候,他家里还有一袋二姐从家乡带来的核桃,于是他又从批发市场去买了一点进行比较。最后在网上一查,这云南大理的核桃居然在历史上很有名。几个因素综合起来,杨世明更觉得这事值得做。

他马上给在家乡的二姐打电话,了解当时的核桃价格。仔细一算,采购价加运费、损耗之类运到深圳也至少比超市要便宜。并且这东西富含不饱和脂肪酸,一直以来深受消费者欢迎,销售应该没问题。接下来,至于做批发还是做零售、是自己开店还是进超市都是可以考虑的,但就是绝对不能放在大街上卖,否则卖不出价钱不说,销量也一定上不去。

杨世明过去就是专门与商场、超市打交道的,深知其中的内幕和甘苦。如果要进超市,什么进场费、条码费、店庆赞助费、公司周年赞助费、节日赞助费、物流仓储费、销售返利、促销费(包括海报费、端架费、堆头费)至少要占销售额的12%至25%;更重要的是压款严重,通常要60至90天。在此期间,一旦你断货或供应不上,还要受到超市的处罚,这日子可不好受。所以他想,对于没有多少本钱的自己来说,网上销售几乎是唯一选择。

拿定主意后,他马上打电话给二姐,收购了400多斤核桃,经过八天的长途跋涉于2008年1月中旬运到深圳。

这时候马上就要到春节了,他整天忙于在深圳的各大门户网站和跳蚤市场去发帖子。为了尽快打开市场,第一批核桃的价格他定为每斤18元,3斤起免费送货;货到时先尝后买,觉得不好他二句不说马上就走。结果没想到,第一天就卖出去了二三十斤,后来,回头客就越来越多了。

勤进快销的好处在于资金积压少,缺点是多批次进货品质无法保证、价格波动也大。有鉴于此,随着销量逐渐上升,他决定干脆在老家找个加工场——在每年秋季核桃上市时大量买进,然后就放在那里干燥。老家有的是地方,不愁没有存储空间。

2008年9月,第一次囤货时他心里还没底,所以只以每吨4万多元的价格囤了5吨。可是不到2009年2月就卖光了,这让他有了信心,后来的囤货就翻了一倍,一直保持在40万元以上。

也正是在2008年,他第一次请父亲在老家为他收购了一批特殊的核桃,当地人称为"草果核"。长圆形,壳薄,肉香还略带点甜味。两个核桃放在手上一起捏,就能捏碎皮,很受消费者欢迎。2009年春节他在淘宝网上开设了网点,"两下子"就把核桃卖到了全国各地。

那究竟是什么"两下子"呢?这第一下子,就是租借别人的饮料仓库作为核桃中转站。

由于冬季是饮料销售的淡季,仓库比较空,而且还很大,而这时候恰好是核桃销售旺季。不用说,这样做能够极大地降低仓储成本,同时又能保证货物发送速度,收货、发货都很方便。

这第二下子是降低物流成本。

一开始时,他买了一辆汽车专门用于送货,可是很快发现这样做成本太高。尤其是随着销售越做越大,这种成本增长速度更快。可与此同时,他也有"资本"与快递公司讨价还价了,最终达成了首重3公斤快递费5元、续重每公斤1元的优惠价格,仅此一项就能省下不少运费,让顾客得到更多实惠。

现在,他每月付给快递公司的费用有1万多元,足见他的核桃销售有多么火。

杨世明过去在快速消费品领域摸爬滚打,消费者心理学掌握得很好。消费者在一大袋核桃里只要发现有一颗是小的,心里就会不开心,他会觉得这老板偷工减料了,更别说遇到空核桃或铁核桃了。如果是这样,回头客就没了。

针对这一点,他专门请了4名员工,其中有两人专门负责在仓库里打包分等级。他把3类核桃品种分成七八个等级,分别按照大小、口味、消费对象分类,目的就是要使得消费者买到的核桃品质相对稳定、符合预期,从而赢得回头客。

实践证明,这一目的他完全达到了。例如,在他的分类中,有一种专门销售给孕妇的"瘦核桃"。出生在核桃之乡的杨世明说,核桃的口感区别非常大,而一般经营者对此不太敏感,而其实老人、孕妇、小孩都会有各自不同的需求。如老年人比较喜欢个大、味浓的核桃,它们的含油量比较多;孕妇喜欢瘦型核桃,清爽而有回甘等等。为此,他专门闯入妈妈群、孕妇论坛去发广告,联合搞活动。

针对他过去3斤起邮的规定,有些消费者反映并不希望一下子就买这么多,而更喜欢经常吃新鲜的,同时又希望能免费邮寄,杨世明想出了一个两全其美的办法,那就是在经营核桃的同时,又增添了新疆大枣、夏威夷果、碧根果等相关休闲食品的销售。

这样,消费者有了更多的选择,同时又符合他3斤起邮的规定。而这对于杨世明来说,既做成了这些生意,又扩大了经营范围,可谓有利无弊。

值得一提的是,由于核桃销售具有季节性,所以淡季时他也会联系月饼厂家销售月饼、填补空当。由于他在经销核桃时已经积累起了良好的信誉,所以这也带动起了月饼销售,一季能销80多万元。他说,对他来说这是意外收获,过去是不敢想的。

三年多下来,每斤30元左右的核桃他从来不打折销售,可是在网上的销量依然直线飙升,"梅林核桃王"的名气也慢慢地传开了,2010年的销售额高达320多万元。[①]

---

① 管亚东:《网上卖核桃年销320万元》,载《深圳商报》,2010年12月24日。

第五课
网上销售农产品的注意事项

网上销售农产品同样是有风险的,除了可能被骗被盗和退货坏账外,还包括无人浏览、不死不活。总的原则是要在商言商,以经济效益为目标,学会及时锁定获利。

47. 把追求效益放在首位

任何经营模式都应当把追求效益放在第一位。只有社会效益、没有经济效益或者总是入不敷出的项目,如果确有必要,也应当是政府操办的事,不适合个人以此为业,否则就如兔子尾巴长不了。

网上销售农产品目前总体上还属于新生事物,基本处于叫好不叫座的发展阶段。所以,无论是农民组织还是个人,都应当把追求经济效益放在第一位,这是必须牢记在心的。

目前农产品网络平台亏损的多

资料表明,目前我国的涉农网络平台至少有 3 000 多家。

但由于农产品流通环节过长、损耗过多,生产销售信息又不对称,尤其是缺乏相应的法律法规,所收货物与所订货物不完全一致的情形时有发生,所以,这些网上交易平台的信誉还有欠缺,真正盈利的平台并不多,或者说效益很一般。而这又反过来制约着农产品网上销售进一步纵深发展。

其中存在的问题,主要表现在以下两点:

中听不中用

农产品网络销售平台中有许多是中听不中用的,说起来很好听,但其实派不了什么大用场。

以2011年在我国兴起的微博为例。许多农民尤其是年轻、文化程度高的人,当时着实利用各种微博工具在销售农产品方面花了一番大功夫,但真正能收到实效的还是很少。

正面的例子是,2011年5月四川盐边县瓜农注册了一个"攀枝花人卖西瓜"的微博,很快就有了2 000多人的粉丝队伍,销售量节节攀升。当地一家超市看了这条微博后曾经主动联系,签下了120吨的大单。随后,众多微博名人、媒体以及当地政府便纷纷跟进,盐边县西瓜滞销的局面顿时消失得无影无踪。

这样一次通过微博叫卖西瓜大获成功的案例,让许多后来者看到了希望,以为这是一条捷径。然而,这样的成功案例并不多。

就在同一时期,山东莱州女孩王哲注册了"姜农微博卖姜"的账号,内蒙古乌兰察布土豆种植户李维文、云南小黄姜种植户张传金、湖北团风县柿子种植户漆建国和胡彩斌夫妻等,都在通过这种方式推广自己的产品,减轻滞销压力,但效果就不尽如人意。

2011年10月,李维文对记者说,他的微博粉丝三天内便突破1 500人,他曾经在一天中就接到20多个电话,但主要是咨询和建议,真正谈生意的很少。他说:"微博营销情况不理想,更新了一周左右,我就懒得继续宣传了。现在我们县九成土豆都下窖了。"王哲对此也有同样的困扰。

有人买不敢卖

有人买不敢卖是指虽然你的标价不高,可是对于消费者来说却是价格低了还想低;有些网购的价格看上去不错,可是扣除了物流费用后利润就所剩无几甚至亏损,这让卖主左右为难。

正如你能想象的那样,农产品在城里的需求量确实非常大,消费者从农民手里直接进货价格至少可以打个7折,既新鲜又便宜,何乐而不为呢?但实际成交量往往就是上不去,原因就在于农业生产及农产品周转环节脱节。

福建茶农苏小姐过去也在淘宝网上开过"香韵茶业"网店,但开业半年就停业了,高昂的物流费用是最大障碍。正如王哲所举例的那样:"散单物流费用太高,10公斤重的生姜运费就要15元左右,甚至要高出生姜自身的种植成本。"

再以内蒙古出产的土豆为例。如果是运到距离最近的大城市北京,快递费用就要每斤2元,同样要远远高出土豆种植成本;而如果采取其他物流方式,价格虽然只要每斤0.2至0.5元,可以接受,但却要消费者到当地邮局或货场上去自己提货,这样消费者又不愿意了。所以网上成交的土豆订单他都不敢发货,得等到有了足够的量再统一寄送。

除了运费太贵、不能承受之外,大客户要货的要求之苛刻,也会让人望而却步。

李维文说,他就曾经接到过大收购商的要货电话,一开口就要几十吨,这对他来说当然是好事,但过于苛刻的要求使得他只好望而却步。

例如,对方要求每颗土豆必须净重6至8两,并且要有包装。可是如果真的这样卖,剩下的那些个头小的土豆他又能卖给谁呢?这样的交易即使收购价在1元以上,总账还是要亏的。

另一位帮助内蒙古农民卖土豆的北京证券分析师武宏刚则表示,农民能够接到大客户的电话当然很开心,但大客户的压价也太低。曾经有广州的采购商希望能买他几千斤土豆做礼品,但每斤0.4元的价格让他实在难以接受,谁做谁吃亏。

正是由于上述种种原因,微博营销的效果并不好。投入的精力不少,却收效甚微,到最后就只能不了了之了,这方面一定要注意。

要考虑如何才能提高交易效益

网上销售农产品要追求经济效益的道理谁都知道,但许多人就是考虑不周,无论如何也无法把效益搞上去。

过去有句俗话说,"在网上谁都不知道你是一条狗",这表明网络是虚拟的,会给人以"不可靠"、"不可信"的感觉。如果是这样,一切下文都无从谈起。所以,要想提高网上交易效益,首先要给人以"可靠"、"可信"的感觉。

具体途径有以下两条:

注重自身信誉

信誉是要靠自己打出来的。虽然初次接触别人只能从网上介绍和有关你的报道、亲自了解中得到印象,但归根结底还是要靠你的一言一行来证实。尤其是要想把生意做长,就必须如此。

武宏刚的老家在内蒙古四子王旗,而他本人则在北京一家证券公司当分析师。有一次他听见老乡说老家的土豆卖不动,于是便注册了"内蒙古农民卖土豆"的微博,同时还开通了一家名叫"麦土豆"的淘宝网店,希望能在业余时间通过网络渠道帮老乡拓展一下销路。

为了提高实际效果,他把微博上的咨询客户全都转到淘宝网店上去销售,很快就成交了 984 件,平均每天的成交量在 1 000 斤左右,并且该店信誉良好,好评率达到 100%。而这样一来,便又进一步扩大了该网店的销量。

遗憾的是,虽然这样的销售方式确实有用,但对老家滞销的 3 000 吨土豆来说完全是九牛一毛。

但话又要说回来,要解决农产品销售难的问题不能完全靠网络,只能说是能销掉一点是一点,再怎么样也比堆在家里强。

只有等到将来有一天社会各界都能参与进来,把物流成本降下来,通过网络将 3 000 吨土豆全都卖出去才有可能。

走高端路线

细心的读者能发现,目前网上销售的农产品主要是有机蔬菜等价格偏高的产品,其实这是有道理的。因为网上销售的物流成本高,如果不走高端路线就很难弥补这一块,从而影响最终获利。

例如,正谷农业公司没有一家实体店,全都依靠网络、电话来进行销售,它们销售的主要就是有机农产品,并且整个产业链都由自己独自承担,走出了一条把农业与电子商务结合得最彻底的规模化之路,值得借鉴。

正谷农业公司与农村合作社合作,成立了自己的农业技术中心,来指导有机农业生产;然后通过网络配送、销售,故意绕过超市、街市等传统销售渠道,反映出的是一种新理念。

在过去,他们也曾在北京的一些高档社区举办过推广活动,或者销售人员尝试着上门推销,但最终效果并不好。

后来他们通过开放蔬菜基地、发展会员俱乐部等方式,从身边的熟人圈子里开始做起,逐步赢得了消费者信任。接下来从节约推广成本角度出发,他们把推广目标主要锁定在企事业单位,效果就更好了。

从中他们发现这样一条规律:现在的消费者对有机农产品的概念还不是十分了解,如果你把有机产品和无机产品放在一起,凭肉眼很难区分开来,所以他们觉得,有机农产品销售一定要和传统渠道相区别。如果你把有机农产品也放在超市里销售,消费者就很难搞清楚你是真的有机产品还是冒充的,即使你的是真的,也会让他们骤增怀疑。这又何必呢?

从这一点上看,网上销售高端农产品反而是一种优势,不是劣势,至少目前来看是这样。

显而易见的是,销售高档农产品同样会离不了高昂的物流成本,但由于是高端农产品,定价要十倍数十倍地高于普通农产品的定价,所以相比之下,原本高昂的物流成本就显得微不足道了。只不过,这样的高定价限制了大多数消费者的进入,宣传和推广成本也相应提高了。①

博客营销的门槛较低

上面提到,目前农产品网络销售平台的效益并不怎么样,同时投入也大,所以对于农民组织尤其是实力不强的个人来说,最好是选择投入较少、进入门槛较低的博客营销方式,性价比可能会更高。

在甘肃成县,当地农民几乎家家都种核桃,但长期以来如何把核桃卖出去一直困扰着他们。

2012年2月,该县县委书记李详尝试着开通了实名微博,通过微博来推销核桃。出乎意料的是,在一年多时间里他不但通过微博和网络把全县的核桃推销了出去,而且使自己也成了网络红人。

自从在个人微博上发出第一条关于该县核桃销售的信息后,李详的微博访问量就直线上升。虽然各种各样的评价都有,既有赞同的也有质疑的,但他个人还是感到信心十足——不管怎么说,核桃种植在当地农作物种植中占有重要地位,核桃销售收入在当地农民的生产净收入中也占很大比例,兹事非同小可。

在过去,当地农民卖核桃都是自己背到市场上去,或者小商小贩到村里来收购,所以价格总是上不去;而现在如果能通过网络扩大销售量,提高农民的核桃销售收入,这件事情就是有意义的、值得的。

李详说,一年下来他有一个明显感觉,那就是该县过去一年在兰州市场上销售的鲜核桃能达到50吨就很不错了,可是现在通过微博、电子商务、淘宝网,鲜核桃在兰州市场上的销售量至少有300吨,通过网上销售到甘肃以外地方的订单也有600单左右。

受此鼓舞,该县在2013年7月成立了电子商务协会,大力推

---

① 蔡辉:《农产品恋上网销,赚足眼球效益平平》,载《南方农村报》,2011年10月30日。

动传统销售模式向网络平台电子商务模式的转变,实现销售与生产的有机组合。换句话说是,慢慢地实行以需定产。

接下来,他们准备在此基础上通过成立合作社打响自己的品牌,让核桃种植规模化、现代化,做成一个大产业。①

48. 学会及时锁定成交

网上销售农产品要学会及时锁定成交,这是很重要的。不要一看到有很多订单纷至沓来就忘乎所以,以至于忘了最重要的东西——及时锁定成交,最后让煮熟的鸭子飞走了。

煮熟的鸭子也会飞

俗话说,"钱在谁手里算谁狠"。这话虽然不怎么中听,却说出了一些无奈的事实。尤其是市场行情千变万化,即使已经达成了交易,如果你没有收到钱(货款),这交易最终会不会黄了还真不好说。有鉴于此,要学会快刀斩乱麻,及时锁定经营成果。

内蒙古乌兰察布后旗土豆种植户李继文的教训就是其中一例。

2011年,李继文种了800亩土豆,产量有2 000吨。刚开始时他心里还挺美的,因为土豆就要大丰收了,想象着自己应该可以多卖一点钱了。可是没想到,因为前来收购土豆的人太少,收购商压价又压得厉害,土豆根本就卖不动。这种情况以前可从来没有碰到过呀。

急中生智,50岁的他面对手里还有的700吨无人问津的土豆,便想到发个微博试试看。

---

① 何鹏:《农产品电商发展势头迅猛,市场潜力大》,中国广播网,2013年7月10日。

10月13日,李继文通过微博对外求助:"大家好,我是内蒙古乌兰察布后旗16号的农民李继文,新浪微博协助我开了这个微博,我们这里土豆滞销700吨,非常紧急!现在土豆都在地里,没有地方囤,天气越来越冷,土豆一受冻就完了,我们一年的心血就全白费了……请好心人帮帮我们,土豆四毛五一斤,含泪请大家帮忙,感激不尽。"

结果,在这条微博发出后短短3天时间里,就有9万多人转发。微博发出后短短几个小时内,他就相继接到来自北京、天津、上海、广州等地打来的100多个咨询电话。第二天,北京就有家乐福、华堂商场等10多家超市准备去土豆主产区内蒙古收购滞销土豆,然后投放北京市场,总采购量计划在5 000吨。

14日下午,当地一家淀粉加工企业捷足先登,承诺全部收购李继文的700吨土豆,价值60多万元。至此,可以说李继文的微博卖土豆取得了圆满结果。

但也别高兴得太早,因为以这样的价格卖出去,他依然要亏40万元。正因如此,李继文在微博上抱怨说,当地农民感到"很有压力",因为这样的价格卖也不是,不卖也不是。卖吧,价格太低,明知要亏本;不卖吧,放在地里一文不值,损失更大。①

可李继文的700吨土豆被全部吃下的高兴劲还没全部过去,他马上就乐不起来了。虽然在他看来,按照过去的行规,对方说全包了,就是说这些货他全要了;而实际上呢,当李继文发了两车土豆过去后,对方就说卖不动了,就是说不要了。这时候的李继文也不忍心强行逼着对方收下来(我们的农民就是这般善良),结果仍然是空欢喜一场,并且还白白错过了他与其他客户的交易时机。

---

① 廖爱玲、马力:《内蒙古滞销土豆下周进京超市上架》,载《新京报》,2011年10月15日。

根本在于市场供大于求

为什么要学会及时锁定成交呢？这不但是市场规则的要求，更是因为我国农产品供应总体上供大于求，具体到局部地区来说就更是如此。尤其是在信息严重不对称的情况下，这种供求矛盾更为突出。及时锁定成交，才能抓住机会、避开风险。

相反，如果市场供不应求，价格趋势是向上的。这时候对方如果出尔反尔，吃亏的只能是对方，而不会是自己。

而如果进一步追问，为什么市场会严重供大于求呢？原因又主要有两点，一是政府的信息疏导能力有问题，二是农民盲目跟风种植结下的苦果。

再以被称为"中国薯都"的乌兰察布为例，至李继文发求助微博时，至少还有200万吨的土豆需要对外出售。其中，45万吨土豆急需在上冻前销售，其余的155万吨因为已经入窖，所以在整个秋冬季和来年春季销往市场问题都不大。

这说明，当地的土豆种植面积已经严重供大于求，在销售渠道没有打通的背景下，土豆销售难是必然的，哪怕是通过网上销售，也根本不能解决实质问题。

统计数据表明，当年内蒙古的土豆种植面积高达1 140多万亩，比上年增加110万亩；总产量1 100万吨，比上年增加260万吨。从全国来看，当年的土豆总产量超过7 000万吨，比上年增加2 000多万吨。

而李继文只是其中的一员。他当年的总投入高达100多万元，土豆种植面积比上年增加5倍。可是，其中自有资金只有一二十万，其余全都是借来的。可以说，他是压上全部家当准备放手一搏的，颇有一点"破釜沉舟"的味道，这样的投资风险有多大就可想而知了。①

而就在差不多同一时间,江苏盐城市伍佑等地菜农种植的大白菜也出现类似情况,5分钱一斤都没人要,农民急得直哭。

后来虽经各方努力被本地市场消化了一部分,但最终仍然有不少大白菜烂在地里,造成严重损失。如果当初有一股网络推动力量把盐城的大白菜销往全国,局面就可能会完全不一样。② 但这也正是从局部地区而言,如果全国都是这样的供大于求,那么即使能够销售出去,也卖不出价格来。

这也正是目前网上销售农产品的一大缺陷:能救急,但具有某种偶然性,就是通常我们所说的需要"碰运气"。

49. 重拳出击才有冲击力

网上销售农产品过去有,现在有,将来还会更多。但总体上看,过去和现在的这些营销方式都不够突出,效果也不甚理想。

究其原因,主要在于冲击力不够、给人的印象不深,所以也就谈不上后续的交易行为了。

有鉴于此,网上销售农产品时一定要善于并敢于重拳出击,对消费者和市场构成强有力的冲击力。

道理很简单,只有首先让人了解你、记住你,才可能有下一步。这就像谈恋爱一样,初次见面如果留下的第一印象不佳,也就没有"下一回"了。

对此,主要要求是:

---

① 唐明:《内蒙古土豆滞销:投机心理考验地方政府危机管理》,中国广播,2011年10月16日。

② 周卫霞:《农产品销售,要赶上电子商务的浪潮》,载《盐阜大众报》,2012年10月27日。

立体营销

过去的农产品销售主要是通过博览会、广告宣传、名人代言等来进行,网上销售不是重视不够,就是点击率不高,现成的各类电子商务网站上有关农产品的销售信息过少,也不成气候。

这些年来虽然这种局面有所改观,但总体看,网上销售农产品的网站设计和内容单一、服务功能简单、品牌建设落后、缺乏有效的营销策略和执行。在这种情况下,网上销售农产品多是应景、应急之作,难以真正见到效果、见到长效。

有鉴于此,针对农产品尤其是有机农产品的特点,把搜索营销、话题营销、事件营销、视频营销、微博营销、微信营销、漫画营销、图片营销、论坛营销等结合起来立体推出,既势在必行,又一再被事实证明效果是不错的。

一般来说,投入不超过 30 万元的经费预算,能够吸引七千万乃至上亿目标受众的关注。

具体参考方案

立体营销方案的整个框架,应该包括行业分析、消费市场分析、品牌现状分析、创意方案、内容策略、媒介策略、时间安排、执行监控、效果评估、费用预算、危机处理等方面。

既可以自己派专人从事这项工作,也可以交给一些专业机构来为你处理。

下面以赢道顾问网络整合营销方案为例,说明如下:[①]

5 万元预算的立体营销方案

①媒体报道 40 篇,每篇发布 5 家指定媒体、5 家转载媒体,同

---

① 《2013 年农产品网络整合营销套餐》,载《中国经济导报》,2013 年 1 月 29 日。

时发布到 30 家论坛；

②发表论坛推广大帖 20 篇，每篇发布到 50 家论坛，20 条热帖（单条浏览量超 1 万）；

③百度知道/搜搜问问总计 30 条；

④百科词条 2 个、百度文库 30 篇，锁定热门关键词。

10 万元预算的立体营销方案

①媒体报道 80 篇，每篇发布到 5 家指定媒体、5 家转载媒体，同时发布 30 家论坛；

②论坛推广大帖 40 篇，每篇发布到 50 家论坛，30 条热帖（单条浏览量超 1 万）；

③百度知道/搜搜问问总计 50 条；

④百科词条 4 个、百度文库 50 篇，锁定热门关键词；

⑤漫画 10 幅（四格漫画、微漫画），每幅发布到 50 家论坛；

⑥微博维护 1 个，100 篇原创微博，互动 2 000 次、粉丝 1 万；

⑦关键词搜索优化 2 个，锁定目标消费群体的热门词，搜索首页出现企业推广信息；

⑧5 次以上策划方案支持。

15 万元预算的立体营销方案

①媒体报道 120 篇，每篇发布到 5 家指定媒体、5 家转载媒体，同时发布 30 家论坛；

②论坛推广大帖 50 篇，每篇发布到 50 家论坛，40 条热帖（单条浏览量超 1 万）；

③百度知道/搜搜问问总计 100 条；

④百科词条 6 个、百度文库 100 篇，锁定热门关键词；

⑤漫画 10 幅（四格漫画、微漫画），每幅发布到 50 家论坛；

⑥微博维护 1 个，200 篇原创微博，互动 1 万次、粉丝 2 万；

⑦网络视频 1 段，发布到 6 家视频网站及 100 家论坛、100 个

微博小号①,浏览量超过 50 万;

⑧关键词搜索优化 4 个,锁定目标消费群体的热门词,搜索首页出现企业推广信息;

⑨7 次以上策划方案支持。

20 万元预算的立体营销方案

①媒体报道 150 篇,每篇发布到 5 家指定媒体、5 家转载媒体,同时发布 30 家论坛;

②论坛推广大帖 70 篇,每篇发布到 50 家论坛,50 条热帖(单条浏览量超 1 万);

③百度知道/搜搜问问总计 200 条;

④百科词条 10 个、百度文库 150 篇,锁定热门关键词;

⑤漫画 20 幅(四格漫画、微漫画),每幅发布 50 家论坛;

⑥微博维护 1 个,500 篇原创微博,互动 2 万次、粉丝 4 万;

⑦网络视频 2 段,发布 6 家视频网站及 200 家论坛、200 个微博小号,浏览量超过 100 万;

⑧关键词搜索优化 6 个,锁定目标消费群体的热门词,搜索首页出现企业推广信息;

⑨9 次以上策划方案支持。

30 万元预算的立体营销方案

①媒体报道 200 篇,每篇发布到 5 家指定媒体、5 家转载媒体,同时发布 30 家论坛;

②论坛推广大帖 100 篇,每篇发布到 50 家论坛,80 条热帖(单条浏览量超 1 万);

③百度知道/搜搜问问总计 200 条;

---

① 微博小号是与微博主号相对而言的,相当于"子公司"。小号的注册与微博(大号)一样,一个人可以注册多个,相互之间没什么直接关系。小号主要用来抒发一些不想让朋友知道的心情和感慨,以及刷粉丝之用。

微博小号是微博营销的主要方式之一,可以利用小号给予大号的影响力进行信息传播,从而达到营销的目的。

④百科词条 15 个、百度文库 200 篇，锁定热门关键词；

⑤漫画 50 幅（四格漫画、微漫画），每幅发布到 50 家论坛；

⑥微博维护 1 个，800 篇原创微博，互动 3 万次、粉丝 6 万；

⑦网络视频 2 段，发布到 6 家视频网站及 200 家论坛、200 个微博小号，浏览量超过 200 万；

⑧关键词搜索优化 8 个，锁定目标消费群体的热门词，搜索首页出现企业推广信息；

⑨社会性网络（SNS）话题传播 2 次，红人及转发 5 000 次；电子邮件投递 100 万份；精美电子杂志 3 期，每期发布到 10 家网站（文字链接广告形式）。

⑩12 次以上策划方案支持。

40 万元预算的立体营销方案

①媒体报道 260 篇，每篇发布到 6 家指定媒体、5 家转载媒体，同时发布到 30 家论坛；

②论坛推广大帖 150 篇，每篇发布到 50 家论坛，80 条热帖（单条浏览量超 1 万）；

③百度知道/搜搜问问总计 300 条；

④百科词条 20 个、百度文库 300 篇，锁定热门关键词；

⑤漫画 50 幅（四格漫画、微漫画），每幅发布到 50 家论坛；

⑥微博维护 1 个，1 000 篇原创微博，互动 4 万次、粉丝 7 万；

⑦网络视频 2 段，发布到 6 家视频网站及 400 家论坛、300 个微博小号，浏览量超过 300 万；

⑧关键词搜索优化 10 个，锁定目标消费群体的热门词，搜索首页出现企业推广信息；

⑨社会性网络（SNS）话题传播 2 次，红人及转发 5 000 次；电子邮件投递 100 万份；精美电子杂志 5 期，每期发布到 10 家网站（文字链接广告形式）。

⑩15 次以上策划方案支持。

50. 全面开花相得益彰

网上销售农产品的形式不错,但由于喜欢上网的主要是年轻人,而购买农副产品的顾客对象中却有相当一部分是老年人,他们根本就不上网或不会上网,所以这样的网上销售对他们来说基本上不起作用。

有鉴于此,网上销售农产品要配合其他形式一起搞,才会收到更好的效果。例如,北京北菜园农产品产销专业合作社2011年成立后就是这样做的。该合作社是由北京绿菜园专业合作社发起,延庆县12个乡镇的16家农民专业合作社、1家销售公司共同组建的联合社,业务范围涉及种植业、养殖业、农产品粗加工、中药材种植等行业。

他们的做法主要有:[1]

网上销售开道

他们有自己专门的有机农产品直销网站,实行网上下单、付款,两种方式同时配送,价格比超市要低30%。

顾客从网上下单后,就能在家里坐等到优质、安全、新鲜的蔬菜送货上门,价格又低,时间也快(从确认订单到蔬菜配送到目的地,全程不超过5小时),当然就有竞争力了。

这里提到的两种配送方式,一是常见的送货上门,二是智能柜,即他们在北京16个社区安装的22组智能柜。

所谓智能柜配送,是市民在网上订菜付款后,该公司就会把市民所订的果蔬通过快递公司送到他所在小区的智能配送柜里,同

---

[1] 《延庆县北菜园创新销售模式,实现富民增收》,北京市农村工作委员会网站,2013年9月10日。

时发短信告知取货密码,市民凭密码到智能柜直接取菜。

数据表明,该公司 2013 年 1 至 8 月共在网上销售有机蔬菜 177 吨,实现销售收入 257 万元,涉及的农产品有 99 种;其中,通过智能柜销售的有机蔬菜为 111 吨、直接送货上门 67 吨,客户 7 050 多户。

配以直销店

在主打网上销售的同时,该公司在北京全市开设了 7 家直销店,门店总面积 700 平方米,配送产品种类 70 种,其中有获得各种认证的农产品 54 种。

直销店作为公司与市民联系的纽带,补充了网上销售的不足,尤其受到上网不便和需要现买蔬菜的顾客的欢迎。

数据表明,该公司直销店 2013 年 1 至 8 月累计销售农产品 577 吨,销售额 510 万元,平均每天销售蔬菜 1 581 公斤。

顺便一提的是,这种直销店对不会使用支付宝等网上支付手段,以及对网上付款不放心的中老年人尤其显得有必要。

从实践中看,这些消费者往往不是通过上网而是通过打电话咨询有没有实体店、能不能在实体店购买;或者,他们在网上预订后,更喜欢在约定的时间去实体店提货,看见实物再付款,一手交钱一手提货觉得更放心。直销店的主要作用就在于此。

正因如此,安徽省商务厅也在 2013 年推出一系列举措,致力于把传统菜市场和农贸市场升级换代为生鲜超市,以便于网上销售农产品能得到更快、更大的发展。

按照规划,安徽省今后有条件的菜市场、农贸市场都要尽量改建成生鲜超市,主要包括交易设施、电子结算、冷冻冷藏、安全监控、检验检测等方面,以及停车场、卫生服务等配套设施。具体要求是:经营面积一般不低于 1 000 平方米,其中生鲜农产品经营面积不低于 70%;经营范围以蔬菜、肉食、水产品、豆制品、禽蛋、粮油制品为主,可以辅以适当比例的水果、速冻食品、调味品等。

政府在引导大型连锁超市利用网络、资金、信息等优势的同时,会以"超市＋合作社＋农户"形式为主要方式,推进"农超对接",优化农产品供应链。为此,该省商务厅大力支持大型连锁超市加强生鲜农产品冷链系统、配送中心等农产品流通设施建设。

在这其中,为了彻底解决"最后一公里"的难题,政府将在把直销店开到居民家门口的同时,积极提倡各连锁超市网上订购、门店取货,推动线上、线下互动发展。①

容易看出,网上订购、门店取货因为既能享受到较低的价格,又能看得见摸得着,避免许多纠纷而深受消费者喜爱。现在由政府来推动这一进程的开展,对推动网上销售农产品非常有帮助。

设立周末菜市场

针对蔬菜周末、节假日销售量会放大的特有现象,该公司分别在北京航天航空大学、石景山东小区、石景山北方工业大学首钢模式口小区设立了三个车载菜市场,用流动菜摊形式设立"周末菜市场",既方便了群众,又扩大了销售,还能为网上销售、直销店起到应有的补充作用。

周末车载菜市场的供应品种主要有西红柿、尖椒、长茄、豆角等40种蔬菜,平均每个周末派出2辆运输车,工作人员在10人左右,2013年1至8月共销售蔬菜109吨,销售额86万元,平均价格每斤2.3元,平均每次销售蔬菜3.4吨。

周末菜市场在吸引顾客的同时,发放的宣传材料上特地印着网上销售的官方网站,又会对网上销售农产品起到有力的宣传和推动作用。

---

① 乔媛媛、夏珂等:《安徽省推农贸市场"超市化",网上订货门店取货》,安徽新闻网,2013年10月23日。

"产—消"结合

这里的"产—消结合",是指专业合作社与消费合作社进行对接,从而实现从地头到餐桌的直销。

该公司通过与北京市农村经济研究中心签订《安全农产品参与式保障体系共建合作协议》,2013年1至8月共向后者内部食堂供应有机蔬菜58吨,交易额93万元。

目前来看,这一做法在全国有普及之势。例如,2013年重庆市长寿区共有沙田柚种植面积4.36万亩,总产量可达7 000万个以上。为了应对可能出现的滞销,该区农产品商贸流通协会就狠抓两手:一手抓技术培训、田间精细化管理和测土配方施肥,完善蓄水池、引水渠,促使沙田柚量大质优;另一手抓网上销售、商贩收购、经纪人促销,结果很快就为一半柚子找到了买家。

他们的具体做法是:首先,协会在官方网站及重庆市商业委员会网站上发布促销信息,公布种植大户的姓名、联系方式等基本资料,搭建"客户+农户"沟通平台,很快就接到2万个柚子的订单;在此基础上,协会出面与湖南、湖北、四川、贵州等地的水果批发商取得联系,并且发动120名经纪人多方促销,很快就又签订了50份柚子采购协议。[1] 这种"产—消"结合,对解决农产品销售难有很大帮助。

着力提高品牌含金量

同样是农产品,同样是网上销售,不同品牌之间的质量和价格差距非常大。为此有必要着力提高品牌含金量、提高利润率。

对此,该公司是这样做的:

---

[1] 傅智治、牟俊:《网上销售经纪人促销,52万个柚子有了买家》,重庆市长寿新闻网,2013年10月21日。

首先是注册商标。一共有三个,分别是"北菜园""大白菜—祥云""阔野田园",通过塑造一流品牌来提升知名度。

其次是建立"绿色履历"。也就是说,每一盒配送蔬菜都有条形码,在这上面可以查到产地、责任人、生产流程等质量信息,确保农产品质量安全,让消费者放心。

最后是有机农产品认证。到目前为止,该公司已经取得蔬菜、水果、菊花、紫薯、食用菌、杂粮等 200 多个品种的有机认证,有机种植面积 5 201 亩,其中有机蔬菜种植面积 3 000 亩。

不用说,有机蔬菜的价格要比普通蔬菜高出 3 至 5 倍,盈利自然就上去了。

51. 注重本地化经营

一般认为,网上销售农产品要特别注重本地化经营。虽然有人对此持不同意见,但注意到这一点总是没错的,至少在大多数情况下是这样的。对此,优菜网创始人丁景涛的教训值得记取。

什么是本地化经营

从经营角度看,本地化就是本地独特资源的挖掘过程。

这主要包括以下几方面:

一是本地的产业构成。即其中究竟有多少优势产业可供挖掘。

二是本地的地理位置。不同的地理位置会催出各具特色的优势产业来,尤其是农产品种养殖业中这种情形很常见。

三是本地的农业旅游资源。这种独特资源会有力地吸引其他外部资源。尤其是类似农家乐之类的,汇集吃住玩购一条龙服务的农产品销售,更会起到相得益彰的作用。

四是本地居民结构。具体地说是,本地居民中外来人口越多、开放程度越高,网站的渗透性就会越强,这对网上销售是有利的。

五是本地居民的收入水平。不用说,人民生活越富裕,消费能力越强,就越会带动网购、观光旅游等产业的发展。

六是本地媒体的数量与质量。媒体及时对新型商业模式进行报道和传播,同样会促进农产品在网上的销售。

综合上述情形,网上销售农产品的本地化经营要着重于线上线下整合营销,专门以年轻一族为主要目标,建立专题化、细分化、多频道化经营,同时,适当寻找赞助商一起合力打造。

总而言之,网上销售农产品如果缺乏本地特色,是不容易取得成功的。

本地化经营要注意什么

本地化经营要注意些什么呢?下面以一个实例来加以介绍。

2013年1月2日,由于融资困难,优菜网创始人丁景涛准备以150万元左右的价格出售优菜网。这一消息从新浪科技传出后,他陆续会见了几十位业内外资深人士,其中包括正谷农业等生态农业、生态人期货农业,由此他感慨良多。

在丁景涛看来,淘宝网是适合销售农产品的,而京东、亚马逊等都不适合做生鲜农产品生意,因为它们缺乏本地化基因。

而这些网站的区别在哪里呢?要知道,淘宝网拥有几百万家商户,这些商户自然而然地就成了淘宝网的免费宣传员。他们会在各大论坛、线下、微博进行宣传,影响力巨大。他开玩笑说,你或许听到过淘宝网店主有过劳死的,但绝不会听说过京东网员工有过劳死的,这就是创业者和打工者的根本区别。

从优菜网的情形看,丁景涛认为,未来单一的电子商务前景不容乐观,最终必然会淘汰或转型。你别看生鲜农产品标准化程度最高的水果类电子商务现在活得很不错,但未来也会选择平台或被淘汰,因为生鲜类农产品最依赖本地化经营。

当初创立优菜网时,丁景涛准备了两年,最核心的思路就是试图解决生鲜农产品的问题,最终找到了一条像送牛奶一样送菜的低成本物流道路。这个想法看起来不错,实践中也实行了一段时间,但最终因为生鲜农产品的复杂性而造成困难。

一开始优菜网走的就是中高端路线,主要销售知名企业的有机蔬菜和绿色蔬菜,但很快就发现以次充好现象严重。所以,接下来只好中断合作,另外寻求合作者。可是,丁景涛在找到有机蔬菜种植基地时才发现,问题比他原来想象的要复杂得多,不但品种太少,而且经常缺货,这样就势必会降低客户满意度。

无奈之下,丁景涛决定做普通蔬菜,并且一开始就从北京最大的蔬菜批发市场新发地进货。但碰到的问题是,他们采购蔬菜的主要时间段是凌晨3至5点,而这个时候很难买到符合规定标准的蔬菜,所以消费者收到的蔬菜时好时坏,客户也渐渐流失。

尤其是蔬菜供应受季节、气候的影响很大,有时候当他们赶到菜场时,需要采购的蔬菜已经被抢购一空、没货了,这时候就很难向消费者交代。

另外就是,优菜网虽然有自己的冷库,并且把生鲜蔬菜保存在冷库中,可是如果温度控制得不好(不同蔬菜在保温方面有不同的要求),这些出库时外表看上去仍然新鲜翠绿的蔬菜,实际上里面的细胞已经被冻死了,没有了活性,等到它们被送到消费者手里时,这些受冻过的菜叶就会烂掉成为烂菜。

他们就遇到过这样的情形,从而使得每天的订单量在半个月之内就从500单迅速下跌到200单,顿时陷入亏损的边缘。

还有就是从经济上看,原来主打有机蔬菜时平均每笔交易价格会达到六七十元;可是改成普通蔬菜销售后,每张单子的价格就下跌了一半。在每天基本笔数相差不大的情况下,这样一来就从原来的盈利变成了亏损。

综上所述,他总结优菜网失败的原因主要有以下几点:

一是没有稳定的货源。单一农场不能满足需求,从蔬菜批发市场采购又无法保证质量;如果要从多个农场进货,又会因为采购量小而增加物流成本,得不偿失。

二是销售环节太多。采购、仓储、装配、物流、IT、客户发展等等,常常是忙得焦头烂额。

三是消费者缺乏讨价还价的购物体验。去菜场买菜讨价还价虽然很累,却有一种乐趣。特别是,当自己可以亲自挑选到最喜欢的质量、价格和口味时,心情是十分愉快的。

以水果销售为例,网上销售即使能确保价格和质量符合消费者的要求,也会因为无法做到先尝后买,很难确保买到的水果就一定会符合消费者喜欢的口味。

四是货车进城问题不好解决,没有进城证就只能认罚、扣分;社区配送的最好工具是电动三轮车,可是这又是不合法的。

所有这些,都会迫使最终不得不缩小经营区域,成为压垮优菜网的最后一根稻草。

五是信息不对称,从而导致优菜网和消费者的认知不统一。

以黄瓜为例,消费者普遍认为好的黄瓜应该是那种颜色浅而鲜艳、直、顶花带刺的,然而实际上并不是这样,所以这样就形成了劣币驱逐良币效应。[①]

集中精力做好自己擅长的事

看了上面几点后,也许有些读者会感到心灰意冷了。可是且慢,无论怎么说,网上销售农产品都会是未来农业和商业的发展方向。在这里,主要是要解决专业化分工合作问题。说穿了就是每个人只做一项,否则就可能没有什么优势了。具体地说是,基地只管种菜,网站只管发展和服务消费者,电商平台负责IT方案的解决,物流外包给专业物流公司等。只有每个人都集中精力做好自己擅长的事,才能达到各环节效率的最高。

例如,在四川绵阳市从事生态蔬菜种植的赵寅森、在四川眉山

---

① 丁景涛:《一个生鲜电商失败者的经验分享》,载《创事记》,2013年1月10日。

从事生态鸡养殖的吴志,这两个年轻人都有一个共同特点,那就是完全通过淘宝网来接受产品预定。换句话说,网上销售农产品是他们的唯一途径。由于生产规模小,所以他们完全把物流交给第三方来做,自己则集中精力做好本职工作,倒也省事不少。①

除此以外还有一点要注意,就是要把自己擅长的方向与当地特色结合起来。地方特色往往是农产品销售的最大竞争力。

正如阿里巴巴 B2C 事业群总裁张建锋 2013 年 9 月在新疆参加活动时所说的那样:"在线上销售农产品的时候,'新疆'两个字就是最大的竞争力。"

这话怎么说呢?原来,只要一提到"新疆",一提到"用纯净的天山雪水浇灌"、"来自纯净的大草原"之类的宣传语,就会引起消费者的美好联想乃至心驰神往。不用做其他更多的宣传,就会引发销售行为的产生。从这一点上看,网上销售农产品是非常符合新疆特点的新型业态。

在 2013 年 8 月阿里巴巴旗下的"聚划算·汇集新疆"举行第一期活动时,在短短 3 天时间里,具有新疆特色的农产品预售额就高达 903 万元,引发新疆农产品在网上的一股销售热潮。其中,仅仅是青皮核桃就售出去了 111 吨,33 吨无核白葡萄在 3 个小时内就被销售一空。而到了 9 月份该活动举行第二期时,仅仅是一项棉被,3 天内就卖出了 11 万件。②

52. 着力树立自己的品牌

网上销售农产品要着力树立自己的品牌。无论你现在销售的

---

① 何鹏:《农产品电商发展势头迅猛,市场潜力大》,中国广播网,2013年 7 月 10 日。

② 任江、李远新等:《农产品网售:新疆要做的还很多》,天山网,2013 年 10 月 21 日。

是一种还是多种农产品,数量总是有限的。只有树立起自己的金字招牌来,才不愁以后的生意不滚滚而来。

理由有两点:一是网上销售面对的是全国乃至全球各国消费者,很容易树立品牌;二是刚刚起步时你的销售品种、规模可能并不大,但要考虑到将来的发展。只有品牌树立起来了,消费者对你有一种信任感,那么你无论做什么才都有钱可赚。

农产品是别人的,品牌是自己的

网上销售的农产品是你的,但更是别人(消费者)的;归根结底还是消费者的,否则你一直放在家里要愁死了。真正属于你的是品牌。所以,只有打响品牌,才能确保长远利益。即使是同类农产品,甚至你的农产品还不及同行的好,照样会有人慕名而来。而不用说,这时候谁都知道该怎么做了。

2010年年末,安徽广德县皖南竹乡土特产产销专业合作社理事长陈治东,开始与上海的易果网合作,把原本的销售渠道从高档酒店转向电子商务。

借助于网站的宣传,他很快就打开了市场,推广他的"皖南宣居"毛腿生态土鸡和土鸡蛋商标、"皖南竹乡"土特产商标。

随着知名度和销量的提高,很多电子商务网站主动找上门来和他谈合作,这样又使得他有机会将有机养殖业提高一个层次,具体地说,就是对合作社实行"五统一"的管理标准,即苗种统一、饲料和药品统一、出栏标准和免疫程序统一、注册商标和有机标识统一、产品加工和销售统一。

在短短两年间,合作社就与10多家电子商务网站签订了供货合同,养殖量也从最初的1万只增长到30多万只,2011年销售额达2 000多万元,其中一半是通过网络渠道卖出去的,带动合作社农民人均年收入增加4万至6万元!

没有品牌,最终倒闭

网上销售农产品如果没有品牌,就没有特色,最终必然走向倒闭,这是许多过来人的痛苦经历。

在江西南昌市扬子洲镇长村,村里的合作社曾经也搞过网上销售新鲜蔬菜,并且一度很红火,但最终还是夭折了。曾经的网站办公室现在已经变成会议室,就连网址也被其他交友网站抢注了。可以说,曾经的辉煌已经消失得无影无踪。

当初他们是以南昌的某个小区为试点,收取每户会员费500元,开始开展网上直销新鲜蔬菜服务的。会员在晚上下单,第二天早上8点之前就可以收到合作社刚从田间地头采摘而来的新鲜蔬菜。这种新型模式一亮相,一经媒体宣传,就引来许多市民关注,顿时名声在外。

可是由于不注重树立品牌、产品没有特色,消费者对他们的产品没有认知度,所以产品卖不出好价钱来。

例如,他们在确定最终定价时,虽然是按照比市场价低5%来定的,可是因为消费者没有看出他们的产品比别人明显好多少,所以生意就一直上不去——最好的时候每天营业额也只有两三百元,最差的时候一连几天都没生意。

后来没办法,他们与上海菜管家网站联系,希望能加盟进去,但是却遭到了对方的拒绝。对方主要经营的是有机蔬菜,价格偏高,如他们销售的奶油生菜售价要每斤23元、杭白菜每斤19元,可是在他们眼里南昌是二线城市,市民消费能力有限。

除此以外,这一实践的失败也与他们一开始缺乏经验有关。例如,当时并没有规定每笔送货起价必须是多少,以至于出现了大面积亏损。有的消费者只订购了1元钱一把的韭菜,而这把韭菜从村里送到市区,这1元钱连运费都不够,成本太高了。

有鉴于此,购菜网站在痛苦坚持了半年后,以亏损五六万元的结局不得不宣告关门。①

实名制给人感觉更可靠

　　研究表明,网上销售的农产品以注册地点为产地的商家最受欢迎,如"宜兴陶瓷"、"新疆葡萄干"、"五常大米"等,它们给消费者的感觉更好,觉得品质有保证。

　　也因如此,许多人就特别注重这一点,索性把自己的身份证也传到网上,证明自己是本地人;并且,通过主动亮明身份搞"实名制",消除网络虚幻给人带来的不信任感。

　　江西寻乌县果农周金娣联想到2012年脐橙滞销的情景就心有余悸,2013年柑橘还没上市时,26岁的她不等水果经纪人上门收购,就提前把脐橙搬到淘宝网上来出售。

　　为了增加可信度,她把自己的身份证也拍下来挂在网上,证明自己是寻乌本地人。

　　效果果然很不错,很快她家的1万多斤脐橙就卖完了。虽然每天都要采摘、包装、发货,比坐等上门收购要辛苦些,但看到这样的销售速度和业绩,心里还是甜滋滋的。

　　要知道,在过去只能等经纪人来收购的时候,心里总是忐忑不安的。万一经纪人不来,你的柑橘就只能烂在地里;更不用说,对方说什么价格就是什么价格,你根本没有讨价还价的余地。

　　而现在通过网上销售,面对的是全国乃至全球顾客,没有任何中间环节,价格完全由你说了算。

　　周金娣说,她大概算了算,仅这一季柑橘,通过网上销售她就比传统销售方式多挣了上万元。②

---

　　① 张雪:《如何让农产品网销叫好又叫座》,载《江西日报》,2012年9月14日。

　　② 徐胥:《农产品电子商务好处多》,载《经济日报》,2013年1月22日。

53. 生鲜农产品要解决两大问题

现实生活中,生鲜农产品的网上销售虽然有诸多限制,但并非说它就行不通。归根到底,生鲜农产品是很受消费者欢迎的一个大类,既然市场有需求,那么我们就必须想方设法满足这种需求,这样才能创造良好效益。

具体地说,生鲜农产品的网上销售主要解决以下两大问题:

破解物流配送难题

与网上销售的其他行业如服装业、图书业相比,生鲜农产品的物流配送要求要高得多,尤其是在包装的大小、材质、方法、牢固程度方面有特殊要求,这也是生鲜农产品网上销售起步缓慢的主要原因。

尤其是各种生鲜农产品的销售目的地不一样,不同农产品又有着不同的保鲜期,即使是相同的农产品,在不同气候条件下的保鲜期也不同,所以这方面必须区别对待才是。

另外就是,许多消费者订购生鲜农产品是逢年过节尝个鲜或为送礼用的,如果物流配送不给力,过了这个时限就麻烦了。

例如,江苏高淳县螃蟹经销大户史团结2007年就开始在网上卖螃蟹了。他在阿里巴巴网申请了电子铺面,为了提高螃蟹在运输途中的存活率,还专门研制出一种特别的包装盒,申请了国家专利。但在实践中,由于物流跟不上造成的问题就不少。

2010年中秋节之前,他突然从网上接到许多螃蟹订单,心里喜不自禁。可是虽然他对客户的承诺是24小时内送货上门,但由于物流公司不配合,有的客户在48小时后仍然没有收到螃蟹。而这时候中秋节已经过去,客户纷纷要求退货。不用说,这时候退回来的螃蟹全都是死的,让他损失惨重。

痛定思痛,后来他干脆不再在网上卖螃蟹了。他想,为了确保在途时间,原来他找的是南京市规模最大的快递公司,最终还是超出了业务时限,接下来他实在不知道还有哪家快递公司会做得更好了。①

有鉴于此,网上销售生鲜农产品需要根据实际情况,摸索出每种农产品所能到达的区域,以及同一种产品在不同时期能够覆盖的区域,这样的精细化筹划会有助于大大降低在途损耗。

否则,这些损失就会分摊到最终的零售价格上去,既降低竞争力,也减少盈利空间,使得本该有利可图的网上销售业务变得不再可行。

除此以外就是,为了破解物流配送难题,零星的、小规模的农业企业可以主要采用网上预售的办法,来锁定消费行为,减少损耗。对于规模较大、成批销售的农业企业来说,则可以在此基础上在本地或异地自建冷库仓储中心。如果销售范围较广、数量较多,还可以考虑在全国各地建立仓储中心,先把这些生鲜农产品运到各地的仓储中心,然后再分销、配送出去。

当然,要做到这一步,单个企业尤其是农民个人恐怕是无能为力的,所以可以优先考虑租用别人现成的仓储中心。这样的代价和成本就要低多了,并且拿来就能用,简便易行。

与此同时还有一点要注意,就是解决生鲜农产品的物流配送难题时,一定要注重提高消费末端的需求水平,这会直接影响到整个冷链物流体系的建设和发展速度。

比如说,现在的超市经营对这一块就没有什么大的要求——你把蔬菜放在我超市销售,我就给你提供场地,我没必要投资冷链系统,因此没有这个积极性。

可是如果改变一下营销策略,超市里的蔬菜放在这里不是租场地、代销,而是买断、经销的,超市就会感到有压力,就必然会考

---

① 夏丹、朱新法:《大米好销螃蟹难卖,农产品电子商务瓶颈亟待突破》,载《新华日报》,2012年3月12日。

虑要不要建立自己的冷链系统，至少是自己能够影响并控制的冷链系统。

因为这时候的超市明白，这个环节如果处理不好，造成的所有损失都要自己来承担，这样就不敢不认真对待了。

所以从这个角度看，要想建立和完善网上销售农产品的冷链运输体系，就必然离不开实体经营店的需求。

也就是说，只有改变目前实体店的进货方式，才能触动它对冷链运输的需求，并且进一步推动相关配送企业和第三方配送企业的产生和发展，彻底打破目前的物流运输瓶颈。

在市场竞争中抢占"鲜"机

生鲜农产品的主要特征是"新鲜"，所以，谁能在网上销售中抢占"鲜"机就显得十分重要。这既是它最重要的竞争力，又是目前生鲜农产品网上销售必须要解决的问题。

而要做到这一点，没有别的途径，完全要靠电子商务自己建立直供基地。这样既能一竿子到底减少中间环节，又能确保有货供应，不必迂回腾挪，白白浪费时间还无法保证质量。

例如，京东商城就与河北三利生态农业经济基地合作，建立了有机农产品直供基地，从而实现了日韩梨、雪花梨、有机核桃、原生态散养鸡等农产品的直接供应。而在此之前，京东商城已经对新疆阿克苏水果有过这样的举措。

与此同时，东方航空的网上商城"东航产地直达网"同样强调原产地直供的服务特色，实现从产地到餐桌的"一站直达"。1号店也与新疆和田金凤凰农民专业合作社合作，确立了1万亩农产品生产基地为直供地，直供的农产品有尼雅黑鸡、山羊、红枣、核桃、哈密瓜、昆仑雪菊等。

淘宝网、1号店、顺丰优选、京东商城、东航产地直达网几乎"英雄所见略同"，与原产地开展合作、建立自己的生产直供基地，目的都是打赢生鲜农产品的网上销售战争。①

因为归根到底,生鲜农产品竞争的本质是品质竞争,一旦离开了稳定的货源,一切也就都无从谈起了。

从消费者心理看,网上购买生鲜农产品追求的主要就是个"鲜"字,没有不法商人添加各种保鲜剂等。当然,实际上并不能保证所有人都能做到这一点,而这就会给网上销售农产品带来声誉的放大效应。

具体地说是,实体店销售和网络销售的不同点在于,前者至多是顾客不买你的商品,可是后者还会把对你的产品和服务的满意不满意通通写在评语中。不用说,好的评语会让你扬名四方,这样的好口碑比做广告效果要好得多;相反,差评也会让你臭名昭著,甚至彻底砸了你的牌子。想想这样的后果吧,你还敢以次充好、蒙混过关吗?

综上所述,对于农民朋友来说,你的生鲜农产品如果要大踏步地进入网上销售平台,最好的办法就是与电子商务网站合作,成为他们的直供基地,这样也就省得你到处东奔西走了。

当然,要想做到这一点,首先你的产品规格、品种、包装等要符合规范,这实际上也是你的进入门槛。因为归根到底,电子商务网站也是怕你砸了他们牌子的。

除此以外还有一点很重要,那就是要解决生鲜农产品的网上销售难的问题,必须具备统一的质量标准体系。否则,买卖双方远隔千山万水,到时候发生质量纠纷就很麻烦。如果是一般工业品还可以进行调换,生鲜农产品经过这么一折腾,就可能完全报废了。

2012年江苏大丰县有家水产公司就曾经遇到过这种情况。它们在网上接到来自重庆的一个订单后,将一卡车冰冻鲜虾送到重庆。可是对方收货后,却说货物中冰的比重过高、虾的规格偏小,要求退货,这就让水产公司犯了难。几次下来,该公司即使看

---

① 况昌勋:《海南生鲜触"电",难?》,载《海南日报》,2013年9月10日。

到网上有订单也不敢接了,"一朝被蛇咬,十年怕井绳"哪![①]

怎么办?唯一的办法是在交易之前就把一些细节交代清楚,并达成共识,写在合同中。否则白白被人钻了空子,也说不清。

54. 并非所有农产品都适合上网

网上销售农产品有这么多好处,但必须注意,并非所有农产品都适合上网销售。这是由这些农产品的固有特性和网上销售运输的快捷性要求所决定的。

从消费者角度看,网上购买农产品的主要是家庭或个人,机关、企业、学校等集团消费很少,因为无法在财务上做账。而对于每个家庭来说,每天需要的农产品数量毕竟有限,不可能一下子就买太多。阿里巴巴网的数据也证实了这一点,那就是农产品电子商务的交易单笔规模并不大,所以物流费用很难降下来。

这主要有两方面原因:

一是农产品生产具有地域性

最典型的是,古人说"橘逾淮则枳"。意思是说,南方又大又甜的橘子,到了北方就种不出来了;北方只能种出又小又酸的枳子来。这不是地域歧视,而是因为土壤的关系。

从有利的角度看,越是地域差别大的农产品越受欢迎,越适合在网上销售。因为地域远,本身就意味着路途相隔遥远、运输费用高,消费者更少看到、更愿意尝尝。如全国知名的特色农产品新疆大枣、内蒙古奶酪、宁夏枸杞等,通过电子商务实现远距离跨省运输,就显示出了强大的生命力。

---

① 周卫霞:《农产品销售,要赶上电子商务的浪潮》,载《盐阜大众报》,2012年10月27日。

以海南省为例，海南的生鲜农产品品种非常丰富，可是由于受物流影响，冷链配送成本高，所以生鲜农产品的网上销售就根本无法到达我国东北等主要市场；可是由于受地域因素影响，海南的生鲜农产品恰恰在北方最受欢迎。这是一对矛盾。

从全国来看，2011年开始出现了上百家大大小小的生鲜农产品网络平台，其中80%分布在二三线城市。由于遭遇到货源、营销和物流等瓶颈，到2012年年末时只剩下了几十家，并且增长速度也开始放缓。

有鉴于此，海南澄迈桥沙现代农业开发有限公司董事长王文克一针见血地指出，网上销售农产品看起来是销售渠道的转变，而其实质是销售物流的改变，从大宗商品运输转变为小件运输，成本要增加不少。

以他们销售的海南澄迈地瓜为例，如果是大批量运往内地，运费平均摊到每公斤是1.2元；而如果是通过网上销售的零星运输，每公斤运费则高达7至8元，两者要相差六七倍。①

二是许多生鲜农产品除非价值较高，否则很不适合网上销售和远距离运输

仍然以澄迈地瓜为例，虽然它走的是品牌路线，售价高达每公斤16元，可是物流费用仍然要占到价格的一半。

有道是"羊毛出在羊身上"，这无论对消费者还是企业来说都是难以承受的。而如果是普通地瓜或蔬菜，这样的高运费就更让人承受不了。这还不是其他保鲜要求更高的生鲜农产品如水果等，否则运费就更高了。

以荔枝为例，无论是储藏、运输、销售还是消费前的各环节，始终要处于规定的低温下，才能确保产品质量、减少损耗，这时候的物流成本又要多出好几倍，即达到每公斤10至20元的水平。

---

① 况昌勋：《海南生鲜触"电"，难？》，载《海南日报》，2013年9月10日。

海南南鹿实业公司主营水果种植和运销,2013年尝试网上销售莲雾后才发现,其物流成本高得出奇。它们自己没条件做物流,所以只能采用第三方物流,选择的是顺丰快递。它们的水果是按箱卖的,每箱5公斤,可是运费要60至80元,谁能吃得消呢?

三亚木瓜种植户邓福斌也尝试过网上销售,他说,通过航空快递把木瓜运到成都,每10箱中就有1箱是坏的,比率高达10%。再往北方,根本就不敢发货了。因为这么长距离的运输,不要说损坏率了,一些保鲜要求高的农产品如芒果、荔枝等,还没到消费者手中就已经腐烂了。

所以能看到,之所以网上销售的生鲜农产品除了大螃蟹等高价值水产品外,其他品种多是销售平平,原因就在这里。因为生鲜农产品对冷链物流配送体系的要求高,如果渠道商、第三方物流等各种社会资源整合得不好,很容易腐烂变质,到最后一文不值,造成损失。

例如,天猫网上的千岛湖有机鱼是这样卖的:顾客打开网页后,就可以预订千岛湖淳牌有机鱼了,既有速冻品如鱼头、鱼肉、鱼尾部分等多款产品,也可以预订规定数量以上的活鱼。

由于是预订,所以能使得生产商有足够时间在严格、快速的供应链和物流配送流程中,把鲜鱼送到消费者手里。不但确保产品的新鲜品质和良好口感,还能大大降低流通和仓储成本,损耗率也只有传统销售渠道的四分之一,可谓使厂商和消费者都满意。①

正是基于上述原因,国务院才颁发了《关于促进信息消费扩大内需的若干意见》,要求积极培育农产品商务,支持建设农村、社区、学校、机关的物流快递配送点,切实解决物流配送"进城难"和"下乡难"问题。

在此基础上,从全社会角度看,还非常有必要在同步推进工业化、信息化、城镇化、农业现代化的大环境下,对农产品电子商务进

---

① 雷戈:《生鲜水产品尝试网上销售,千岛湖有机鱼天猫开卖》,浙江在线,2013年9月11日。

行统一规划,主要是按照城乡一体化的要求,建设高速宽带网络等基础设施,鼓励机关、企业、学校等食堂直接通过电子商务采购来带动农产品的网上销售。①

而真正做到了这一切,网上销售农产品才会迎来春天。

55. 政府推动要实打实

网上销售农产品是一项系统工程,必须由政府出面来大力推进和推广。无论从社会效益还是经济效益看,这都是一件利国利民的大好事。农民组织和个人只有在政府推动下,才能把这项工作做得稳稳当当、顺风顺水。

所以,各级政府都有必要实打实地推进这项工作,把这当作政府理所应当的分内职责。

列入政府工作计划

政府要实打实地推动网上销售农产品,很有必要把它列入政府工作计划。而实际上,充分利用网络优势推广本地农产品,已经成为各地政府的共识。

例如在电子商务平台相对薄弱的安徽,2013年政府工作报告中就已然把"打造国内重要农产品网购平台"作为当年省政府的重要目标之一,这无疑让许多农民朋友眼睛为之一亮。

据中国社会科学院和阿里巴巴集团联合发布的《涉农电子商务报告》显示,农产品网上销售具有明显的地域特征。

从销售情况看,浙江、广东、福建、江苏四省的电子商务占实体经济的比重较大。遗憾的是,全国范围内一批有特色的专业农产

---

① 《社科院:电子商务促进了农村经济结构和社会转型》,载《人民日报》,2013年9月9日。

品电子商务平台如上海菜管家、电果网、依谷网、土里土气等中,都没有看到安徽的身影。所以,安徽省政府才在2012年10月召开专门会议,专题研究农产品电子交易平台的议题。

之后,省商务厅开始通过各地商务局对全省农产品电子商务的交易情况进行调研,并且专门组队去杭州阿里巴巴总部考察。尤其是在他们得知安徽的土特产品在阿里巴巴网上销售情况很不错,茶叶、白酒、山核桃等非常走俏时,更是加快步伐,于年末推出了国内首家由政府推动建设的公共电子商务平台"皖货网上行"。

在此基础上,安徽省充分利用自己作为全国农业物联网试点省的先天优势,依托物联网上线后的"农视通"来追溯农产品信息,并可与线上交易相融合,这也是全国首次把物联网与网上销售农产品相结合的新尝试。①

可以相信,在连年"双11"日的网上购物冲击大潮下,传统商业将会越来越看清自己的弱点,从而间接推动各级政府加快电子商务平台建设,列入政府工作计划的项目将会越来越多。

建立全国性的信息网络

网上销售农产品迫切需要建立一个全国统一的信息网络,而不是各敲各的锣、各打各的鼓。否则,既成不了气候,又容易产生信息混乱,少慢差费而不是多快好省,对买卖各方都不利。

在这方面,另一个农业大国美国的经验值得我们借鉴。

美国的农产品网上销售除了农民、农庄的单打独斗外,主要是依托各种信息服务系统。据统计,美国能够为农民提供农业信息、信息咨询等的服务系统约有300个,此外还有不计其数的农业网站也在发挥同样的作用。

在这其中,最主要的信息来源是美国芝加哥期货交易所,所有

---

① 梁巍、郑茹:《我省欲打造农产品网购"航母"》,载《安徽商报》,2013年等1月30日。

农民、农业企业、消费者,都可以在这里随时了解农产品价格变化和市场行情信息。设在肯塔基州的美国农用视频电脑系统,存有海量农业新闻、农业科技知识,并且能实时播报市场价格。

正因如此,无论是美国农民还是消费者,都可以很方便地就通过个人电脑获取到上述信息。再加上美国农民中的个人电脑普及率很高(58%),所以,要获取这些信息完全可以说是手到擒来,不存在障碍。[1]

可是在我国,目前还没有一个规范、统一的农产品电子交易平台。2012年3月,国内最大的农产品电子交易平台湖南五洲顺中国农产品电子交易中心的成立,算是暂时填补了这一空白,初步实现了农产品交易的数字化和网络化。

该中心位于湖南长沙、株洲、湘潭这三个国家级社会综合配套改革试验区核心地带的湘乡,可以提供网上超市、订购定销的中远期现货交易、网上拍卖等各种交易模式,汇集了海量的农产品供求信息,并且可以及时发布供求信息、在线网络交易。这一中心总投资超过1亿元,中心成立时拥有会员6 000家、注册供货商400多家,网上年销售额527亿元。[2]

所以能看到,目前我国的网上销售农产品是哪个地方的领导更重视,哪个地方就搞得好一些,这就是现实。

浙江的"农民信箱"就是在副省长茅临生的亲自督促下建立起来的,效果出奇的好,所以受到农民的热烈欢迎。

2006年6月在杨梅熟透了的季节,浙江有许多杨梅种植户非常着急。要知道,杨梅的保鲜期只有短短几天,如果在这几天里卖不出去,就会最终造成损失。为此,茅临生要求在农民信箱上举办"六月杨梅红"专场,结果令人喜出望外。

---

[1] 边胜男:《美国农产品物流的发展及对中国的启示》,载《世界农业》,2010年第12期。

[2] 朱炎皇、欧阳勇:《上网就能买到原产地农产品》,载《长沙晚报》,2012年3月20日。

浙江台州市黄岩区永宁果业合作社董事长彭加英,尝试着在农民信箱平台上发布了一条信息,没想到在短短几天里就有25人次前来洽谈杨梅业务,成交黑炭梅5吨,净赚1.3万元。①

但显而易见,如果促进网上销售农产品不能成为政府的既定方针,而是要农民去碰运气、寄希望于遇到开明的领导,那就很玄。

组织培训

农民的文化程度和信息化技术相对薄弱,为此政府就有必要采取走出去、请进来的方式,对农民加以适当培训,以期取得更好的促销效果。

甘肃皋兰县盛产高原夏菜、兰州白兰瓜、旱砂西瓜、红砂马铃薯等特色农产品。为了通过网上销售渠道进一步推动农产品流通的现代化,该县就以石洞镇中堡村、忠和镇平岘村为试点,选拔了30名文化素质较高、具有一定电脑操作能力的年轻人,赴广东进行为期1个月的电子商务交易平台操作培训。

这些年轻人学成之后,便成为全县电子商务经营示范户,纷纷回乡创建特色农产品网上销售平台。为此,县财政还为每户提供了1万元的无息贷款和一年的上网费用。同时,对成立注册网上销售公司、拥有6台上网电脑、办公场所和仓库面积分别达到100平方米和200平方米以上的示范户,每户补助5万元。②

可以相信,有这样的政府推动,当地网上销售农产品的星星之火一定可以成燎原之势。政府可谓是为农民办了一件大好事。

政府推动的形式多种多样,像上面这种走出去是一种,就地培训也是一种主要方式,同样能解决一些实际问题。

---

① 李洋:《一位省长的互联网实验》,载《互联网周刊》,2007年4月23日。
② 刘健、张发润:《皋兰县农民赴粤学习网上销售,提供贷款和一年上网费用》,载《甘肃日报》,2013年9月12日。

2013年9月,辽宁秦皇岛市海港区就召集种养殖大户、农民经纪人一起举行农产品供销信息网上技术培训班,为有需要的农民举办网络营销知识讲座,利用互联网扩大产品影响力。

种植大户温保良介绍说,他家主要种植蔬菜,价钱好的时候销售不成问题,可是有时候赔本也卖不出去,只好干着急。而现在学了网上销售农产品,就感到思路开阔多了,以后卖菜可以上网卖了;再怎么说,有了网络也会多一条销售渠道呀。

而据了解,为了解决农民由于市场信息不对称造成的农产品销售难问题,早在2010年2月,商务部和全国远程教育办公室就通过农村党员干部现代远程教育网络开展农村商务信息普及工作了。而这次秦皇岛海港区举行的网上销售农产品培训班,正是通过这一网络纳入本地化管理的,被农民称为"鼠标+大白菜"式营销。

培训班上,老师的讲解内容包括网络营销、产品拍照、电子支付、网络交流、网络搜索、防网络诈骗等;下一步,他们还将为全区各镇、园区安排一名熟悉网络营销的技术人员,分工负责辖区内相关农产品信息发布的指导、检验与审核等工作,帮助广大种植养殖户用好网络推广渠道,真正实现"人在家门口、货从网上走"。[1]

改善物流运输

农产品物流运输牵涉面广,非农民组织和个人一己之力能够解决和协调的,所以这也是必须通过政府才能办到的事。

物流运输问题如果得不到解决和改善,农产品网上销售要想得到健康发展就是一句空话。

例如,福建南安市的农产品如果要运到新疆、黑龙江等消费者手里,一般都要采用空运方式,费用高达每公斤26元,三天之内能

---

[1] 王帅:《海港区农产品开始进行网络营销》,载《秦皇岛日报》,2013年9月9日。

到达;而如果发到浙江、江苏、广东等地,就可采用铁路或公路的普通物流,24小时内就能到,物流费用只要每公斤1元。

由此可见,网上销售农产品受物流的影响很大,尤其是在偏僻、交通不便的农村,它有时甚至是网上销售的生命线——如果当地根本就不具备基本的物流运输条件,你的订单又怎么去实现呢?根本不现实。①

财政补助

采取适当的财政补助方式,来支持网上销售农产品,也是政府该做的事。这可以起到以小钱撬动大市场的杠杆作用。

2012年年末,天津市财政局发布公告称,该市将有29个现代服务业项目获得财政补助,其中就包括农产品、果疏、水产品、肉类的配送和电子商务。这些项目建成后,将极大地方便市民购买各类生鲜食品和农产品,扫除网上销售农产品的最后一道障碍。

本书前面已经提过,生鲜食品领域一直难以推广网上销售,其根本原因在于冷链物流体系不够完善。例如,海产品、肉类产品、蔬菜等的物流配送一般都需要用到冷藏车,而它对环境温度有很高的要求,一般的快递、物流公司并不具备这样的条件。至于单个农民或实力不够强大的农民组织,要想从事这一行则会有很大困难。正因如此,消费者无法在网上买到这些商品就不奇怪;即使可以买到,也会担心货品是否变质以及配送是否便捷,从而影响这个行业的规模化发展。

容易看出,这次天津市财政部门在29个财政补助项目中专门确立5个冷链物流项目,如北方冷链物流集聚公共促进平台、大洋冻品国际物流分拨中心、泰达行冷链物流中心、津台冷链物流配送中心、北方集团冷链物流交易中心等,通过现代化冷库建设和冷链

---

① 苏田田:《农产品触"网",挑战传统"菜篮子"》,载《泉州商报》,2013年2月4日。

物流信息化建设,来探索冷链物流体系以及质量安全全程可追溯系统建设的有效途径,实在是办了一件大好事,做了政府应该做的事。

不但如此,在这次财政部门资助的项目中,还直接扶持了农特产品网上交易平台、泰达高端电子商务产业基地等多个电子商务项目,涉及农产品、生鲜食品、水产品的网上销售。这些项目建成后,天津北塘海鲜等特色产品就可以便利地销往全国,当地市民购买各类生鲜食品当然就更便利了。[1]

以奖代扶

除了财政补助之外,政府以奖代补、以奖代扶也是个支持农产品网上销售的好方法。

在杭州,根据《杭州市农村电子商务项目资金管理办法》的规定,2012年至2015年,该市财政每年都会安排一定的资金,对优秀农民电子商务企业、电子商务特色村、信息化应用示范企业(合作社)等给予一次性奖励。具体办法是:[2]

对于在杭州市注册、纳税的农业企业(或农业电子商务公司),且成立时间在两年以上;具有咨询洽谈、网上订购、网上支付、交易管理、物流配送等功能;农业企业全年网上销售农产品300万元以上、农业电子商务公司全年网上销售农产品500万元以上,其中地产农产品300万元以上的,一次性奖励12万至15万元,名额为每年10家左右。享受该奖励后,如果第三年销售农产品超过5 000万元的,可以再次申报该项目。

对于每年至少组织两次电子商务培训、从事电子商务的网商超过15个,全年全村网上销售农产品金额在5 000万元以上、带

---

[1] 李鸽:《5个冷链物流项目财政补贴助推生鲜食品网上交易》,载《渤海早报》,2012年12月24日。

[2] 《电子商务帮助农民解决农产品"销售难"问题》,载《杭州日报》,2012年7月4日。

动本地农民就业人数达到 100 人以上的电子商务村,一次性奖励 10 万至 15 万元,名额为每年 5 家左右。

对于在杭州登记和纳税、成立时间在两年以上、两年内信息化投入在 30 万元以上的农业企业和专业合作社,一次性奖励 8 万至 10 万元,全年名额在 20 家左右。

当然,不仅仅是杭州,其他各地类似的措施也有不少,它们都为推动当地的农产品网上销售起到了应有的促进作用。

56. 网上开店同样有风险

在本书的最后,说一说网上销售农产品的风险所在。

网上销售农产品虽然手续简单、投入小,但也不是就没有任何风险,只不过这种风险和实体经营会有所不同罢了。所以,这里非常有必要提及一下这方面的问题,以引起应有的警觉。

总体来看,网上销售农产品的风险主要表现在:

个人缺乏做生意的应有魄力

每个人的情况不同,尤其是有些农村地处偏僻,农民一辈子都没有走出过家乡,甚至还过着接近"易货贸易"的生活。那里的人基本上不懂得生意经,更缺乏做生意的应有魄力,要他们投入到网上销售这种新型的经营方式中去,实在是勉为其难。即使把他们赶到"网上",他们也很可能会觉得只要把商品目录登到网上就没事了。而不用说,这样是很难赚到钱的。

例如一般来说,你要想让人知道有你这样一家网店,最好的办法是做广告。可是接下来的问题是:你敢不敢一连儿个月在首页上做商品广告和店铺广告?赚钱机会来临时有没有胆量"吃"下它?这些都非常考验一个人的魄力,而上述这些人显然不能做到。

再例如,有位店主一口气买断一种 30 元的背包,虽然这种背包非常受欢迎,可是她就是不卖,而是拼命地做广告说"买××送时尚背包"。就这样,她店里的××货物一下子就卖了个精光。这就是魄力的表现。类似这样的经营技巧,他们就更缺乏了。

某些品种不适合网上销售

本书前面提到,并不是所有农产品都适合网上销售。既然如此,那么就可以反过来说,如果你的农产品不适合网上销售,一切也就无从谈起,更无法发挥网上销售农产品的种种优势了。

快递费用过高

网上销售的农产品一般是要从农村寄出的。由于农村地处偏僻、快递网点少,这样势必就会在发货时间、快递费用上少了许多竞争优势。当然也有相反的情形,那就是有些快递公司为了抢占农村市场,会对农村发货的快递通过费用包干办法降低标准。例如,某快递公司在城里发货的收费标准是首重 1 公斤 15 元、续重每公斤 12 元,在农村的费用标准则是 10 公斤以内一律只要 10 元。但这样的好事并不多。

因为网上销售农产品的快递费用最终要由消费者来承担,所以你在选择快递公司和快递方式时一定要货比三家,通过尽量节省材料、减轻分量来压缩费用,为顾客节省开支,提高竞争力。

定价策略不当

网上销售农产品的一大优势是销售价格低,这既是由于农民自产自销和进货价格低,也源于中间环节少、流通成本低。当然,消费者主要也是冲着你的价格低来的。如果定价策略不当,这里就会存在着巨大的风险。

正确的定价策略包括以下几点:

（1）既要能保证自己的基本利润，又不能定价太高、吓跑顾客。要明确该价格是否已经包括运费在内，即使包括运费在内的价格，也应该低于市场销售价。

（2）价格一旦制定，不要轻易改动或降价。

（3）如果是只有当地才有的农副土特产品或独家经销的应季类农产品，价格应适当提高，低了反而不好，会让人以为是假货。

（4）不同档次的农产品应当适当拉开价格差距，以便能满足不同顾客的消费需求。在这其中，可以拿出一两样来按成本价销售，以便吸引顾客的眼球。

（5）如果实在无法确定价格或者想吸引更多的顾客，可以采用竞价方式，这也是一种常见的销售策略。

目标顾客群没抓住

网上销售农产品一般不用担心商品积压，但绝大多数农产品是有季节性的，如果目标顾客群没有抓住而贻误销售时机，就会因小失大。如果是自产自销的农产品，则会因此造成大量的积压和变质，直接影响当年收成；如果是采购来的农产品，仅有的少量样品也会构成积压风险，更不用说长时间没有生意所造成的时间损失了。

那么，为什么会抓不住目标顾客群呢？这种风险常常是由于你不去细分市场，而只是随大流、看到别人卖什么就卖什么。殊不知，别人这样做可能会有他的道理，也可能是盲目的，而你则因为别人的盲目而盲目，这样的投资风险就大了。

正确的做法是：强化产品信息特色、完善服务信息。

顾客第一次浏览你的网页时很可能是偶然的，只有你的经营特色和信息服务符合他的愿望，他才会在你这里购买。

完善服务信息包括提供最完整的商品信息和符合消费者愿望的客户服务，这也是网上销售农产品取得成功的关键。每位消费者的期待是不同的，这里最基本的要求是他能从网页中得到他所需要的东西,而不是让他去凭空想象。

换句话说就是,网页上除了图片之外还要有相应的文字说明,并且这种说明最好要有独特风格,让他看了一眼就能记得住;记住了,就一定会有购买欲望。相反,如果仅仅只有商品目录,这样的效果基本上就达不到了。

网店流量太小

就是说,虽然你的网店开在那里,可实际上并没有什么顾客光临。这种门可罗雀的店,开了就像没开一样,因为根本就没有多少人知道,所以也难怪要没生意了。

增加网店流量的具体措施有:

(1)增加在线时间,让顾客看到店里一直有"营业员"在坐着。

(2)坚持每天发帖、回帖,并且要显示你的诚心,吸引别人的注意力,经常会想到到你这里来看一看。

(3)坚持每天都有到期商品,这一点很重要。因为淘宝网搜索是默认按有效期长短来排序的,有效期越短排在越前面。每天都有到期商品,就意味着你的网店每天都有商品排在最前面。并且,上货时间最好选择在每天上网人数最多的时候,如中午12点到13点、晚上8点到10点。这就像实体商店选择在营业时间开业、而不是半夜里开业一样,是最简单的道理。

(4)每天坚持在淘宝网上写日记,这种方式最能吸引顾客注意。

(5)坚持申请推荐位,虽然这有一定难度,但依然要坚持不懈。

(6)多多与同行交流,学习买卖技巧、宣传店铺效果等,提高浏览量。

(7)在各种网页、论坛、邮件、聊天软件中提供网店链接,方便顾客直接点击到购买页面,如果拐弯抹角则很容易流失客户。

(8)经常通过电子邮件向顾客发送商品信息,推荐应季农产品。

寻找货源时遇到骗子

虽然传统商铺在寻找货源时同样会遇到骗子,但由于网上开店的货源信息更多地来自网络,这种受骗概率会更大。

为此,当供货商出现以下情形时,就要特别警惕了:

(1)没有经营资质,或者在当地工商局网站上查不到它的经营资质,这时候就要多长一个心眼。

(2)没有留下固定地址、固定电话(移动电话不算),或者留下的联系方式含糊其辞,有好多个或者干脆是假的。

(3)如果是个人经营,没有明确的约束机制(如淘宝网的支付宝)。

(4)有不良信用记录,如被查处、被投诉过等。

(5)价格陷阱,如价格低得有点不敢令人相信。

(6)最近一段时间没有成交记录或发货记录。

(7)不愿意提供货到付款服务(这一点很重要)。

(8)不敢告诉你怎样鉴别商品真假、质量好坏的方法。

(9)货款只能汇给个人账户或个人信用卡。

(10)拒绝你在当地的朋友代你上门取货;等等。

遇到上述情况,你要么另外寻找进货渠道,要么就只能先购买少量的样品试试看,主要目的在于对该供货商的销售、质量、发货、运输、服务增加一点了解。如果对方根本不愿意做你这样的"小生意",就更能证明你的担心了。

当然,即使开头几次交道打下来印象还不错,也不能就放松了以后的警惕,"放长线钓大鱼"的骗子更危险。

附录

中华人民共和国农产品质量安全法

(2006年4月29日第十届全国人民代表大会
常务委员会第二十一次会议通过)

第一章 总则

第一条 为保障农产品质量安全,维护公众健康,促进农业和农村经济发展,制定本法。

第二条 本法所称农产品,是指来源于农业的初级产品,即在农业活动中获得的植物、动物、微生物及其产品。

本法所称农产品质量安全,是指农产品质量符合保障人的健康、安全的要求。

第三条 县级以上人民政府农业行政主管部门负责农产品质量安全的监督管理工作;县级以上人民政府有关部门按照职责分工,负责农产品质量安全的有关工作。

第四条 县级以上人民政府应当将农产品质量安全管理工作纳入本级国民经济和社会发展规划,并安排农产品质量安全经费,用于开展农产品质量安全工作。

第五条 县级以上地方人民政府统一领导、协调本行政区域内的农产品质量安全工作,并采取措施,建立健全农产品质量安全服务体系,提高农产品质量安全水平。

第六条 国务院农业行政主管部门应当设立由有关方面专家组成的农产品质量安全风险评估专家委员会,对可能影响农产品质量安全的潜在危害进行风险分析和评估。

国务院农业行政主管部门应当根据农产品质量安全风险评估结果采取相应的管理措施,并将农产品质量安全风险评估结果及时通报国务院有关部门。

第七条　国务院农业行政主管部门和省、自治区、直辖市人民政府农业行政主管部门应当按照职责权限,发布有关农产品质量安全状况信息。

第八条　国家引导、推广农产品标准化生产,鼓励和支持生产优质农产品,禁止生产、销售不符合国家规定的农产品质量安全标准的农产品。

第九条　国家支持农产品质量安全科学技术研究,推行科学的质量安全管理方法,推广先进安全的生产技术。

第十条　各级人民政府及有关部门应当加强农产品质量安全知识的宣传,提高公众的农产品质量安全意识,引导农产品生产者、销售者加强质量安全管理,保障农产品消费安全。

第二章　农产品质量安全标准

第十一条　国家建立健全农产品质量安全标准体系。农产品质量安全标准是强制性的技术规范。

农产品质量安全标准的制定和发布,依照有关法律、行政法规的规定执行。

第十二条　制定农产品质量安全标准应当充分考虑农产品质量安全风险评估结果,并听取农产品生产者、销售者和消费者的意见,保障消费安全。

第十三条　农产品质量安全标准应当根据科学技术发展水平以及农产品质量安全的需要,及时修订。

第十四条　农产品质量安全标准由农业行政主管部门商有关部门组织实施。

第三章　农产品产地

第十五条　县级以上地方人民政府农业行政主管部门按照保障农产品质量安全的要求,根据农产品品种特性和生产区域大气、土壤、水体中有毒有害物质状况等因素,认为不适宜特定农产品生产的,提出禁止生产的区域,报本级人民政府批准后公布。具体办法由国务院农业行政主管部门商国务院环境保护行政主管部门制定。

农产品禁止生产区域的调整,依照前款规定的程序办理。

第十六条 县级以上人民政府应当采取措施,加强农产品基地建设,改善农产品的生产条件。

县级以上人民政府农业行政主管部门应当采取措施,推进保障农产品质量安全的标准化生产综合示范区、示范农场、养殖小区和无规定动植物疫病区的建设。

第十七条 禁止在有毒有害物质超过规定标准的区域生产、捕捞、采集食用农产品和建立农产品生产基地。

第十八条 禁止违反法律、法规的规定向农产品产地排放或者倾倒废水、废气、固体废物或者其他有毒有害物质。

农业生产用水和用作肥料的固体废物,应当符合国家规定的标准。

第十九条 农产品生产者应当合理使用化肥、农药、兽药、农用薄膜等化工产品,防止对农产品产地造成污染。

第四章 农产品生产

第二十条 国务院农业行政主管部门和省、自治区、直辖市人民政府农业行政主管部门应当制定保障农产品质量安全的生产技术要求和操作规程。县级以上人民政府农业行政主管部门应当加强对农产品生产的指导。

第二十一条 对可能影响农产品质量安全的农药、兽药、饲料和饲料添加剂、肥料、兽医器械,依照有关法律、行政法规的规定实行许可制度。

国务院农业行政主管部门和省、自治区、直辖市人民政府农业行政主管部门应当定期对可能危及农产品质量安全的农药、兽药、饲料和饲料添加剂、肥料等农业投入品进行监督抽查,并公布抽查结果。

第二十二条　县级以上人民政府农业行政主管部门应当加强对农业投入品使用的管理和指导，建立健全农业投入品的安全使用制度。

第二十三条　农业科研教育机构和农业技术推广机构应当加强对农产品生产者质量安全知识和技能的培训。

第二十四条　农产品生产企业和农民专业合作经济组织应当建立农产品生产记录，如实记载下列事项：

（一）使用农业投入品的名称、来源、用法、用量和使用、停用的日期；

（二）动物疫病、植物病虫草害的发生和防治情况；

（三）收获、屠宰或者捕捞的日期。

农产品生产记录应当保存二年。禁止伪造农产品生产记录。

国家鼓励其他农产品生产者建立农产品生产记录。

第二十五条　农产品生产者应当按照法律、行政法规和国务院农业行政主管部门的规定，合理使用农业投入品，严格执行农业投入品使用安全间隔期或者休药期的规定，防止危及农产品质量安全。

禁止在农产品生产过程中使用国家明令禁止使用的农业投入品。

第二十六条　农产品生产企业和农民专业合作经济组织，应当自行或者委托检测机构对农产品质量安全状况进行检测；经检测不符合农产品质量安全标准的农产品，不得销售。

第二十七条　农民专业合作经济组织和农产品行业协会对其成员应当及时提供生产技术服务，建立农产品质量安全管理制度，健全农产品质量安全控制体系，加强自律管理。

第五章　农产品包装和标识

第二十八条　农产品生产企业、农民专业合作经济组织以及从事农产品收购的单位或者个人销售的农产品，按照规定应当包装或者附加标识的，须经包装或者附加标识后方可销售。包装物或者标识上应当按照规定标明产品的品名、产地、生产者、生产日期、保质期、产品质量等级等内容；使用添加剂的，还应当按照规定标明添加剂的名称。具体办法由国务院农业行政主管部门制定。

第二十九条 农产品在包装、保鲜、贮存、运输中所使用的保鲜剂、防腐剂、添加剂等材料，应当符合国家有关强制性的技术规范。

第三十条 属于农业转基因生物的农产品，应当按照农业转基因生物安全管理的有关规定进行标识。

第三十一条 依法需要实施检疫的动植物及其产品，应当附具检疫合格标志、检疫合格证明。

第三十二条 销售的农产品必须符合农产品质量安全标准，生产者可以申请使用无公害农产品标志。农产品质量符合国家规定的有关优质农产品标准的，生产者可以申请使用相应的农产品质量标志。

禁止冒用前款规定的农产品质量标志。

第六章 监督检查

第三十三条 有下列情形之一的农产品，不得销售：

（一）含有国家禁止使用的农药、兽药或者其他化学物质的；

（二）农药、兽药等化学物质残留或者含有的重金属等有毒有害物质不符合农产品质量安全标准的；

（三）含有的致病性寄生虫、微生物或者生物毒素不符合农产品质量安全标准的；

（四）使用的保鲜剂、防腐剂、添加剂等材料不符合国家有关强制性的技术规范的；

（五）其他不符合农产品质量安全标准的。

第三十四条 国家建立农产品质量安全监测制度。县级以上人民政府农业行政主管部门应当按照保障农产品质量安全的要求，制定并组织实施农产品质量安全监测计划，对生产中或者市场上销售的农产品进行监督抽查。监督抽查结果由国务院农业行政主管部门或者省、自治区、直辖市人民政府农业行政主管部门按照权限予以公布。

监督抽查检测应当委托符合本法第三十五条规定条件的农产品质量安全检测机构进行,不得向被抽查人收取费用,抽取的样品不得超过国务院农业行政主管部门规定的数量。上级农业行政主管部门监督抽查的农产品,下级农业行政主管部门不得另行重复抽查。

第三十五条　农产品质量安全检测应当充分利用现有的符合条件的检测机构。

从事农产品质量安全检测的机构,必须具备相应的检测条件和能力,由省级以上人民政府农业行政主管部门或者其授权的部门考核合格。具体办法由国务院农业行政主管部门制定。

农产品质量安全检测机构应当依法经计量认证合格。

第三十六条　农产品生产者、销售者对监督抽查检测结果有异议的,可以自收到检测结果之日起五日内,向组织实施农产品质量安全监督抽查的农业行政主管部门或者其上级农业行政主管部门申请复检。

采用国务院农业行政主管部门会同有关部门认定的快速检测方法进行农产品质量安全监督抽查检测,被抽查人对检测结果有异议的,可以自收到检测结果时起四小时内申请复检。复检不得采用快速检测方法。

因检测结果错误给当事人造成损害的,依法承担赔偿责任。

第三十七条　农产品批发市场应当设立或者委托农产品质量安全检测机构,对进场销售的农产品质量安全状况进行抽查检测;发现不符合农产品质量安全标准的,应当要求销售者立即停止销售,并向农业行政主管部门报告。

农产品销售企业对其销售的农产品,应当建立健全进货检查验收制度;经查验不符合农产品质量安全标准的,不得销售。

第三十八条　国家鼓励单位和个人对农产品质量安全进行社会监督。任何单位和个人都有权对违反本法的行为进行检举、揭发和控告。有关部门收到相关的检举、揭发和控告后,应当及时处理。

第三十九条　县级以上人民政府农业行政主管部门在农产品质量安全监督检查中,可以对生产、销售的农产品进行现场检查,调查了解农产品质量安全的有关情况,查阅、复制与农产品质量安全有关的记录和其他资料;对经检测不符合农产品质量安全标准的农产品,有权查封、扣押。

第四十条　发生农产品质量安全事故时,有关单位和个人应当采取控制措施,及时向所在地乡级人民政府和县级人民政府农业行政主管部门报告;收到报告的机关应当及时处理并报上一级人民政府和有关部门。发生重大农产品质量安全事故时,农业行政主管部门应当及时通报同级食品药品监督管理部门。

第四十一条　县级以上人民政府农业行政主管部门在农产品质量安全监督管理中,发现有本法第三十三条所列情形之一的农产品,应当按照农产品质量安全责任追究制度的要求,查明责任人,依法予以处理或者提出处理建议。

第四十二条　进口的农产品必须按照国家规定的农产品质量安全标准进行检验;尚未制定有关农产品质量安全标准的,应当依法及时制定,未制定之前,可以参照国家有关部门指定的国外有关标准进行检验。

第七章　法律责任

第四十三条　农产品质量安全监督管理人员不依法履行监督职责,或者滥用职权的,依法给予行政处分。

第四十四条　农产品质量安全检测机构伪造检测结果的,责令改正,没收违法所得,并处五万元以上十万元以下罚款,对直接负责的主管人员和其他直接责任人员处一万元以上五万元以下罚款;情节严重的,撤销其检测资格;造成损害的,依法承担赔偿责任。

农产品质量安全检测机构出具检测结果不实,造成损害的,依法承担赔偿责任;造成重大损害的,并撤销其检测资格。

第四十五条 违反法律、法规规定,向农产品产地排放或者倾倒废水、废气、固体废物或者其他有毒有害物质的,依照有关环境保护法律、法规的规定处罚;造成损害的,依法承担赔偿责任。

第四十六条 使用农业投入品违反法律、行政法规和国务院农业行政主管部门的规定的,依照有关法律、行政法规的规定处罚。

第四十七条 农产品生产企业、农民专业合作经济组织未建立或者未按照规定保存农产品生产记录的,或者伪造农产品生产记录的,责令限期改正;逾期不改正的,可以处二千元以下罚款。

第四十八条 违反本法第二十八条规定,销售的农产品未按照规定进行包装、标识的,责令限期改正;逾期不改正的,可以处二千元以下罚款。

第四十九条 有本法第三十三条第四项规定情形,使用的保鲜剂、防腐剂、添加剂等材料不符合国家有关强制性的技术规范的,责令停止销售,对被污染的农产品进行无害化处理,对不能进行无害化处理的予以监督销毁;没收违法所得,并处二千元以上二万元以下罚款。

第五十条 农产品生产企业、农民专业合作经济组织销售的农产品有本法第三十三条第一项至第三项或者第五项所列情形之一的,责令停止销售,追回已经销售的农产品,对违法销售的农产品进行无害化处理或者予以监督销毁;没收违法所得,并处二千元以上二万元以下罚款。

农产品销售企业销售的农产品有前款所列情形的,依照前款规定处理、处罚。

农产品批发市场中销售的农产品有第一款所列情形的,对违法销售的农产品依照第一款规定处理,对农产品销售者依照第一款规定处罚。

农产品批发市场违反本法第三十七条第一款规定的,责令改正,处二千元以上二万元以下罚款。

第五十一条 违反本法第三十二条规定,冒用农产品质量标志的,责令改正,没收违法所得,并处二千元以上二万元以下罚款。

第五十二条 本法第四十四条、第四十七条至第四十九条、第五十条第一款、第四款和第五十一条规定的处理、处罚,由县级以上人民政府农业行政主管部门决定;第五十条第二款、第三款规定的处理、处罚,由工商行政管理部门决定。

法律对行政处罚及处罚机关有其他规定的,从其规定。但是,对同一违法行为不得重复处罚。

第五十三条 违反本法规定,构成犯罪的,依法追究刑事责任。

第五十四条 生产、销售本法第三十三条所列农产品,给消费者造成损害的,依法承担赔偿责任。

农产品批发市场中销售的农产品有前款规定情形的,消费者可以向农产品批发市场要求赔偿;属于生产者、销售者责任的,农产品批发市场有权追偿。消费者也可以直接向农产品生产者、销售者要求赔偿。

第八章 附则

第五十五条 生猪屠宰的管理按照国家有关规定执行。

第五十六条 本法自2006年11月1日起施行。

全国统一无公害农产品标志
征订说明及使用规定

为使征订使用全国统一无公害农产品标志(以下简称标志)的单位或个人了解本标志含义、懂得如何使用并遵守相关的管理制度,务请在征订和使用标志之前仔细阅读本说明及规定。

农业部农产品质量安全中心印制
二〇〇四年六月三日

一、标志简介

(一)标志图案涵义

标志图案(见样标)由麦穗、对勾和无公害农产品字样组成,麦穗代表农产品,对勾表示合格,金色寓意成熟和丰收,绿色象征环保和安全。标志图案直观、简洁、易于识别,含义通俗易懂。

(二)标志的种类、规格和尺寸

1. 标志的种类按印制的质材分为纸质标志和塑质标志:

1) 纸质标志:即其使用的纸和其他原材料符合国家相关标准或行业标准,具有防水和环保的功能,可直接加贴在无公害农产品上或产品包装上的标志。

2) 塑质标志:即其使用的塑质和其他原材料符合国家相关标准或行业标准,具有防水和环保的功能,可加贴在无公害农产品内包装上或产品外包装上的标志。

2. 标志的种类、规格、尺寸(直径)及单价见下表:

种类	纸质标志					塑质标志			
规格	1号	2号	3号	4号	5号	2号	3号	4号	5号
尺寸(mm)	10	15	20	30	60	15	20	30	60
单价(元/枚)	0.008	0.011	0.02	0.038	0.15	0.011	0.02	0.038	0.15

注:产品须储存于潮湿、冷冻环境中或产品包装(硬塑料袋)容易产生挤压、搓揉的,最好使用塑质标志。

(三)标志的权威性

该标志是由农业部和国家认监委联合制定并发布的,由农业部农产品质量安全中心审核、发放,是加施于获得全国统一无公害农产品认证的产品或产品包装上的证明性标记。

该标志的使用涉及政府对无公害农产品质量的保证和对生产者、经营者及消费者合法权益的维护,是国家有关部门对无公害农产品进行有效监督和管理的重要手段。

(四)标志的防伪及查询功能

标志除采用激光防伪、荧光防伪、微缩文字防伪、单色及凹版印刷技术等传统静态防伪外,还具有防伪数码查询功能的动态防伪技术。目前,标志防伪数码的查询功能已经开通,通过全国统一无公害农产品认证的企业所使用的标志,在标志的揭露层(即标志稳定粘贴在附着物上后,揭下标志面层,留下的底层)上有16位防伪数码,通过输入此防伪数码查询,不但能辨别标志的真伪,而且能了解到使用该枚标志的单位、产品、品牌及认证部门的相关信息。可以通过以下三种方式进行查询。

1. 全国统一电话16840315或010-64450315查询

拨通电话,按照电话语音提示,依次从左至右输入16位数码,按#号键结束。这时,将会听到以下三种不同内容的语音之一:

1)您所查询的是××公司(企业)生产的××牌××产品,已通过农业部农产品质量安全中心的无公害农产品认证,是全国统一的无公害农产品标志。

此种语音表示：正牌产品，首次查询。

2）您所查询的是假冒产品，如有疑问，请拨打防伪咨询电话 010-64451885。

此种语音表示：

a）假冒产品（如果您核对输入的产品数码无误后，仍听到此语音）。

b）输入的数码有误，如果您已核对输入的数码有误后，请重新输入数码。

3）该数码第一次查询的时间是×年×月×日×时×分，该数码查询过×次，为防止假冒，防伪数码只能有效查询一次，如果您首次查询的时间与上述时间不符，则标识是假冒产品。如有疑问，请拨打防伪咨询电话 010-64451885。

此种语音表示：

a）假冒产品（如您刚买到产品，第一次查询就听到此语）。

b）正牌产品再次查询（如果您曾经在电话语音所述的时间已进行过第一次查询）。

注：全国统一查询电话 16840315，网络覆盖全国近 300 个地区，只有西藏、澳门没有开通。

可查询的有效期限为一年（征订标志的当月至第二年同月）。

2. 手机短信息查询

移动用户：将 16 位防伪数码写成短信内容发送到 3315。

联通用户：将 16 位防伪数码写成短信内容发送到 93315。

以上短信息发出后，约 3 秒钟左右，发送的手机会收到回复信息，消费者打开短信息即可知道所查询产品的真假。

可查询的有效期限为一年（征订标志的当月至第二年同月）。

3. 通过互联网查询

登陆 http://www.aqsc.gov.cn，在防伪标识查询框内输入产品数码，确认无误后按"鉴别"键，即可迅速得到鉴别结果。可查询的有效期限为一年（征订标志的当月至第二年同月）。

以上的相关查询方式，标志使用企业有义务在产品说明书、包装、广告及标签上做出说明,以便于消费者查询和维护企业自身的经济利益和品牌优势。

注:请在收到标志后按标志外包装上注明的内容抽样进行防伪数码查询测试,如查询过程中有问题,请及时与农业部农产品质量安全中心联系。

二、标志的申领与发放

(一)凡获得全国统一无公害农产品认证证书的单位和个人,均可向农业部农产品质量安全中心征订使用此标志,并填写《全国统一无公害农产品标志使用征订表》。农业部农产品质量安全中心根据认证产品的生产规模、产品数量、包装规格核发标志,并登记备案。

(二)标志申领的数量要求:

1."纸质标志"各规格数量要求

1) 1号标志数量22万枚起订,订量必须是22万枚的整数倍;

2) 2号标志数量11万枚起订,订量必须是11万枚的整数倍;

3) 3号标志数量7万枚起订,订量必须是7万枚的整数倍;

4) 4号标志数量3万枚起订,订量必须是3万枚的整数倍;

5) 5号标志数量0.7万枚起订,订量必须是0.7万枚的整数倍;

2."塑质标志"各规格数量要求

1) 2号标志数量26.4万枚起订,订量必须是26.4万枚的整数倍;

2) 3号标志数量14.4万枚起订,订量必须是14.4万枚的整数倍;

3) 4号标志数量7.2万枚起订,订量必须是7.2万枚的整数倍;

4) 5号标志数量1.8万枚起订,订量必须是1.8万枚的整数倍;

三、标志的运输

我中心在综合考虑运价、运输时间、运输网点、覆盖范围等的基础上,决定采用中国邮政的包裹邮寄方式来进行标志的运输工作。我中心对标志的运输采取运费预付方式,即收货方随标志款提前预付全部运输费用,预付的运费的标准为标志货款总金额的3‰,我中心不承担标志的运输费用。另外,为安全起见,邮寄的包裹均需投保,保费为标志货款的1‰,标志如有丢失由承运方承担,我中心作为托运人可协助投保人(标志使用方)向承运方追偿。

标志自行提取的,不需支付运费和投保费。

四、标志的使用

(一) 范围和期限

获得全国统一无公害农产品认证证书的单位和个人,可以在认证证书规定的产品上或产品包装上加贴此标志,用以证明该产品符合全国统一无公害农产品标准。印制在包装、标签、广告、说明书上的无公害农产品标志图案,不能作为无公害农产品证明性标志使用。

使用此标志的单位和个人,应当在无公害农产品认证证书规定的产品范围和有效期内使用,不得超范围和逾期使用,不得买卖和转让。

(二) 推荐使用的标志种类、规格和尺寸见下表

标志种类	规格	尺寸(mm)	无公害农产品上(克/个或枚等)	产品内包装上(克/袋或盒等)	产品外包装上(克/袋或盒等)
纸质标志	1号	10	100 克以下	100 克以下	100 克以下
	2号	15	100~300 克	100~500 克	100~500 克
	3号	20	300~2 500 克	500~5 000 克	500~5 000 克
	4号	30	2 500~7 500 克	5 000~10 000 克	5 000~10 000 克
	5号	60	7 500 克以上	10 000 克以上	10 000 克以上

标志种类	规格	尺寸(mm)	无公害农产品上(克/个或枚等)	产品内包装上(克/袋或盒等)	产品外包装上(克/袋或盒等)
塑质标志	2号	15	建议不直接加贴在无公害农产品上	0~500克	0~500克
	3号	20		500~5 000克	500~5 000克
	4号	30		5 000~10 000克	5 000~10 000克
	5号	60		10 000克以上	10 000克以上

注:以上使用仅供参考,使用者可根据样标及自身产品形式合理选用各种类、规格、尺寸的标志。

(三)注意事项

1.标志粘贴稳定后,可达到设计的揭显效果。

2.标志忌揉搓,忌雨忌晒,应放在通风、干燥、室温环境中保管。

3.标志只能在标志外包装标签上注明的指定产品上使用,任何未按指定产品上使用标志的,造成查询错误由使用者自行承担。

五、标志使用者的使用管理

标志使用者应当建立标志使用的管理制度,对标志的使用情况如实记录,登记造册并存档,存期三年,以备后查。

六、标志的监督、检查、处罚和举报

(一)标志的使用受县级以上地方人民政府农业行政主管部门、质量技术监督部门以及农业部农产品质量安全中心的监督、管理和检查。对不符合使用规定的,农业部农产品质量安全中心将暂停或撤销其认证证书及标志使用权。

(二)任何伪造、变造、盗用、冒用、买卖和转让本标志的单位和个人,按照国家有关法律法规的规定,予以行政处罚;构成犯罪的,依法追究其刑事责任。

(三)任何单位和个人发现任何违反使用规定的,有向国家有关部门(农业部、国家认监委和农业部农产品质量安全中心)举报的权利和义务。

七、标志与证书的关系及证书管理规定

（一）证书由农业部农产品质量安全中心颁发，用以证明该产品符合无公害农产品的相关标准和要求，准予在产品或产品包装上加贴无公害农产品标志。

（二）证书所称无公害农产品，是指产地环境、生产过程和产品质量符合国家有关标准和规范要求，经农业部农产品质量安全中心认证合格获得认证证书并允许加贴无公害农产品标志的未经加工或者初加工的食用农产品。

（三）证书有效期三年，期满需要继续使用的，应当在有效期满90日前按照《无公害农产品认证程序》的要求，重新办理。

（四）农业部农产品质量安全中心将独立或配合其他有关部门对获证产品进行不定期的抽查、检验和鉴定。

（五）获得证书者，有下列情况之一发生，农业部农产品质量安全中心将暂停其证书使用，并责令限期改正：

1. 生产过程发生变化，产品达不到无公害农产品标准要求的；
2. 经检查、检验、鉴定，不符合无公害农产品标准要求的。

（六）获得证书者，有下列情况之一发生，农业部农产品质量安全中心将撤销其证书使用：

1. 擅自扩大标志使用范围的；
2. 未按认证产品数量加贴无公害农产品标志的；
3. 转让、买卖认证证书和无公害农产品标志的；
4. 产地认定证书被撤销的；
5. 被暂停产品认证证书未在规定期限内改正的。

八、本说明及使用规定由农业部农产品质量安全中心负责解释

注：原下发各单位的《全国统一无公害农产品标志申领使用说明》及《全国统一无公害农产品标志申请表》于2003年9月15日废止。

国务院办公厅关于加强鲜活农产品流通体系建设的意见

国办发〔2011〕59号

各省、自治区、直辖市人民政府,国务院各部委、各直属机构:

我国是鲜活农产品生产和消费大国。为加强鲜活农产品流通体系建设,建立平稳产销运行、保障市场供应的长效机制,切实维护生产者和消费者利益,经国务院同意,现提出如下意见:

一、主要目标

(一)主要目标。以加强产销衔接为重点,加强鲜活农产品流通基础设施建设,创新鲜活农产品流通模式,提高流通组织化程度,完善流通链条和市场布局,进一步减少流通环节,降低流通成本,建立完善高效、畅通、安全、有序的鲜活农产品流通体系,保障鲜活农产品市场供应和价格稳定。

二、重点任务

(二)加强流通规划指导,促进市场合理布局。制定全国农产品批发市场发展指导文件,明确指导思想、发展目标、主要任务和政策措施。地方各级人民政府要依据城市总体规划和城市商业网点规划,制定并完善本地区农产品批发市场、农贸市场、菜市场等鲜活农产品网点发展规划,逐步形成布局合理、功能完善、竞争有序的鲜活农产品市场网络。

(三)加快培育流通主体,提高流通组织化程度。推动鲜活农产品经销商实现公司化、规模化、品牌化发展。鼓励流通企业跨地区兼并重组和投资合作,提高产业集中度。扶持培育一批大型鲜活农产品流通企业、农业产业化龙头企业、运输企业和农民专业合作社及其他农业合作经济组织，促其做大做强，提高竞争力。

（四）加强流通基础设施建设，提升流通现代化水平。加强鲜活农产品产地预冷、预选分级、加工配送、冷藏冷冻、冷链运输、包装仓储、电子结算、检验检测和安全监控等设施建设。引导各类投资主体投资建设和改造农产品批发市场和农贸市场、菜市场、社区菜店、生鲜超市、平价商店等鲜活农产品零售网点。发展电子商务，扩大网上交易规模。鼓励农产品批发市场引入拍卖等现代交易模式。加快农产品流通科技研发和推广应用。

（五）大力推进产销衔接，减少流通环节。积极推动农超对接、农校对接、农批对接等多种形式的产销衔接，鼓励批发市场、大型连锁超市等流通企业，学校、酒店、大企业等最终用户与农业生产基地、农民专业合作社、农业产业化龙头企业建立长期稳定的产销关系，降低对接门槛和流通成本，扩大对接规模。多措并举，支持农业生产基地、农业产业化龙头企业、农民专业合作社在社区菜市场直供直销，推动在人口集中的社区有序设立周末菜市场及早、晚市等鲜活农产品零售网点。

（六）强化信息体系建设，引导生产和消费。加强部门协作，健全覆盖生产、流通、消费的农产品信息网络，及时发布蔬菜等鲜活农产品供求、质量、价格等信息，完善市场监测、预警和信息发布机制。联通主要城市大型农产品批发市场实时交易系统，加强大中城市鲜活农产品市场监测预警体系建设。

（七）完善储备调运制度，提高应急调控能力。建立健全重要农产品储备制度。完善农产品跨区调运、调剂机制。城市人民政府要根据消费需求和季节变化，合理确定耐贮蔬菜的动态库存数量，保障应急供给，防止价格大起大落。

（八）加强质量监管，严把市场准入关口。加快鲜活农产品质量安全追溯体系建设，进一步落实索证索票和购销台账制度，强化质量安全管理。建立鲜活农产品经常性检测制度，实现抽检标准、程序、结果"三公开",对不符合质量安全标准的鲜活农产品依法进行无害化处理或者监督销毁。

三、保障措施

(九)完善财税政策。各级人民政府要增加财政投入,通过投资入股、产权回购回租、公建配套等方式,改造和新建一批公益性农产品批发市场、农贸市场和菜市场,保障居民基本生活需要。在农产品主产区、集散地和主销区,升级改造一批带动力强、辐射面广的大型农产品批发市场和农产品加工配送中心。发挥财政资金引导示范作用,带动和规范民间资本进入农产品流通领域。完善农产品流通税收政策,免征蔬菜流通环节增值税。

(十)加强金融支持。鼓励和引导金融机构把农产品生产、加工和流通作为涉农金融服务工作重点,加大涉农贷款投放力度。合理把握信贷投放节奏,为农产品经销商等集中提供初级农产品收购资金,加强对农产品供应链上下游企业和农户的信贷支持。发挥地方各类涉农担保机构作用,着力解决农户、农民专业合作社和小企业融资担保能力不足问题。鼓励保险机构研究开发鲜活农产品保险产品,积极引导企业、农民专业合作社和农民投保,有条件的地方可对保费给予适当财政补贴。

(十一)保障合理用地。农产品批发市场建设要符合土地利用总体规划和商业网点规划,优先保障土地供应。对于政府投资建设不以盈利为目的、具有公益性质的农产品批发市场,可按作价出资(入股)方式办理用地手续,但禁止改变用途和性质。

(十二)强化监督管理。加强对鲜活农产品市场进场费、摊位费等收费的管理,规范收费项目,实行收费公示,降低收费标准。对政府投资建设或控股的农产品市场,可以按法定程序将有关收费纳入地方政府定价目录,实行政府指导价或政府定价管理,并依据保本微利的原则核定收费标准。严厉打击农产品投机炒作。做好外资并购大型农产品批发市场的安全审查工作。

(十三)提供运输便利。严格执行鲜活农产品运输"绿色通道"

政策,保证鲜活农产品运输"绿色通道"网络畅通,坚决落实免收整车合法装载运输鲜活农产品车辆通行费的相关政策。积极为鲜活农产品配送车辆进城提供畅通便捷有序的通行和停靠条件,鼓励有条件的大中城市使用符合国家强制性标准的鲜活农产品专用运输车型。

(十四)健全相关制度。加快农产品流通标准体系建设,推进农产品质量等级化、包装规格化、标识规范化、产品品牌化。抓紧研究完善农产品批发市场的准入、布局、规划、监管和政策促进等问题,为农产品批发市场健康发展提供制度保障。

(十五)加强组织领导。地方各级人民政府和各有关部门要把鲜活农产品流通体系建设作为重要的民生工程加以推进,在充分发挥市场机制作用的基础上,加大政策扶持力度。强化"菜篮子"市长负责制,切实提高大中城市鲜活农产品自给率。充分发挥农产品流通行业组织的协调和服务作用。商务部、发展改革委、农业部要会同公安部、财政部、国土资源部、住房城乡建设部、交通运输部、铁道部、税务总局、质检总局、银监会、保监会、供销总社等部门和单位加强督查和指导,及时研究解决鲜活农产品流通体系建设中的重大问题。

国务院办公厅
二〇一一年十二月十三日

国务院关于深化流通体制改革加快流通产业发展的意见

国发〔2012〕39号

各省、自治区、直辖市人民政府,国务院各部委、各直属机构:

改革开放以来,我国流通产业取得长足发展,交易规模持续扩大,基础设施显著改善,新型业态不断涌现,现代流通方式加快发展,流通产业已经成为国民经济的基础性和先导性产业。但总的看,我国流通产业仍处于粗放型发展阶段,网络布局不合理,城乡发展不均衡,集中度偏低,信息化、标准化、国际化程度不高,效率低、成本高问题日益突出。为适应新形势下经济社会发展需要,加快推进流通产业改革发展,现提出如下意见:

一、指导思想、基本原则和主要目标

(一)指导思想。以邓小平理论和"三个代表"重要思想为指导,深入贯彻落实科学发展观,围绕提高流通效率、方便群众生活、保障商品质量、引导生产发展和促进居民消费,加快推进流通产业发展方式转变,着力解决制约流通产业发展的关键问题,有效降低流通成本,全面提升流通现代化水平。

(二)基本原则。坚持发挥市场作用与完善政府职能相结合。在更大程度上发挥市场配置资源的基础性作用,遵循价值规律和市场规则,强化企业在市场中的主体地位;提升政府公共服务、市场监管和宏观调控能力。坚持深化改革与扩大开放相结合。深化流通领域各项改革,为流通产业发展提供制度保障;继续推进流通产业对内对外开放,以开放促改革促发展。坚持促进发展与加强规范相结合,加大对重点领域和薄弱环节的支持力度,推动流通产业加快发展;强化规范市场秩序,提升行业发展质量,切实保障和改善民生。坚持立足当前与着眼长远相结合。既要紧密结合当前需要,着力降低流通成本,又要注重长远发展,建立流通引导生产、促进消费的长效机制。

(三)主要目标。到2020年,我国流通产业发展的总体目标是:基本建立起统一开放、竞争有序、安全高效、城乡一体的现代流通体系,流通产业现代化水平大幅提升,对国民经济社会发展的贡献进一步增强。

——流通领域提高效率降低成本效果显著,批发零售企业流动资产周转速度加快,全社会物流总费用与国内生产总值的比率明显降低。

——现代信息技术在流通领域得到广泛应用,电子商务、连锁经营和统一配送等成为主要流通方式,连锁化率达到22%左右,商品统一配送率达到75%左右,流通产业整合资源、优化配置的能力进一步增强。

——流通主体的竞争力明显提升,形成一批网络覆盖面广、主营业务突出、品牌知名度高、具有国际竞争力的大型流通企业。

——流通产业发展的政策、市场和法制环境更加优化,市场运行更加平稳规范,居民消费更加便捷安全,全国统一大市场基本形成。

二、主要任务

(四)加强现代流通体系建设。依托交通枢纽、生产基地、中心城市和大型商品集散地,构建全国骨干流通网络,建设一批辐射带动能力强的商贸中心、专业市场以及全国性和区域性配送中心。推动大宗商品交易市场向现货转型,增加期货市场交易品种。优化城市流通网络布局,有序推进贸易中心城市和商业街建设,支持特色商业适度集聚,鼓励便利店、中小综合超市等发展,构建便利消费、便民生活服务体系。鼓励大型流通企业向农村延伸经营网络,增加农村商业网点,拓展网点功能,积极培育和发展农村经纪人,提升农民专业合作社物流配送能力和营销服务水平。支持流通企业建立城乡一体化的营销网络,畅通农产品进城和工业品下乡的双向流通渠道。大力发展第三方物流,促进企业内部物流社会化。加强城际配送、城市配送、农村配送的有效衔接,推广公路不停车收费系统,规范货物装卸场站建设和作业标准。加快建设完整先进的废旧商品回收体系,健全旧货流通网络,促进循环消费。

(五)积极创新流通方式。大力推广并优化供应链管理,鼓励流通企业拓展设计、展示、配送、分销、回收等业务。加快发展电子商务,普及和深化电子商务应用,完善认证、支付等支撑体系,鼓励流通企业建立或依托第三方电子商务平台开展网上交易。创新网络销售模式,发展电话购物、网上购物、电视购物等网络商品与服务交易。统筹农产品集散地、销地、产地批发市场建设,构建农产品产销一体化流通链条,积极推广农超对接、农批对接、农校对接以及农产品展销中心、直销店等产销衔接方式,在大中城市探索采用流动售卖车。围绕节能环保、流通设施、流通信息化等关键领域,大力推进流通标准应用。鼓励商业企业采购和销售绿色产品,促进节能环保产品消费,支持发展信用消费。推动商品条码在流通领域的广泛应用,健全全国统一的物品编码体系。

(六)提高保障市场供应能力。支持建设和改造一批具有公益性质的农产品批发市场、农贸市场、菜市场、社区菜店、农副产品平价商店以及重要商品储备设施、大型物流配送中心、农产品冷链物流设施等,发挥公益性流通设施在满足消费需求、保障市场稳定、提高应急能力中的重要作用。完善中央与地方重要商品储备制度,优化储备品种和区域结构,适当扩大肉类、食糖、边销茶和地方储备中的小包装粮油、蔬菜等生活必需品储备规模。强化市场运行分析和预测预警,增强市场调控的前瞻性和预见性。加强市场应急调控骨干企业队伍建设,提高迅速集散应急商品能力,综合运用信息引导、区域调剂、收储投放、进出口等手段保障市场供求基本平衡。

（七）全面提升流通信息化水平。将信息化建设作为发展现代流通产业的战略任务，加强规划和引导，推动营销网、物流网、信息网的有机融合。鼓励流通领域信息技术的研发和集成创新，加快推广物联网、互联网、云计算、全球定位系统、移动通信、地理信息系统、电子标签等技术在流通领域的应用。推进流通领域公共信息服务平台建设，提升各类信息资源的共享和利用效率。支持流通企业利用先进信息技术提高仓储、采购、运输、订单等环节的科学管理水平。鼓励流通企业与供应商、信息服务商加强合作，支持开发和推广适用于中小流通企业的信息化解决方案。加强信息安全保障。

（八）培育流通企业核心竞争力。积极培育大型流通企业，支持有实力的流通企业跨行业、跨地区兼并重组。支持中小流通企业特别是小微企业专业化、特色化发展，健全中小流通企业服务体系，扶持发展一批专业服务机构，为中小流通企业提供融资、市场开拓、科技应用和管理咨询等服务。鼓励发展直营连锁和特许连锁，支持流通企业跨区域拓展连锁经营网络。积极推进批发市场建设改造和运营模式创新，增强商品吞吐能力和价格发现功能。推动零售企业转变营销方式，提高自营比重。支持流通企业建设现代物流中心，积极发展统一配送。加强知识产权保护，鼓励流通品牌创新发展。

（九）大力规范市场秩序。加强对关系国计民生、生命安全等商品的流通准入管理，形成覆盖准入、监管、退出的全程管理机制。充分利用社会检测资源，建立涉及人身健康与安全的商品检验制度。建立健全肉类、水产品、蔬菜、水果、酒类、中药材、农资等商品流通追溯体系。加大流通领域商品质量监督检查力度，改进监管手段和检验检测技术条件。依法严厉打击侵犯知识产权、制售假冒伪劣商品、商业欺诈和商业贿赂等违法行为。加强网络商品交易的监督管理。规范零售商、供应商交易行为，建立平等和谐的零供关系。加快商业诚信体系建设，完善信用信息采集、利用、查询、披露等制度，推动行业管理部门、执法监管部门、行业组织和征信机构、金融监管部门、银行业金融机构信息共享。细化部门职责分工,堵塞监管漏洞。

(十)深化流通领域改革开放。建立分工明确、权责统一、协调高效的流通管理体制,健全部门协作机制,强化政策制定、执行与监督相互衔接,提高管理效能。加快流通管理部门职能转变,强化社会管理和公共服务职能。在有条件的地区开展现代流通综合试点,加强统筹协调,加快推进大流通、大市场建设。消除地区封锁和行业垄断,严禁阻碍、限制外地商品、服务和经营者进入本地市场,严厉查处经营者通过垄断协议等方式排除、限制竞争的行为。鼓励民间资本进入流通领域,保障民营企业合法权益,促进民营企业健康发展。进一步提高流通产业利用外资的质量和水平,引进现代物流和信息技术带动传统流通产业升级改造。支持有条件的流通企业"走出去",通过新建、并购、参股、增资等方式建立海外分销中心、展示中心等营销网络和物流服务网络。积极培育国内商品市场的对外贸易功能,推进内外贸一体化。

三、支持政策

(十一)制定完善流通网络规划。制定全国流通节点城市布局规划,做好各层级、各区域之间规划衔接。科学编制商业网点规划,确定商业网点发展建设需求,将其纳入城市总体规划和土地利用总体规划。乡镇商业网点建设纳入小城镇建设规划。各地制定控制性详细规划和修建性详细规划时应充分考虑商业网点建设需求,做好与商业网点规划的相互衔接。完善社区商业网点配置,新建社区(含廉租房、公租房等保障性住房小区、棚户区改造和旧城改造安置住房小区)商业和综合服务设施面积占社区总建筑面积的比例不得低于10%。地方政府应出资购买一部分商业用房,用于支持社区菜店、菜市场、农副产品平价商店、便利店、早餐店、家政服务点等居民生活必备的商业网点建设。严格社区商业网点用途监管,不得随意改变必备商业网点的用途和性质,拆迁改建时应保证其基本服务功能不缺失。各地可根据实际发布商业网点建设指导目录,引导社会资金投向。

(十二)加大流通业用地支持力度。按照土地利用总体规划和流通业建设项目用地标准,在土地利用年度计划和土地供应计划中统筹安排流通业各类用地。鼓励利用旧厂房、闲置仓库等建设符合规划的流通设施,涉及原划拨土地使用权转让或租赁的,经批准可采取协议方式供应。政府对旧城区改建需搬迁的流通业用地,在收回原国有建设用地使用权后,经批准可以协议出让方式为原土地使用权人安排用地。鼓励各地以租赁方式供应流通业用地。支持依法使用农村集体建设用地发展流通业。制定政府鼓励的流通设施目录,对纳入目录的项目用地予以支持。依法加强流通业用地管理,禁止以物流中心、商品集散地等名义圈占土地,防止土地闲置浪费。

(十三)完善财政金融支持政策。积极发挥中央政府相关投资的促进作用,完善促进消费的财政政策,扩大流通促进资金规模,重点支持公益性流通设施、农产品和农村流通体系、流通信息化建设,以及家政和餐饮等生活服务业、中小流通企业发展、绿色流通、扩大消费等。鼓励银行业金融机构针对流通产业特点,创新金融产品和服务方式,开展动产、仓单、商铺经营权、租赁权等质押融资。改进信贷管理,发展融资租赁、商圈融资、供应链融资、商业保理等业务。充分发挥典当等行业对中小和微型企业融资的补充作用。拓宽流通企业融资渠道,支持符合条件的大型流通企业上市融资、设立财务公司及发行公司(企业)债券和中期票据等债务融资工具。引导金融机构创新消费信贷产品,改进消费信贷业务管理方式,培育和巩固消费信贷增长点。

(十四)减轻流通产业税收负担。在一定期限内免征农产品批发市场、农贸市场城镇土地使用税和房产税。将免征蔬菜流通环节增值税政策扩大到有条件的鲜活农产品。加快制定和完善促进废旧商品回收体系建设的税收政策。完善并落实家政服务企业免征营业税政策,促进生活服务业发展。落实总分支机构汇总纳税政策,促进连锁经营企业跨地区发展。积极推进营业税改增值税试点,完善流通业税制。

(十五)降低流通环节费用。抓紧出台降低流通费用综合性实施方案。优化银行卡刷卡费率结构,降低总体费用水平,扩大银行卡使用范围。加快推进工商用电用水同价。落实好鲜活农产品运输"绿色通道"政策,确保所有整车合法装载运输鲜活农产品车辆全部免缴车辆通行费,结合实际完善适用品种范围。切实规范农产品市场收费、零售商供应商交易收费等流通领域收费行为。深入推进收费公路专项清理,坚决取缔各种违规及不合理收费,降低偏高的通行费收费标准。从严审批一级及以下公路和独立桥梁、隧道收费项目。按照逐步有序的原则,加快推进国家确定的西部地区省份取消政府还贷二级公路收费工作进度。

四、保障措施

(十六)完善流通领域法律法规和标准体系。推动制定、修改流通领域的法律法规,提升流通立法层级。抓紧修订报废汽车回收管理办法,积极推动修改商标法、反不正当竞争法、广告法和消费者权益保护法等法律,研究制定典当管理、商业网点管理、农产品批发市场管理等方面的行政法规。全面清理和取消妨碍公平竞争、设置行政壁垒、排斥外地产品和服务进入本地市场的规定。积极完善流通标准化体系,加大流通标准的制定、实施与宣传力度。

(十七)健全统计和监测制度。加快建立全国统一科学规范的流通统计调查体系和信息共享机制,不断提高流通统计数据质量和工作水平。加强零售、电子商务、居民服务、生产资料流通等重点流通领域的统计数据开发应用,提高服务宏观调控和企业发展的能力。扩大城乡市场监测体系覆盖面,优化样本企业结构,推进信息采集智能化发展,保证数据真实、准确、及时,加快监测信息成果转化。

(十八)发挥行业协会作用。完善流通行业协会的运行机制,引导行业组织制定行业规范和服务要求,加强行业自律和信用评价。支持行业协会为流通企业提供法律、政策、管理、技术、市场信息等咨询及人才培训等服务,及时反映行业诉求,维护企业合法权益。

(十九)强化理论体系、人才队伍和基层机构建设。深化流通领域理论和重大课题研究,完善我国现代流通产业发展的理论和政策研究体系。大力培养流通专业人才,加快形成高校、科研院所与部门、行业企业联合培养人才的机制,积极开展职业教育与培训,提高流通专业人才培养质量。加强干部队伍建设,提高基层干部的服务意识和监管执法能力。加强基层流通管理部门建设,充实一线力量,保证基层流通管理工作通畅有效。

(二十)加强组织领导。国务院有关部门、地方各级人民政府要高度重视加快流通产业改革发展的重要性,切实加强组织领导,根据要求抓紧制定具体实施方案,完善和细化政策措施,确保各项任务落实到位。建立由商务部牵头的全国流通工作部际协调机制,加强对流通工作的协调指导和监督检查,及时研究解决流通产业发展中的重大问题。各地要将加快流通产业改革发展作为调结构、转方式、惠民生的重要抓手,完善配套政策和监管措施,保障流通产业改革发展所需资金,促进流通产业持续健康发展。

国务院

2012 年 8 月 3 日

国务院办公厅关于印发降低流通费用提高流通效率综合工作方案的通知

国办发〔2013〕5号

各省、自治区、直辖市人民政府,国务院各部门、各直属机构:

《降低流通费用提高流通效率综合工作方案》(以下简称《工作方案》)已经国务院同意,现印发给你们,请认真贯彻执行。

各地区要加强组织领导,切实落实"米袋子"省长负责制、"菜篮子"市长负责制,确保各项政策措施落到实处,确保《工作方案》顺利实施。发展改革委要会同有关部门适时组织联合督查组开展专项督查。

国务院办公厅
2013年1月11日

降低流通费用提高流通效率综合工作方案

为贯彻落实《国务院关于深化流通体制改革加快流通产业发展的意见》(国发〔2012〕39号),降低流通费用,提高流通效率,发展改革委会同工业和信息化部、公安部、民政部、财政部、国土资源部、住房城乡建设部、交通运输部、农业部、商务部、人民银行、审计署、税务总局、工商总局、统计局、银监会制定以下综合工作方案:

一、降低农产品生产流通环节用水电价格和运营费用

规模化生猪、蔬菜等生产的用水、用电与农业同价。农产品批发市场、农贸市场用电、用气、用热与工业同价。农产品批发市场、

农贸市场用水,在已按要求简化用水价格分类的地区,执行非居民用水价格;在尚未简化分类的地区,按照工商业用水价格中的较低标准执行。农产品冷链物流的冷库用电与工业用电同价。鼓励类商业用水、用电与工业同价。以上措施于 2013 年 6 月 30 日前执行到位,工商业用电同价措施与调整销售电价同步实施。

二、规范和降低农产品市场收费

清理经营权承包费,加强成本调查核算,降低农产品批发市场、农贸市场和社区菜市场摊位费收费标准。政府投资建设或控股的农产品批发市场、农贸市场和社区菜市场收费,实行政府指导价,由地方政府按保本微利原则从低核定收费标准。农产品批发市场、农贸市场、社区菜市场摊位实行实名制管理,规范经营者转租转包行为。全面实施收费公示制度,除合同列明并在市场醒目位置公示的收费项目外,市场经营主体不得收取任何其他费用。农产品批发市场、农贸市场要开设专门区域,供郊区农户免费进场销售自产鲜活农产品。利用价格调节基金,支持降低农产品生产流通成本。

三、强化零售商供应商交易监管

清理整顿大型零售企业向供应商违规收费,规范促销服务费。制定零售商供应商公平交易管理的法规。零售商向供应商的收费项目、收费标准、服务内容、限制条件等,须与供应商协商确定,并在醒目位置明确标示。零售商不得向供应商收取标示以外的任何费用,不得对交易条件相同的供应商制定差别收费标准。零售商收到供应商货物后应及时付款,禁止零售商恶意占压供应商货款。成立零售商、供应商相关行业组织。规范零售商供应商工作人员行为,严厉打击商业贿赂。

四、完善公路收费政策

严格执行鲜活农产品运输绿色通道政策,将免收通行费措施落实到位,结合实际完善适用品种范围。从严审批新的一级及一级以下公路和独立桥梁、隧道收费项目。逐步推进西部地区取消政府还贷二级公路收费工作。深入推进收费公路专项清理,降低偏高的车辆通行费收费标准,抓紧修订《收费公路管理条例》,完善通行费形成机制。规范收费公路经营者行为,加快推广省(区、市)内"联网收费、统一经营"模式。加强对政府还贷公路通行费收支情况的审计,确保通行费收入全额用于偿还贷款和养护管理。

五、加强重点行业价格和收费监管

加强对公用事业、公益性服务中提供延伸服务的收费监管,规范清理供水、供电、供气、供热、铁路、邮政等行业经营者在设施建设、运行、维护、使用过程中收取初装费、维修费、材料费、检验费、代理费、设备(线路)使用费等费用,简化、归并收费项目,公示收费标准。禁止有关部门和物业公司在政府制定的价格之外加价或者加收其他费用。规范商业银行收费行为,改善银行卡受理环境,提高银行卡普及率,尽快实施优化和调整银行卡刷卡手续费标准方案。规范电信经营者价格行为,促进电信资费水平进一步降低。

六、加大价格监督检查和反垄断监管力度

加强价格监管力量,组织开展专项检查,监督各项价格收费政策执行情况,重点检查不执行政府定价、政府指导价、违反明码标价规定,在标价之外加收其他费用的行为,以及滥用市场支配地位、滥用行政权力、达成垄断协议等价格垄断行为。继续保持对哄抬价格、捏造散布涨价信息等价格违法行为的高压打击态势。

七、完善财税政策

开展农产品增值税进项税额核定扣除试点,完善农产品增值税政策,继续对鲜活农产品实施从生产到消费的全环节低税收政策,将免征蔬菜流通环节增值税政策扩大到部分鲜活肉蛋产品。2013 年 1 月 1 日至 2015 年 12 月 31 日,免征农产品批发市场、农

贸市场城镇土地使用税和房产税。抓紧落实提高小型微型企业增值税和营业税起征点政策,减轻流通业小型微型企业税收负担。加快推进营业税改征增值税试点,完善试点办法,降低交通运输业税收负担。加快农村市场和农产品流通基础设施建设。

八、保障必要的流通行业用地

城市人民政府在制定调整土地规划、城市规划时,要优先保障农产品批发市场、农贸市场、社区菜市场和便民生活服务网点用地。严格控制将社区便民商业网点改作其他用途。鼓励地方政府以土地作价入股、土地租赁等形式支持农产品批发市场建设。鼓励各地选择合适区域、时段,开辟免摊位费、场地使用费、管理费的早市、晚市、周末市场、流动蔬菜车等临时交易场所和时段市场,其用地可按临时用地管理。

九、便利物流配送

完善运输超限的不可解体物品车辆管理办法,引导物流企业合法装载,规范交通运输领域执法行为。制定城市配送车辆管理指导意见,为配送车辆进入城区道路行驶提供通行便利。鼓励发展统一配送、共同配送、夜间配送,降低配送成本。

十、建立健全流通费用调查统计制度

建立流通费用统计制度,在运输、仓储、保管、配送、批发、零售等环节,健全企业收支情况和价格调查的统计方法和手段。建立收费公路经营主体收费标准、收费金额等情况的统计、监测制度,制定收费公路信息公开办法,全面、准确掌握收费公路的收费情况。统计部门要进一步加大流通费用统计工作力度,加强与发展改革、商务、交通运输、农业等部门在流通领域价格、收费、成本调查等方面的配合协调。

图书在版编目(CIP)数据

网上销售农产品/严行方著.—厦门:厦门大学出版社,2014.3
ISBN 978-7-5615-4949-0

Ⅰ.①网… Ⅱ.①严… Ⅲ.①农产品-网上销售 Ⅳ.①F724.72

中国版本图书馆 CIP 数据核字(2014)第 046306 号

厦门大学出版社出版发行
(地址:厦门市软件园二期望海路 39 号 邮编:361008)
http://www.xmupress.com
xmup@xmupress.com
厦门市明亮彩印有限公司印刷
2014 年 3 月第 1 版 2014 年 3 月第 1 次印刷
开本:889×1194 1/32 印张:8.25
字数:220 千字 印数:1~5 500 册
定价:22.00 元
本书如有印装质量问题请直接寄承印厂调换